Wilhelm von Humboldt
Schriften zur Bildung

Herausgegeben von Gerhard Lauer

Reclam

RECLAMS UNIVERSAL-BIBLIOTHEK Nr. 19456
2017 Philipp Reclam jun. GmbH & Co. KG,
Siemensstraße 32, 71254 Ditzingen
Gestaltung: Cornelia Feyll, Friedrich Forssman
Druck und Bindung: Kösel GmbH & Co. KG,
Am Buchweg 1, 87452 Altusried-Krugzell
Printed in Germany 2019
RECLAM, UNIVERSAL-BIBLIOTHEK und
RECLAMS UNIVERSAL-BIBLIOTHEK sind eingetragene Marken
der Philipp Reclam jun. GmbH & Co. KG, Stuttgart
ISBN 978-3-15-019456-0

Auch als E-Book erhältlich

www.reclam.de

Theorie der Bildung des Menschen

1.

Es wäre ein großes und treffliches Werk zu liefern, wenn jemand die eigentümlichen Fähigkeiten zu schildern unternähme, welche die verschiedenen Fächer der menschlichen Erkenntnis zu ihrer glücklichen Erweiterung voraussetzen; den echten Geist, in dem sie einzeln bearbeitet, und die Verbindung, in die sie alle mit einander gesetzt werden müssen, um die Ausbildung der Menschheit, als ein Ganzes, zu vollenden. Der Mathematiker, der Naturforscher, der Künstler, ja oft selbst der Philosoph beginnen nicht nur jetzt gewöhnlich ihr Geschäft, ohne seine eigentliche Natur zu kennen und es in seiner Vollständigkeit zu übersehen, sondern auch nur wenige erheben sich selbst späterhin zu diesem höheren Standpunkt und dieser allgemeineren Übersicht. In einer noch schlimmeren Lage aber befindet sich derjenige, welcher, ohne ein einzelnes jener Fächer ausschließend zu wählen, nur aus allen für seine Ausbildung Vorteil ziehen will. In der Verlegenheit der Wahl unter mehreren, und aus Mangel an Fertigkeit, irgend eins, aus den engeren Schranken desselben heraus, zu seinem eignen allgemeineren Endzweck zu benutzen, gelangt er notwendig früher oder später dahin, sich allein dem Zufall zu überlassen und was er etwa ergreift, nur zu untergeordneten Absichten, oder bloß als ein zeitverkürzendes Spielwerk zu gebrauchen. Hierin liegt einer der vorzüglichsten Gründe der häufigen und nicht ungerechten Klagen, dass das Wissen unnütz und die Bearbeitung des Geistes unfruchtbar bleibt, dass zwar Vieles um uns her zu Stande gebracht, aber nur wenig in uns verbessert wird, und dass man über der höheren, und nur für Wenige tauglichen wissenschaftlichen Ausbildung des Kopfes die allgemeiner und unmittelbarer nützliche der Gesinnungen vernachlässigt.

Im Mittelpunkt aller besonderen Arten der Tätigkeit nämlich steht der Mensch, der ohne alle, auf irgendetwas Einzelnes gerichtete Absicht, nur die Kräfte seiner Natur stärken und erhöhen, seinem Wesen Wert und Dauer verschaffen will. Da jedoch die bloße Kraft einen Gegenstand braucht, an dem sie sich üben, und die bloße Form, der reine Gedanke, einen Stoff, in dem sie, sich darin ausprägend, fortdauern könne, so bedarf auch der Mensch einer Welt außer sich. Daher entspringt sein Streben, den Kreis seiner Erkenntnisse und seiner Wirksamkeit zu erweitern, und ohne dass er sich selbst deutlich dessen bewusst ist, liegt es ihm nicht eigentlich an dem, was er von jener erwirbt, oder vermöge dieser außer sich hervorbringt, sondern nur an seiner inneren Verbesserung und Veredlung, oder wenigstens an der Befriedigung der innren Unruhe, die ihn verzehrt. Rein und in seiner Endabsicht betrachtet, ist sein Denken immer nur ein Versuch seines Geistes, vor sich selbst verständlich, sein Handeln ein Versuch seines Willens, in sich frei und unabhängig zu werden, seine ganze äußere Geschäftigkeit überhaupt aber nur ein Streben, nicht in sich müßig zu bleiben. Bloß weil beides, sein Denken und sein Handeln nicht anders, als nur vermöge eines Dritten, nur vermöge des Vorstellens und des Bearbeitens von etwas möglich ist, dessen eigentlich unterscheidendes Merkmal es ist, Nicht-Mensch, d. i. Welt zu sein, sucht er, so viel Welt, als möglich zu ergreifen, und so eng, als er nur kann, mit sich zu verbinden.

Die letzte Aufgabe unseres Daseins: dem Begriff der Menschheit in unsrer Person, sowohl während der Zeit unsres Lebens, als auch noch über dasselbe hinaus, durch die Spuren des lebendigen Wirkens, die wir zurücklassen, einen so großen Inhalt, als möglich, zu verschaffen, diese Aufgabe löst sich allein durch die Verknüpfung unsres Ichs mit der Welt zu der allgemeinsten, regesten und freiesten Wechselwirkung. Dies allein ist nun auch der eigentliche Maßstab zur Beurteilung der Bearbeitung jedes Zweiges menschlicher Erkenntnis. Denn nur diejenige Bahn kann in jedem die richtige sein, auf welcher das Auge ein unverrücktes Fortschreiten bis zu diesem letzten Ziele zu verfolgen im Stande ist, und hier allein darf das Geheimnis gesucht werden, das, was sonst ewig tot und unnütz bleibt, zu beleben und zu befruchten.

Die Verknüpfung unsres Ichs mit der Welt scheint vielleicht auf den ersten Anblick nicht nur ein unverständlicher Ausdruck, sondern auch ein überspannter Gedanke. Bei genauerer Untersuchung aber wird wenigstens der letztere Verdacht verschwinden, und es wird sich zeigen, dass, wenn man einmal das wahre Streben des menschlichen Geistes (das, worin ebensowohl sein höchster Schwung, als sein ohnmächtiger Versuch enthalten ist) aufsucht, man unmöglich bei etwas Geringerem stehen bleiben kann.

Was verlangt man von einer Nation, einem Zeitalter, von dem ganzen Menschengeschlecht, wenn man ihm seine Achtung und seine Bewunderung schenken soll? Man verlangt, dass Bildung, Weisheit und Tugend so mächtig und allgemein verbreitet, als möglich, unter ihm herrschen, dass es seinen inneren Wert so hoch steigern, dass der Begriff der Menschheit, wenn man ihn von ihm, als dem einzigen Beispiel, abziehen müsste, einen großen und würdigen Gehalt gewönne. Man begnügt sich nicht einmal damit. Man fordert auch, dass der Mensch den Verfassungen, die er bildet, selbst der leblosen Natur, die ihn umgibt, das Gepräge seines Wertes sichtbar aufdrücke, ja dass er seine Tugend und seine Kraft (so mächtig und so allwaltend sollen sie sein ganzes Wesen durchstrahlen) noch der Nachkommenschaft einhauche, die er erzeugt. Denn nur so ist eine Fortdauer der einmal erworbenen Vorzüge möglich, und ohne diese, ohne den beruhigenden Gedanken einer gewissen Folge in der Veredlung und Bildung, wäre das Dasein des Menschen vergänglicher, als das Dasein der Pflanze, die, wenn sie hinwelkt, wenigstens gewiss ist, den Keim eines ihr gleichen Geschöpfs zu hinterlassen.

Beschränken sich indes auch alle diese Forderungen nur auf das innere Wesen des Menschen, so dringt ihn doch seine Natur beständig von sich aus zu den Gegenständen außer ihm überzugehen, und hier kommt es nun darauf an, dass er in dieser Entfremdung nicht sich selbst verliere, sondern vielmehr von allem, was er außer sich vornimmt, immer das erhellende Licht und die wohltätige Wärme in sein Innres zurückstrahle. Zu dieser Absicht aber muss er die Masse der Gegenstände sich selbst näher bringen, diesem Stoff die Gestalt seines Geistes aufdrücken und beide einander ähnlicher machen. In ihm ist vollkommene Einheit und durchgängige Wechselwirkung, beide muss er also auch auf die Natur übertragen; in ihm sind mehrere Fähigkeiten, ihm denselben Gegenstand in verschiedenen Gestalten, bald als Begriff des Verstandes, bald als Bild der Einbildungskraft, bald als Anschauung der Sinne vor seine Betrachtung zu führen. Mit allen diesen, wie mit ebenso viel verschiedenen Werkzeugen, muss er die Natur aufzufassen versuchen, nicht sowohl um sie von allen Seiten kennen zu lernen, als vielmehr um durch diese Mannigfaltigkeit der Ansichten die eigene inwohnende Kraft zu stärken, von der sie nur anders und anders gestaltete Wirkungen sind. Gerade aber diese Einheit und Allheit bestimmt den Begriff der Welt. Allein auch außerdem finden sich nun in eben diesem Begriff in vollkommenem Grade die Mannigfaltigkeit, mit welcher die äußeren Gegenstände unsre Sinne rühren, und das eigne selbstständige Dasein, wodurch sie auf unsre Empfindung einwirken. Denn nur die Welt umfasst alle nur denkbare Mannigfaltigkeit, und nur sie besitzt eine so unabhängige Selbstständigkeit, dass sie dem Eigensinn unsres Willens die Gesetze der Natur und die Beschlüsse des Schicksals entgegenstellt.

Was also der Mensch notwendig braucht, ist bloß ein Gegenstand, der die Wechselwirkung seiner Empfänglichkeit mit seiner Selbsttätigkeit möglich mache. Allein wenn dieser Gegenstand genügen soll, sein ganzes Wesen in seiner vollen Stärke und seiner Einheit zu beschäftigen; so muss er der Gegenstand schlechthin, die Welt sein, oder doch (denn dies ist eigentlich allein richtig) als solcher betrachtet werden. Nur um der zerstreuenden und verwirrenden Vielheit zu entfliehen, sucht man Allheit; um sich nicht auf eine leere und unfruchtbare Weise ins Unendliche hin zu verlieren, bildet man einen, in jedem Punkt leicht übersehbaren Kreis; um an jeden Schritt, den man vorrückt, auch die Vorstellung des letzten Zwecks anzuknüpfen, sucht man das zerstreute Wissen und Handeln in ein geschlossenes, die bloße Gelehrsamkeit in eine gelehrte Bildung, das bloß unruhige Streben in eine weise Tätigkeit zu verwandeln.

2.

Dies aber nun würde gerade durch ein Werk, wie das oben erwähnte auf die kräftigste Weise befördert werden. Denn bestimmt, die mannigfaltigen Arten menschlicher Tätigkeit in den Richtungen, die sie dem Geiste geben, und den Forderungen, die sie an ihn machen, zu betrachten und zu vergleichen, führte es geradezu in den Mittelpunkt, zu dem alles, was eigentlich auf uns einwirken soll, notwendig gelangen muss. Von ihm geleitet, flüchtete sich die Betrachtung aus der Unendlichkeit der Gegenstände in den engeren Kreis unsrer Fähigkeiten und ihres mannigfaltigen Zusammenwirkens; das Bild unsrer Tätigkeit, die wir sonst nur stückweise, und in ihren äußeren Erfolgen erblicken, zeigte sich uns hier, wie in einem zugleich erhellenden und versammelnden Spiegel, in unmittelbarer Beziehung auf unsre innere Bildung. Den Einfluss, den jedes Geschäft des Lebens auf diese ausüben kann, leicht und fasslich übersehend, fände vorzüglich derjenige seine Belehrung darin, dem es nur um die Erhöhung seiner Kräfte und die Veredlung seiner Persönlichkeit zu tun ist.

Zugleich aber lernt der, welcher eine einzelne Arbeit verfolgt, nur da sein Geschäft in seinem echten Geist und in einem großen Sinne ausführen. Er will nicht mehr bloß dem Menschen Kenntnisse oder Werkzeuge zum Gebrauch zubereiten, nicht mehr nur einen einzelnen Teil seiner Bildung befördern helfen; er kennt das Ziel, das ihm gesteckt ist, er sieht ein, dass, auf die rechte Weise betrieben, sein Geschäft dem Geiste eine eigne und neue Ansicht der Welt und dadurch eine eigne neue Stimmung seiner selbst geben, dass er von der Seite, auf der er steht, seine ganze Bildung vollenden kann; und dies ist es, wohin er strebt. Wie er aber nur für die Kraft und ihre Erhöhung arbeitet, so tut er sich auch nur Genüge, wenn er die seinige vollkommen in seinem Werk ausprägt. Nun aber wird das Ideal größer, wenn man darin die Anstrengung, die es erreichen, als wenn man den Gegenstand ausmisst, den es darstellen soll. Überall hat das Genie nur die Befriedigung des innern Dranges zum Zweck, der es verzehrt, und der Bildner z. B. will nicht eigentlich das Bild eines Gottes darstellen, sondern die Fülle seiner plastischen Einbildungskraft in dieser Gestalt ausdrücken und heften. Jedes Geschäft kennt eine ihm eigentümliche Geistesstimmung, und nur in ihr liegt der echte Geist seiner Vollendung. Äußere Mittel es auszuführen gibt es immer mehrere, aber die Wahl unter ihnen kann nur jene, nur ob sie geringere oder vollere Befriedigung findet, bestimmen.

Das Verfahren unseres Geistes, besonders in seinen geheimnisvolleren Wirkungen, kann nur durch tiefes Nachdenken und anhaltende Beobachtung seiner selbst ergründet werden. Aber es ist selbst damit noch wenig geschehen, wenn man nicht zugleich auf die Verschiedenheit der Köpfe, auf die Mannigfaltigkeit der Weise Rücksicht nimmt, wie sich die Welt in verschiedenen Individuen spiegelt. Jenes Werk müsste daher zugleich auch diese Mannigfaltigkeit schildern, und dürfte unter denen, die sich in irgend einem Fache hervorgetan haben, niemanden übergehen, durch den dasselbe eine neue Gestalt, oder einen erweiterten Begriff gewonnen hätte. Diese müsste es in ihrer vollständigen Individualität, und dem ganzen Einflusse zeichnen, den ihr Zeitalter und ihre Nation auf sie ausgeübt hätte. Dadurch nun übersähe man nicht nur die mannigfaltigen

Arten, wie jedes einzelne Fach bearbeitet werden kann, sondern auch die Folge, in der eine nach und nach aus der andern entspringt. Da jedoch diese Folge immer wieder durch den Einfluss des Nationalcharakters, des Zeitalters und der äußeren Umstände überhaupt unterbrochen wird, so erhielte man zwei verschiedene aber immer gegenseitig auf einander einwirkende Reihen: die eine der Veränderungen, welche irgendeine Geistestätigkeit nach und nach in ihrem Fortschreiten gewinnt, die andre derjenigen, welche der Charakter der Menschen in einzelnen Nationen und Zeiten sowohl, als im Ganzen, durch die Beschäftigungen annimmt, die er nach und nach ergreift; und in beiden zeigten sich außerdem die Abweichungen, durch die genievolle Individuen diesen sonst ununterbrochen fortschreitenden Naturgang plötzlich stören, und ihre Nation oder ihr Zeitalter auf einmal in andre, neue Aussichten eröffnende Bahnen hinschleudern.

Allein nur, indem man dies schrittweise verfolgt und am Ende im Ganzen überschaut, gelangt man dahin, sich vollkommne Rechenschaft abzulegen, wie die Bildung des Menschen durch ein regelmäßiges Fortschreiten Dauer gewinnt, ohne doch in die Einförmigkeit auszuarten, mit welcher die körperliche Natur, ohne jemals etwas Neues hervorzubringen, immer nur von neuem dieselben Umwandlungen durchgeht.

Plan einer vergleichenden Anthropologie

1.

Wie man in der vergleichenden Anatomie die Beschaffenheit des menschlichen Körpers durch die Untersuchung des tierischen erläutert: ebenso kann man in einer vergleichenden Anthropologie die Eigentümlichkeiten des moralischen Charakters der verschiedenen Menschengattungen neben einander aufstellen und vergleichend beurteilen.

Geschichtschreiber, Biographen, Reisebeschreiber, Dichter, Schriftsteller aller Art, selbst den spekulativen Philosophen nicht ausgenommen, enthalten Data zu dieser Wissenschaft. Auf Reisen, wie zu Hause, im geschäftigen, wie im müßigen Leben bietet sich überall die Gelegenheit dar, sie zu bereichern und zu benutzen, und unter allen Studien ist kein anderes in so hohem Grade unser beständiger Begleiter, als das Studium des Menschen. Es kommt nur darauf an, den reichen Stoff, den das ganze Leben hergibt, zu sammeln, zu sichten, zu ordnen und zu verarbeiten.

Dies zu tun ist die vergleichende Anthropologie bestimmt, welche, indem sie sich auf die allgemeine stützt, und den Gattungs-Charakter des Menschen als bekannt voraussetzt, nur seine individuellen Verschiedenheiten aufsucht, die bloß zufälligen und vorübergehenden von den wesentlichen und bleibenden absondert, die Beschaffenheit dieser erforscht, ihren Ursachen nachspürt, ihren Wert beurteilt, die Art sie zu behandeln bestimmt, und den Fortgang ihrer Entwicklung vorhersagt.

2. Wichtigkeit dieser Untersuchungen

Es gibt kein praktisches Geschäft im menschlichen Leben, das nicht der Kenntnis des Menschen bedürfte, und zwar nicht bloß des allgemeinen, philosophisch gedachten, sondern des individuellen, wie er vor unsern Augen erscheint. Es ist schwer bei der Erwerbung dieser Kenntnis den doppelten Fehler zu vermeiden, sich weder einen zu unbestimmten und allgemeinen, noch auch einen zu partikulären Begriff von dem Individuum zu bilden; es weder zu sehr bloß nach seinen möglichen Anlagen, noch zu sehr mit allen bloß zufälligen Beschränkungen zu betrachten. Durch den ersteren beraubt gewöhnlich der bloß spekulierende Philosoph seine Grundsätze ihrer praktischen Anwendbarkeit; durch den letzteren der bloße Geschäftsmann seine Einrichtungen ihrer längeren Dauer und ihres wohltätigen Einflusses auf die Aufklärung und den innern Charakter.

Um zugleich den Menschen mit Genauigkeit zu kennen, wie er ist, und mit Freiheit zu beurteilen, wozu er sich entwickeln kann, müssen der praktische Beobachtungssinn und der philosophierende Geist gemeinschaftlich tätig sein. Diese Verbindung aber wird beträchtlich erleichtert, wenn die individuelle Charakterkenntnis in einer vergleichenden Anthropologie zu einem Gegenstande des wissenschaftlichen Nachdenkens erhoben wird, und wenn man in derselben von den Eigentümlichkeiten verschiedener Menschenklassen, und dem gewöhnlichen Einfluss äußerer Lagen auf den innern Charakter bestimmte und getreue Schilderungen antrifft. Der allgemeine Typus, den sie angibt, kann alsdann mit Hilfe eigner Erfahrung weiter ausgezeichnet; in der Sphäre, welche sie einem Charakter überhaupt als möglich anweist, kann die Stelle bestimmt werden, welche er in dem jedesmaligen Moment wirklich einnimmt.

Der Gesetzgeber, hat man immer gesagt, muss seine Nation, ihren Geist und ihre Gesinnung studiert haben, wenn er mit Fortgang auf sie einwirken will. Wie aber ist es möglich den Charakter einer Nation vollständig zu kennen, ohne nicht zugleich auch die andern erforscht zu haben, mit welchen jene in den nächsten Beziehungen steht, durch deren kontrastierende Verschiedenheit er teils wirklich entstanden ist, teils allein vollkommen begriffen werden kann? und wie ist es erlaubt, auf einen individuellen Charakter einzuwirken, ohne darüber nachgedacht zu haben, inwiefern Charakterverschiedenheiten überhaupt möglich? inwiefern mit den Forderungen einer freien und allgemeinen Ausbildung verträglich? oder gar politisch oder moralisch notwendig sind?

Um einzelnen Zügen gleichsam gewisse Kunstgriffe der Regierungskunst abzulernen, um einzusehen, dass man den Franzosen nicht pedantisch, den Engländer nicht sichtbar despotisch behandeln muss, bedarf es freilich so großer Zurüstungen nicht. Mittel die empfindlichen Stellen des menschlichen Charakters zu schonen, und seine Schwächen zu benutzen, gibt auch eine oberflächliche Beobachtung leicht an die Hand.

Aber es soll etwas ganz andres geschehen. Die individuellen Charaktere sollen so ausgebildet werden, dass sie eigentümlich bleiben, ohne einseitig zu werden, dass sie der Erfüllung der allgemeinen Forderungen an allgemeine idealische Vortrefflichkeit keine Hindernisse in den Weg legen, nicht bloß durch Fehler und Extreme eigentümlich sind, aber dagegen ihre wesentlichen Grenzen nicht überschreiten, und in sich konsequent bleiben. In dieser innern Konsequenz und äußern Kongruenz mit dem Ideal sollen alsdann alle gemeinschaftlich zusammenwirken.

Denn nur gesellschaftlich kann die Menschheit ihren höchsten Gipfel erreichen, und sie bedarf der Vereinigung vieler nicht bloß um durch bloße Vermehrung der Kräfte größere und dauerhaftere Werke hervorzubringen, sondern auch vorzüglich um durch größere Mannigfaltigkeit der Anlagen ihre Natur in ihrem wahren Reichtum und ihrer ganzen Ausdehnung zu zeigen. Ein Mensch ist nur immer für Eine Form, für Einen Charakter geschaffen, ebenso eine Klasse der Menschen. Das Ideal der Menschheit aber stellt so viele und mannigfaltige Formen dar, als nur immer mit einander verträglich sind. Daher kann es nie anders, als in der Totalität der Individuen erscheinen.

Man nehme in Gedanken aus der Reihe der Europäischen Nationen eine hinweg, die keinen im Ganzen sehr beträchtlichen Anteil an der Kultur und den Fortschritten dieses Weltteils genommen hat, und nicht einmal ein eigner Stamm, nur ein Zweig einer andern Nation ist, ich meine die Schweizerische, und es würde auf einmal in dem kultivierten, üppigen, von der ersten Einfachheit der Natur so weit entfernten Europa an einem Volke fehlen, das noch mitten unter unähnlichen Nachbarn eine vergleichungsweise so große Einfalt der Sitten besitzt, die Zahl seiner Bedürfnisse auf so wenige beschränkt, sich mit einem so dürftigen Vorrat von Mitteln und mit Verfassungen behilft, wie sie sonst nur die Kindheit der Nationen zeigt.

Wir haben mit Fleiß den schweizerischen Charakter zum Beispiel gewählt, der wenigstens zum Teil der Natur so nah verwandt ist, dass niemand seine Eigentümlichkeiten anders als mit innigem Mitgefühl untergehn sehen könnte. Denn sonst ist nicht freilich gleich jede Verschiedenheit des Aufbewahrens wert, und seltner gerade ist dies eine nationelle, die durch die Verbindung so vieler bloß zufälliger Umstände entspringt.

Aber gerade weil nicht jede Varietät empfehlungswürdig, ja viele sogar tadelhaft sind, und es doch (um nur dies Eine hier in Betrachtung zu ziehen) schon physisch unmöglich ist, die Menschen auf einmal und gänzlich aus ihrem gewohnten Gleise herauszuheben, ihre Individualität zu vernichten und sie zu andern Menschen zu machen, muss man ihre Verschiedenheiten studieren, und was sich aus ihnen entwickeln lässt, überschlagen.

Der Mensch soll seinen Charakter, den er einmal durch die Natur und die Lage empfangen hat, beibehalten, nur in ihm bewegt er sich leicht, ist er tätig und glücklich. Darum soll er aber nicht minder die allgemeinen Forderungen der Menschheit befriedigen und seiner geistigen Ausbildung keinerlei Schranken setzen. Diese beiden einander widersprechenden Forderungen mit einander verbinden und beide Aufgaben zugleich lösen soll der praktische Menschenkenner, und wie kann er in diesem Geschäfte glücklich sein, ohne die allgemeinen möglichen Verschiedenheiten der menschlichen Natur, und die allgemeinen Verhältnisse einzelner Eigentümlichkeiten zum Ideal der Gattung sorgfältig erforscht zu haben?

Den Menschen zu bilden ist aber nicht bloß der Erzieher, der Religionslehrer, der Gesetzgeber bestimmt. So wie jeder Mensch neben allem, was er noch sonst sein kann, zugleich immer noch Mensch ist, so hat er auch die Obliegenheit auf sich, neben allen Geschäften, die er sonst immer betreiben mag, zugleich auf die intellektuelle und moralische Bildung seiner und andrer praktische Rücksicht zu nehmen.

Es ist das allgemeine Gesetz, das die Vernunft aller Gemeinschaft der Menschen unter einander unnachlässlich vorschreibt: ihre Moralität und ihre Kultur gegenseitig zu achten, nie nachteilig auf sie einzuwirken, aber sie, wo es geschehen kann, zu reinigen und zu erhöhen. Die Stärke der Verbindlichkeit hierzu bei einzelnen bestimmten Geschäften wächst nun mit dem Grade ihres Einflusses auf den Geist und den Charakter, und wo ihr vollkommen ein Genüge geleistet werden soll, da muss ebenso sehr auf die individuelle Charakterform, als auf die allgemeine gesehen werden.

Am wenigsten kann sich von dieser Verpflichtung der Gesetzgeber lossagen, da er die größte und gefährlichste Macht in Händen hat, auf die Menschen zu wirken. Die ganze Politik, vorzüglich die innere, wird dadurch einem Gesichtspunkte untergeordnet, der ihr an sich eigentlich fremd ist. Denn da sie für sich eigentlich nichts anders zu tun hat, als nur die Aufgabe zu lösen, wie der letzte Zweck aller bürgerlichen Vereinigung, die Sicherheit der Person und des Eigentums am kürzesten und gewissesten erhalten werden kann? so muss sie nun bei jeder Veranstaltung, die sie vorschlägt, erst nach dem Einflusse fragen, welchen dieselbe auf den Charakter der Bürger, als Menschen, ausüben wird? und jede erst nach diesem Maßstabe prüfen. Da noch überdies beide Gesichtspunkte fast überall auf ganz entgegengesetzte Resultate führen müssen, der rein politische auf Zwang, der erweiterte moralische auf Freiheit, so wird es ihr schwierigstes Geschäft sein, diese beiden streitenden Forderungen mit einander zu vereinigen, und diese Schwierigkeit wird dadurch noch größer, dass sie, sobald von einer Anwendung die Rede ist, einen individuellen Charakter zu schonen und zu leiten, also noch mehr partikuläre Umstände in Acht zu nehmen hat.

Die gewöhnliche Theorie über diesen Gegenstand ist großen Missbräuchen ausgesetzt. Sie lehrt den Gesetzgeber, die Eigentümlichkeiten zu benutzen, um die Nation dadurch leichter zu lenken und zu beherrschen. Aber wie leicht führt dieser bloß politische Gesichtspunkt, ohne die höheren moralischen, in die Gefahr, auch offenbare Schwächen und Blößen absichtlich zu unterhalten.

Eine neue Schwierigkeit mehr findet der Staatsmann der neueren Zeit, wo mehrere Nationen nicht nur, wie auch vormals oft, unter Einem Zepter vereinigt sind, sondern auch im genauesten Verstande als Eine Masse wirken sollen. Soll dies mit vollkommener Präzision und Schnelligkeit geschehen, so wäre es unstreitig besser die Verschiedenheiten der einzelnen Stoffe aufzuheben, Sprache, Sitten, Meinungen u. s. w. gleich zu machen. Aber ist dies ohne Verlust an Eigentümlichkeit, und folglich zugleich an Selbsttätigkeit und Energie möglich, und welchen dieser beiden Vorzüge soll er nun dem andern aufopfern? Stellt er diese Untersuchung mit dem Geiste an, der weder die Würde des individuellen Charakters, noch den unleugbaren Nutzen großer Staaten und Massen von Menschen verkennt, so wird er sie gar bald verlassen, und sich lieber zu der Aufgabe wenden, beide Vorzüge mit einander zu vereinigen. Die Auflösung dieser aber kann er sich nur noch allenfalls von dem genauesten Studium der wirklichen Individualität der Subjekte, die er zu behandeln hat, versprechen.

Die Religion scheint am wenigsten Einfluss von der Eigentümlichkeit ihrer Bekenner leiden zu dürfen. Sie lehrt Wahrheit und die Wahrheit ist durchaus objektiv und allgemein. Dennoch ist gerade bei ihr die Sorgfalt, sie immer und Schritt vor Schritt die Umänderungen des Geistes begleiten zu lassen, am meisten notwendig, wenn die doppelte Gefahr eines drückenden Gewissenszwangs, oder religiöser Gleichgültigkeit vermieden werden soll.

Die übrigen Geschäfte des Lebens haben selten einen nahen und großen Einfluss auf die innre Individualität. Es ist hinreichend grobe Fehler zu vermeiden, um der Gefahr nachteiliger Einwirkungen zu entgehen.

Desto mächtiger aber wirkt auf die eigentümliche Charakterbildung der freie und alltägliche Umgang in engeren und weiteren Verbindungen: in der Ehe, der Freundschaft, kleineren und größeren gesellschaftlichen Zirkeln. Die Kunst dieses Umgangs, wenn sie nicht, wie bisher immer geschehn ist, zu einem bloßen Talent zu gefallen und zu gewinnen herabgewürdigt werden soll, beruht ganz und gar auf Charakterkenntnis und Charakterbildung.

Sie strebt zuerst jeden Umgang so wichtig für die Kultur und den Charakter zu machen, ihm so viel Seele zu geben, als nur immer möglich ist, dann aber noch in jedem die verschiedenen Individualitäten so einzeln zu stellen und in Massen zu gruppieren, dass sie dem Betrachter das Bild einer lehrreichen Mannigfaltigkeit geben, einander selbst aber durch ihre zweckmäßige Berührung zugleich empfänglicher und eigentümlicher machen. Beides will sie jedoch nicht anders, als unter der Bedingung einer vollkommenen Freiheit ausführen, mit gänzlicher Vermeidung alles Scheins von Absicht. Alles soll von selbst entstehn, alles Spiel und Erholung, nichts Ernst oder Geschäft sein. Dies macht sie zur eigentlich schönen Kunst.

Die Grundlinien dieser Kunst zu entwerfen, wäre zugleich nützlich und unterhaltend, aber es könnte nur die Arbeit eines Mannes sein, der einen großen und vielseitigen eignen Charakter mit einer ausgebreiteten Kenntnis fremder Individualitäten verbände, und ebenso viel Gedanken- und Empfindungsgehalt besäße, ein enges Verhältnis interessant zu machen, als Leichtigkeit und Beweglichkeit, in den Zirkeln der großen Welt eine Rolle zu spielen.

Gerade also zu dem, was als ein alltägliches Bedürfnis immer wiederkehrt, bedürfen wir am meisten einer individualisierenden Menschenkenntnis, und mit ihrer Hilfe können wir gerade die Stunden, die wir gewöhnlich leer und verloren achten, zu den inhaltvollsten unsres Lebens machen.

Der Erziehung ist im Vorigen nicht erwähnt worden. Es liegt zu sehr am Tage, wie unentbehrliche Vorarbeiten ihr Untersuchungen, wie die gegenwärtige sein müssen. Andre Beziehungen sind der Kürze wegen übergangen. So muss z. B. der Arzt notwendig auf den moralischen und gerade, da nur diesen ihm zu kennen wichtig sein kann, auf den individuellen Charakter achten.

Die vergleichende Anthropologie ist daher zu einem doppelten Zweck und zu einem doppelten Geschäfte nützlich. Sie erleichtert die Kenntnis der Charaktere, und gibt zugleich eine philosophische Anleitung, ihren Wert zu beurteilen, ihre ferneren Entwicklungen zu berechnen, und die Möglichkeit zu überschlagen, wie sie mit andern als ein Ganzes zusammenzuwirken fähig sind. Sie dient dem Geschäftsmann, der den Menschen benutzen und beherrschen will, und zugleich dem Erzieher und Philosophen, der ihn zu bessern und zu bilden bemüht ist.

Aber sie ist außerdem die unterhaltendste Beschäftigung des menschlichen Geistes. Denn er findet in ihr 1. den erhabensten Gegenstand, den die Natur darbietet, am genauesten und vollständigsten geschildert; 2. eine Mannigfaltigkeit, die nicht bloß durch das bunte Farbenspiel des Gemäldes die Einbildungskraft und die Sinne vergnügt, sondern durch die Feinheit der Züge zugleich den Geist und die Empfindung bereichert, und die 3. immer zugleich so behandelt ist, dass nicht bloß jede einzelne Eigentümlichkeit als ein Ganzes betrachtet, sondern auch alle zu einem Ganzen zusammengestellt werden.

3. Unmittelbarer Einfluss einer individuellen Menschenkenntnis auf die Charaktereigentümlichkeit

Nicht genug, dass eine vergleichende Anthropologie die Verschiedenheit menschlicher Charaktere kennen lehrt; sie trägt auch selbst dazu bei, eine größere hervorzubringen, und die schon wirklich vorhandene zweckmäßiger zu leiten.

Ob das Erstere aber nun ein Vorteil zu nennen sei, oder ob nicht vielmehr eine noch größere Mannigfaltigkeit der Charakterformen der allgemeinen Richtigkeit und der Objektivität der Kultur, des Geschmacks und der Sitten Hindernisse in den Weg lege? dies dürfte in den Augen der

Meisten noch so ausgemacht nicht sein. Alle Werke, welche der Mensch hervorbringt, gewinnen durch eine allgemeine und von Subjektivität Einzelner unabhängige Behandlung einen besseren Fortgang, und selbst die Arbeiten des Geistes können hievon nur in gewisser Rücksicht ausgenommen werden. Ebenso wird den Verfassungen und den praktischen Verhältnissen unter den Menschen Dauer und Sicherheit mehr durch Gleichförmigkeit der Sitten, als durch die unregelmäßigeren Einwirkungen ungewöhnlicher Individuen verbürgt.

Dagegen hängt Kraft, Erfindungsgeist, Enthusiasmus von Originalität ab, und ohne außerordentliche und eigen gewählte Bahnen des Geistes würde nie etwas Großes entstanden sein.

Überhaupt ist Verschiedenheit der Charakterformen, wenn sie auch sogar schädlich sein sollte, dennoch einmal schlechterdings unvermeidlich, und die Frage ist bloß die, ob man dieselbe blindlings dem Zufall überlassen, oder durch vernünftige Leitung zur Eigentümlichkeit umschaffen soll? Auf diese aber kann die Antwort unmöglich anders, als Eine sein.

Die vergleichende Anthropologie sucht den Charakter ganzer Klassen von Menschen auf, vorzüglich den der Nationen und der Zeiten. Diese Charaktere sind oft zufällig; sollen denn auch diese erhalten werden? soll der Philosoph, der Geschichtschreiber, der Dichter, der Mensch seinen Namen, seine Nation, sein Zeitalter, sein Individuum endlich sichtbar an sich tragen? – Allerdings, nur recht verstanden. Der Mensch soll alle Verhältnisse, in denen er sich befindet, auf sich einwirken lassen, den Einfluss keines einzigen zurückweisen, aber den Einfluss aller aus sich heraus und nach objektiven Prinzipien bearbeiten. So soll er *sein*; wie viel er hernach hievon in den verschiedenen Gattungen seiner Tätigkeit *zeige*? hängt von den Erfordernissen dieser Gattung und der Natur seiner Individualität ab. Je mehr subjektive Originalität er aber, dem objektiven Wert des Werks unbeschadet, zeigen kann, desto besser.

Der Mensch kann wohl vielleicht in einzelnen Fällen und Perioden seines Lebens, nie aber im Ganzen Stoff genug sammeln. Je mehr Stoff er in Form, je mehr Mannigfaltigkeit in Einheit verwandelt, desto reicher, lebendiger, kraftvoller, fruchtbarer ist er. Eine solche Mannigfaltigkeit aber gibt ihm der Einfluss vielfältiger Verhältnisse. Je mehr er sich demselben öffnet, desto mehr neue Seiten werden in ihm angespielt, desto reger muss seine innere Tätigkeit sein, dieselben einzeln auszubilden, und zusammen zu einem Ganzen zu verbinden. Das Zweckwidrige und Verderbliche ist bloß das untätige Hingeben an einen einzelnen. Daraus entstehen die plumpen National- und Familiencharaktere, die uns in der Wirklichkeit unaufhörlich begegnen; daran aber ist die innere Schlaffheit und Trägheit, nicht die äußere Mannigfaltigkeit Schuld. Nach der Anleitung einer richtigen Bildungstheorie wird kein Mitglied einer Nation dem andern so auffallend ähnlich sehen; der National-Charakter wird sich in allen Einzelnen spiegeln, aber gerade weil er in jedem durch den Einfluss aller übrigen Verhältnisse, und vorzüglich durch die prüfende und richtende Vernunft gemildert wird, so wird er im Ganzen nicht so plump und handgreiflich, dagegen reiner, eigentümlicher, feiner und vielseitiger erscheinen.

Der Mensch ist allein genommen schwach, und vermag durch seine eigne kurzdauernde Kraft nur wenig. Er bedarf einer Höhe, auf die er sich stellen; einer Masse, die für ihn gelten; einer Reihe, an die er sich anschließen kann. Diesen Vorteil erlangt er aber unfehlbar, je mehr er den Geist seiner Nation, seines Geschlechts, seines Zeitalters auf sich fortpflanzt. Was war ein Römer schon allein dadurch, dass Rom ihn geboren hatte? Was ein Scipio dadurch, dass er aus dem Geschlecht der Cornelier stammte? Was sind die neueren Dichter schon einzig dadurch, dass sie den ganzen Reichtum griechischer Dichtkunst als ihr Eigentum behandeln, und sich auf einmal zu einer solchen Höhe emporschwingen?

Aber von der subjektiven Kenntnis der Natur zu ihrer objektiven Beschaffenheit scheint ein mächtiger Sprung zu sein. Wie kann die Erweiterung und Verfeinerung der ersteren unmittelbar die Veredlung der letzteren befördern? – Unleugbar dadurch, dass beides: das Beobachtende und das Beobachtete hier der Mensch ist, dass dieser sich überall, selbst ohne es immer zu bemerken, seiner inneren Geistesform anpasst, und dass die Masse herrschender Begriffe sich immer endlich auf eine uns selbst oft unbegreifliche Weise, nicht bloß den Menschen, sondern sogar die tote Natur unterwirft.

Dass eine erweiterte Kenntnis der Charaktereigentümlichkeit Charaktere richtiger beurteilen, und zweckmäßigere Methoden ihrer Behandlung auffinden lehrt, versteht sich hiebei von selbst. Aber auch bloß dadurch, dass man feinere Nuancen in dem Charakter entdeckt, modifiziert sich derselbe in der Tat auf eine mannigfaltigere Weise; dadurch dass man einzelne Gattungen studiert und ihre Formen so individuell, als sie sind, und so idealisch, als sie werden können, aufstellt, entwickeln sie sich wirklich reiner und bestimmter.

Der Charakter entsteht nicht anders, als durch das beständige Einwirken der Tätigkeit der Gedanken und Empfindungen. Dadurch dass diese gewisse Anlagen unaufhörlich, und andere niemals oder selten beschäftigen, werden die einen entwickelt und die andern unterdrückt, und so geht nach und nach die bestimmte Charakterform hervor. Durch diese durchgängige Korrespondenz unsrer Art zu sein und unsrer Art zu urteilen, unsrer praktischen und unsrer theoretischen Beschaffenheit wird es uns möglich, bloß durch die Idee und von unserm Geiste aus tätig und praktisch auf uns einzuwirken. Man kann nichts durch den Verstand begreifen, was nicht auf irgendeine Weise in dem Gebiet der Sinne und der Empfindung angespielt ist; aber man kann auch nichts in sein Wesen aufnehmen, was nicht durch Begriffe einigermaßen vorbereitet ist. Man kann nicht einsehen, wofür man keinen Sinn hat, wozu der Stoff mangelt; aber man kann auch nichts sein, wovon man gar keinen Begriff hat, wozu die Form fehlt.

Die Achtsamkeit auf das Charakteristische leistet aber noch mehr. Einesteils nimmt sie jeden Gegenstand zuerst und vorzüglich in seiner Beziehung auf das innere Wesen; andernteils weckt sie den Charakter und erregt seine Tätigkeit. Sobald aber einmal der Charakter erwacht ist, so eignet er sich von allen Dingen, die auf ihn einwirken, immer von selbst nur das an, was ihm homogen ist; von allen Seiten her wird also Stoff und Nahrung auf einen einzigen Punkt hin zusammengetragen. Man sieht dies sehr deutlich an Charakteren, die von Natur heftig, leidenschaftlich und einseitig sind. Von diesen pflegt man mit Recht zu sagen, dass sie überall nur sich sehen, in alles nur sich hinüber tragen; darum wächst auch ihre Einseitigkeit mit so verdoppelten Fortschritten. Der Fehler liegt aber bei ihnen nicht daran, dass ihre Individualität zu rege wäre, sondern nur daran, dass sie es durch Leidenschaft und Naturanlage wird. Würde sie aber durch eine Stimmung des Geistes rege gemacht, durch das Streben, überall eine schöne Individualität zu zeigen, so würde der Erfolg ganz und gar ein andrer sein. Ein solcher Mensch würde gleichfalls alles charakteristisch auf sich einwirken lassen, und charakteristisch behandeln. Aber er würde dasjenige, was ihm heterogen wäre, nicht übersehen noch wegwerfen, sondern nur auf seine Weise und zu seinen Zwecken benutzen; er würde jeden Gegenstand durchaus objektiv und wie der Unbefangenste aufnehmen, der ganze, aber freilich wichtige Unterschied würde nur in dem Grade und der Art der Aneignung liegen. Der Kontrast einiger auswärtigen Nationen mit der Deutschen zeigt dies sehr deutlich. Franzosen und Engländer gehen in auffallend bestimmten Charakterformen fort; aber sie behandeln auch sehr häufig die Welt um sich her nur auf ihre einseitige Weise, und verfehlen Wahrheit und Objektivität.

Vorzüglich aber bildet sich der Charakter gesellschaftlich zur Reinheit und Bestimmtheit aus, wenn er mit reinen und bestimmten Charakteren in Verbindung kommt. Es ist nicht die Ähnlichkeit allein, zu welcher sich einer dem andern anartet, es ist auch der Kontrast, in welchem sie sich einander entgegensetzen. Denn der moralischen, wie der physischen Organisation ist ein assimilierender Bildungstrieb eigen, der aber, sobald nur der eigne Charakter erst einige Bestimmtheit erlangt hat, nicht geradezu auf Ähnlichkeit, sondern auf eine verhältnismäßige Stellung der beiderseitigen Individualitäten gegen einander herausgeht. So wird der männliche Charakter reiner und männlicher, wenn ihm der weibliche gegenübergestellt ist, und umgekehrt. Übrigens aber bemerkt man diese Eigentümlichkeit freilich mehr bei einzelnen Individuen, als ganzen Gattungen. Vorzüglich wird sie noch bei Charakteren von Nationen vermisst, die im Verkehr unter einander noch immer mehr ihre Originalität entweder übertreiben oder aufgeben, als zweckmäßig bestimmen und bilden. Selbst die äußre Gesichtsbildung erfährt einigermaßen diesen Einfluss, wie z. B. die gewiss nicht chimärische Ähnlichkeit von verheirateten Personen unter einander beweist.

Wenn aber einmal Ein Schritt geschehen ist, so folgen die übrigen mit unglaublicher Leichtigkeit nach. Denn nichts wirkt so lebendig rund um sich her, als die menschliche Individualität. Vorzüglich wirkt in dieser Hinsicht die Abstammung, welche dasjenige, was bisher erworben ist, dem neuen Individuum als fertige Anlage überliefert, und so jedes Mal das in ein sicheres Eigentum verwandelt, was so lange nur ein minder sicherer Besitz schien.

Das Studium der Charaktere in ihrer Individualität vermehrt also diese letztere selbst. Dass aber von dieser, von der Mannigfaltigkeit der Charakterformen die Veredlung der Gattungen abhängt, davon ist auch außer der menschlichen Natur ein merkwürdiges Beispiel vorhanden – das bekannte Phänomen nämlich, dass die Haustiere mehr Rassen, mehr Varietäten, und endlich auch mehr individuelle Merkmale zeigen, als alle übrigen Tiergattungen.

4. Zweck und Verfahren der vergleichenden Anthropologie im Allgemeinen – Gefahr eines möglichen Missbrauchs

Das Bestreben der vergleichenden Anthropologie geht dahin, die mögliche Verschiedenheit der menschlichen Natur in ihrer Idealität auszumessen; oder, was dasselbe ist, zu untersuchen, wie das menschliche Ideal, dem niemals Ein Individuum adäquat ist, durch viele dargestellt werden kann.

Was sie sucht, ist also kein Gegenstand der Natur, sondern etwas Unbedingtes, – Ideale, die aber auf Individuen, auf empirische Objekte so bezogen werden, dass man sie als das Ziel ansieht, dem diese sich nähern sollen.

Könnte sie diesen Zweck erreichen, ohne zu der Beobachtung der wirklichen Natur herabzusteigen, so würde sie eine rein philosophische und spekulative Wissenschaft bleiben. Und in gewissem Verstande kann sie dies in der Tat. Sie kann bloß bei dem allgemeinen Ideale des Menschen stehen bleiben; sie kann dasselbe nach seinen einzelnen Seiten zerlegen, und aus diesen einzelnen Virtuositäten einzelne idealische Gestalten bilden, in welchen sich um dieselben, als um die herrschenden Züge, die übrigen Eigenschaften, deren der vollkommen ausgebildete Mensch nicht entbehren kann, in gehöriger Unterordnung herum versammeln. In dem Ideale des Menschen findet sich z. B. Sinn für Schönheit und Streben nach Wahrheit, beide für sich in hoher Stärke, und gegeneinander in vollkommnem Gleichgewicht. Man zerlege diese beiden Tendenzen, mache jede zum Grundzug einer besonderen Individualität, ergänze von diesem Gesichtspunkte aus die übrige Gestalt, und man erhält, ohne irgendeine spezielle Erfahrung zu bedürfen, die reinen Charaktere des Künstlers und des Philosophen.

Aber um jene oben aufgestellte Forderung ganz zu erfüllen, muss die vergleichende Anthropologie sich notwendig an eine strenge Beobachtung der Wirklichkeit gewöhnen, und sogar durchaus überall von dieser zuerst ausgehen. Denn

1. würde jenes mehr spekulative Verfahren eine überaus nachteilige Dürftigkeit, sowohl in der Mannigfaltigkeit aller Formen, als in der Bestimmtheit jeder einzelnen mit sich führen. Auch mit der glücklichsten Anstrengung würde es nicht möglich sein, von da aus in eine nur irgend große Individualität herabzusteigen.

2. bedarf die Aufstellung des Ideals selbst einer gewissenhaften Beobachtung der Wirklichkeit. Denn dies Ideal ist nichts anders, als die nach allen Richtungen hin erweiterte, von allen beschränkenden Hindernissen befreite Natur.

3. leidet sie nur dann, wenn sie sich unmittelbar an die empirische Beobachtung hält, praktische Anwendung auf das wirkliche Leben, da sie sonst vergebens hohe Ideale aufstellen würde, wenn es ihr an Mitteln fehlte, dieselben an die Wirklichkeit anzuknüpfen.

Der Mensch entwickelt sich nur nach Maßgabe der physischen Dinge, die ihn umgeben. Umstände und Ereignisse, die auf den ersten Anblick seinem Innern völlig heterogen sind, Klima, Boden, Lebensunterhalt, äußere Einrichtungen u. s. f. bringen in ihm neue, und oft die feinsten und höchsten moralischen Erscheinungen hervor. Durch ein physisches Mittel, durch Zeugung und Abstammung, wird die einmal erworbene moralische Natur übertragen und fortgepflanzt, und dadurch nehmen die intellektuellen und moralischen Fortschritte, die sonst vielleicht vorübergehend und wechselnd sein würden, gewissermaßen an der Stetigkeit und der Dauer der Natur teil. Die physische Beschaffenheit des Menschen spielt daher bei der Bildung seines Charakters eine in jeder Rücksicht bedeutende Rolle.

Noch deutlicher, als bei einzelnen Individuen, ist dies bei der Betrachtung des ganzen Menschengeschlechts. Große Massen, Stämme und Nationen, behalten Jahrhunderte hindurch einen gemeinsamen Charakter, und selbst, wo derselbe große Veränderungen erleidet, sind noch die Spuren seines Ursprungs sichtbar. Gleiche Ursachen bringen durch alle Zeiten hindurch gleiche Wirkungen hervor, und durchaus wird man daher im Ganzen ziemlich dieselben Resultate ähnlicher Kräfte finden, denselben Einfluss der äußeren Lagen, dasselbe Spiel der Leidenschaften, dieselbe Macht des Guten und Wahren, mit dem es aus dem verworrensten Gewebe von Begebenheiten und in den mannigfaltigsten Gestalten hervorgeht. Überall verraten die Handlungen der Einzelnen eine eigenmächtige Willkür der Neigung, indes die Schicksale der Masse das unverkennbare Gepräge der Natur an sich tragen. Wie viel bestimmter und klarer noch würden wir dies einsehen, wenn wir uns nicht immer nur auf einen so kurzen Zeitraum berufen müssten, und auch bei diesem nicht so oft durch die Unvollständigkeit unsrer Kenntnis aufgehalten würden.

Dadurch nun wird die vergleichende Anthropologie genötigt, nicht bloß von der Erfahrung auszugehen, sondern sich so tief als möglich in dieselbe zu versenken. Sie muss die bleibenden Charaktere der Geschlechter, Alter, Temperamente, Nationen u. s. w. ebenso sorgfältig aufsuchen, als der Naturforscher bemüht ist, die Rassen und Varietäten der Tierwelt zu bestimmen. Ob es ihr gleich eigentlich und an sich durchaus nur darauf ankommt, zu wissen, wie verschieden der idealische Mensch sein kann, muss sie den Anschein annehmen, als wäre es ihr darum zu tun, zu bestimmen, wie verschieden der individuelle Mensch in der Tat ist?

Ihre Eigentümlichkeit besteht daher darin, dass sie einen empirischen Stoff auf eine spekulative Weise, einen historischen Gegenstand philosophisch, die wirkliche Beschaffenheit des Menschen mit Hinsicht auf seine mögliche Entwicklung behandelt.

Bei der Verbindung einer naturhistorischen und einer philosophischen Beurteilung leidet zwar gewöhnlich die erstere; hier indes droht eine nicht minder große Gefahr auch der letzteren. Da die vergleichende Anthropologie die Charaktere von Menschengattungen aufsucht, so wird sie leicht verleitet, dieselben teils bestimmter, teils dauernder anzunehmen, als die Wirklichkeit sie zeigt, und die Würde des Menschen sie verstattet. Eine solche Tendenz aber muss der Ausbildung der menschlichen Natur im höchsten Grade verderblich sein, deren Adel ganz vorzüglich auf der Möglichkeit einer freien Individualität beruht. Es ist hier die gefährliche Klippe, die man bei jedem Urteil über den Menschen vermeiden muss, ihn immer zugleich und doch nie zu sehr als Naturwesen zu behandeln.

Hier indes ist diese Klippe bei weitem weniger gefährlich. Denn unsre Absicht hier ist bloß die, überhaupt individuelle Verschiedenheiten aufzusuchen, und zwar solche, die auch noch mit idealischen Forderungen verträglich sind; nicht aber die, das Menschengeschlecht naturhistorisch zu klassifizieren. Dies Letztere brauchen wir nur als

Mittel zur Erreichung jenes Zwecks, teils um den Individuen selbst näher zu treten, das Dauernde und Wesentliche sicherer zu erkennen, und uns durch vorübergehende Zufälligkeiten weniger irreführen zu lassen, teils um den Gang der Natur selbst besser zu beobachten, auf welchem diese vermöge der Ähnlichkeit der Gattungen die Originalität der Individuen befördert, indem sie sie benutzt, dieselben zu bestimmen, ohne doch ihre Freiheit zu binden.

Möchten also auch Geschlechts-, Temperaments- und Nationalcharaktere noch weniger bestimmt sein, als sie es in der Tat sind, so ist dies kein Einwurf gegen das Gelingen einer vergleichenden Anthropologie. Denn dieser ist es genug, nur auf wesentliche Verschiedenheiten geführt worden zu sein, und dasjenige, was sich nun immer im Objekt wirklich findet, für den praktischen Gebrauch gehörig geprüft und gewürdigt zu haben.

5. Methode. Ausdehnung und Grenzen. Einteilung

Die vergleichende Anthropologie ist nach dem Vorigen ein Zweig der philosophisch-praktischen Menschenkenntnis. Wie diese wird sie daher die Empirie, so wie die bloße Spekulation vermeiden, und sich allein und durchaus auf Erfahrung stützen. Auch wird sie die Hauptregeln anerkennen, und befolgen, welche diese aufstellt. Sie wird demnach:

1. die Data zu ihren Charaktergemälden aus den Äußerungen des ganzen Menschen, zugleich aus seiner physischen, intellektuellen und moralischen Natur hernehmen, um sich des vollständigsten Stoffs zu versichern.

2. unter diesen vorzüglich auf diejenigen Züge achten, welche recht eigentlich den Charakter, und zwar denselben da, wo er individuell verschieden zu sein pflegt, bezeichnen – auf das Verhältnis und die Bewegung der Kräfte.

3. immer nur auf die innere Beschaffenheit und Vollkommenheit, nie bloß oder auch nur hauptsächlich auf die Tauglichkeit zu äußeren Zwecken sehen.

4. den Charakter so viel als möglich genetisch schildern.

5. von den Tatsachen und Äußerungen aus zu den allgemeinen Eigenschaften, und von da zum eigentlichen innern Wesen übergehen.

6. die zufälligen Eigenschaften von den wesentlichen genau absondern, und nach den verschiednen Graden ihrer Zufälligkeit ordnen.

7. den bisher mehr nach einzelnen Seiten betrachteten Charakter in die höchste Einheit zusammenziehn, aus dem vollständig gezeichneten Bilde den Begriff herausnehmen, – was dadurch am besten geschieht, dass man die Art, wie er zu den höchsten und ganz allgemeinen Zwecken des Menschen gelangt, auf einmal auszusprechen versucht.

Ihre besondre Tendenz, nicht bloß, wie die Menschenkenntnis überhaupt, den Menschen im Allgemeinen, oder einzelne gerade interessante Individuen zu studieren, sondern den Umfang der, ohne Verletzung der Idealität, möglichen Verschiedenheit im Menschengeschlecht zu erforschen, durch welche sie zugleich auf die Untersuchung von Gattungscharakteren geführt wird, fügt den vorigen Regeln noch folgende hinzu:

1. da es ihr vorzüglich darum zu tun ist, zu erforschen, wie die idealische Vollkommenheit, die Einem Individuum unerreichbar ist, sich in mehreren gesellschaftlich aus-

drückt, so wird sie hauptsächlich durch diese Absicht bei der Wahl der Charaktere zu ihrem Studium geleitet werden. Sie wird so viel als möglich solche aufsuchen, die entweder den Begriff der Menschheit erweitern, oder sich so gegenseitig gegen einander verhalten, dass sie Züge, die zusammen nicht in gleicher Stärke verträglich sein würden, einzeln darstellen.

2. da sie sich auf ihrem Wege besonders an Gattungscharakteren halten muss, so wird sie dieselben so rein als möglich von allem Einfluss der einzelnen Individualitäten bestimmen, und ihre Eigentümlichkeiten daher vornehmlich aus den gemeinschaftlich auf sie einwirkenden Ursachen, und aus ihrem Begriffe herleiten.

3. dagegen wird sie sich aber auch sorgfältig hüten, durch einen zu festen und engen Begriff der Gattung die Freiheit der Individuen zu beschränken.

Der Umfang der vergleichenden Anthropologie würde eigentlich dem des ganzen menschlichen Geschlechts gleich sein, wenn nicht zwei Ursachen sie hinderten, ihre Grenzen so weit auszudehnen.

Der Mensch bedarf eines gewissen, nicht geringen Grades der Kultur, um eine individuelle Form zu erlangen. Seine erste Ausbildung ist durchaus nur in Maßen, nur in rohen, noch durch wenige Züge bestimmten Formen. Dieser Grad der Kultur muss schon zu einer beträchtlichen Höhe gestiegen sein, wenn der Charakter so verfeinert, und seine Form so bestimmt sein soll, dass er auch nur einzelne Züge zeigt, welche eine Erweiterung des Begriffs der Menschheit in ihrer Vollendung erwarten lassen, noch mehr aber dass er als eine Bahn erscheine, in welcher der Mensch sich dieser Vollendung auf eine zweckmäßige Weise nähern kann.

Denn die ersten Eigentümlichkeiten noch roherer Völker sind meistenteils entweder nur äußre, oder zufällige und unbedeutende, oder gar fehlerhafte Verschiedenheiten; auf diese folgen einzelne mehr oder weniger versprechende Züge; und erst die letzte Stufe ist es, wenn die Eigentümlichkeit sich über alle Kräfte verbreitet, und einen durchaus individuellen Charakter zu bilden anfängt.

Selbst in unserm kultivierten Europa finden wir noch alle diese Stufen neben einander. Auf jener höchsten stehen unstreitig Franzosen, Engländer u. s. f.; Polen, Spanier und Portugiesen wohl nur auf der mittleren; und gewiss auf der untersten noch Russen und Türken. Wer möchte es unternehmen, von dieser letzteren einen individuell-idealischen Charakter aufzustellen, wer nur überhaupt, nach Abzug der äußern oder zufälligen Verschiedenheiten, einen individuellen Charakter, der sich noch von dem allgemeiner menschlichen auf eine irgend für die Betrachtung dankbare Weise unterschiede?

Wenn aber auch gegen die Tauglichkeit des Objekts selbst nichts eingewendet werden kann, so gehört eine tiefe und genaue Kenntnis desselben dazu, um eine solche Schilderung zu entwerfen, als hier notwendig ist. Nur eine einzige innere und wesentliche Eigenheit als solche zu erforschen, ist schon schwierig; wie viel mehr aber alle in ihrer Verbindung zu einem Ganzen zu kennen. Wie viele Hilfsmittel auch z. B. zur Kenntnis der Nationen vorhanden sein mögen, so wird doch derjenige, der hier selbst Hand an das Werk legt, sich bald gerade da verlassen fühlen, wo er am meisten eines sicheren Führers bedürfte.

Nur von sehr wenigen Menschengattungen ist es also möglich auch nur den Versuch zu wagen, ein vollständiges

Bild ihrer innern und wesentlichen Eigentümlichkeit zu geben. Denn zu dem vollkommnen Gelingen ist vielleicht, wenn man die Hindernisse, die im Objekt und in unserer Kenntnis desselben liegen, zusammennimmt, nicht eine einzige reif. Dennoch kann sich eine philosophische Anthropologie nicht mit etwas Geringerem begnügen. Sie muss immer ein Ganzes, eine vollendete Gestalt aufsuchen; bloß, wie die physiologische, nach einer Menge von Verschiedenheiten zu haschen, ist ihr durchaus fremd. Wenn daher diese letztere vorzüglich in den entferntesten Himmelsstrichen verweilt, welche die abweichendsten Verschiedenheiten aufweisen, so wird sie sich hauptsächlich auf den kleinen Kreis der höchsten Kultur beschränken, in welchem die Eigentümlichkeiten am meisten bestimmt und vollendet erscheinen.

Was die Anordnung der Teile betrifft, so wird der Schilderung der einzelnen Charaktere eine allgemeine Einleitung vorangehen müssen, um 1. die Möglichkeit, die Ursachen und den Wert der Verschiedenheit überhaupt, 2. die Natur der Gattungscharaktere im Allgemeinen, 3. die Natur einzelner unter denselben, z. B. der Geschlechter, Nationen u. s. f. insbesondre abzuhandeln.

6. Quellen und Hilfsmittel. Notwendige Geistesstimmung

Wenn der individuelle Charakter des Menschen zum Behuf seiner möglichen Idealisierung erforscht, und dieser Stoff nicht fragmentarisch bloß an einzelnen Fällen, sondern in allgemeinen Sätzen, als eine Theorie, bearbeitet werden soll; so muss seine Behandlung alle Arten der Betrachtung der Natur durchgehen, und zugleich naturhistorisch, historisch und philosophisch sein.

Der Mensch, auch als Gattung betrachtet, ist offenbar ein Glied in der Kette der physischen Natur. Er artet, wie die übrigen Tiere, in Rassen aus. Diese Rassen pflanzen ihre Eigentümlichkeiten fort, und erzeugen mit einander halbschlächtige Blendlinge. Hier und in andern ähnlichen Fällen sind offenbar Naturwirkungen, die nicht zurückgewiesen werden können, nur benutzt und geleitet werden müssen. In dieser Rücksicht gehört der Mensch schlechterdings der Natur an. Er kann, wie sie, beobachtet werden, und, was das eigentlich charakteristische Kennzeichen hiebei ist, es ist möglich, mit ihm zu experimentieren.

Der Naturnotwendigkeit im Menschen am meisten entgegen steht seine Willkür. Vermöge dieser beginnt und endigt er Handlungen, ohne weder durch Naturzwang, noch auch gerade durch Vernunftnötigung getrieben zu werden. Er folgt, wie man zu sagen pflegt, dem Zufall, äußeren Einwirkungen, oder inneren augenblicklichen Antrieben. Was er auf diese Weise tut, ist zwar oft physisch, da es auch nicht einmal mittelbar aus Vernunft entspringt, es ist aber doch immer das Resultat physischer oder andrer Veränderungen auf eine freie Natur, und daher weder nach Naturgesetzen zu berechnen, noch auch eines Experiments fähig. Von dieser Seite kann der Mensch bloß historisch erkannt werden. So ist er; so ward er. Das Warum? erlaubt keine befriedigende Antwort.

Natur und Willkür werden verknüpft in der echt menschlichen Freiheit durch Vernunft. Denn die Vernunft bringt eine ebenso große Notwendigkeit nach Gesetzen hervor, als die Natur, aber sie tut der Freiheit nicht den mindesten Eintrag, da sie sich selbst das Gesetz gibt. Hier sind also Gesetze, und zwar solche, die, außerhalb des Gebiets der Erscheinungen, aus einer selbstständigen Kraft emanieren. Hier beginnt demnach das Gebiet der philosophischen und ästhetischen Beurteilung.

Jede theoretische Bearbeitung, eines Stoffs setzt eine Beurteilung nach Gesetzen voraus, und nur insofern der menschliche Charakter einer solchen fähig ist, verstattet er eine wissenschaftliche Behandlung.

Die organische Natur des Menschen lässt allerdings Gesetze sehen, die regelmäßig und unfehlbar eintreffen. So ist es z. B. ein allgemeines Naturgesetz, dass ein Teil der Individualität der Eltern auf die Kinder übergeht. Aber die verwickelte Ökonomie des menschlichen Körpers, seine noch unbegreiflichere Verbindung mit dem moralischen Charakter, und die große Schwierigkeit, mit dem Menschen zu experimentieren, macht, dass jene Gesetze noch immer so unvollkommen, und schwerlich je durchaus vollständig erkannt werden. So ist es in dem vorigen Beispiel nicht möglich zu bestimmen, was gerade, in welchem Grade, und unter welchen Umständen mehr oder minder durch die Zeugung forterbt. Selbst, was doch bei weitem einfacher ist, die physische und physiologische Eigentümlichkeit eines Individuums als ein Ganzes zu kennen, gibt es noch nicht einmal eine allgemeine Formel oder Methode. Man beobachtet und kennt bloß einzelne Verschiedenheiten, aus denen sich wenig oder nichts schließen lässt.

Die größeste Strenge und Gesetzmäßigkeit verstattet die philosophische Beurteilung, allein auch mehr da, wo sie dem Menschen für seine Gesinnungen Regeln vorschreibt, als da, wo sie zum Behuf der Erweiterung seines Wissens den wirklichen Zusammenhang zwischen seinen Kräften aufzudecken bemüht ist. Zwar wird sie einzelne Verhältnisse unfehlbar richtig bestimmen und aufklären, aber da diese nie ganz allein und vereinzelt vorhanden, also die Fälle nie rein gegeben sind, so werden die innern intellektuellen und moralischen Verhältnisse nie ganz fehlerlos dargestellt, oder vollständig erschöpft werden können.

Am wenigsten Gesetzmäßigkeit zeigt ein bloß historisch behandelter Stoff. Alles Einzelne erscheint in demselben ebenso regellos, als der Zufall und die Willkür, die es hervorbringen. Dennoch kehren auch hier, sobald man nur große Massen auf einmal ins Auge fasst, gleiche Ereignisse in einer gewissen, obgleich weniger strengen und schwerer zu beobachtenden Regelmäßigkeit zurück.

Der Stoff, den die vergleichende Anthropologie darbietet, ist daher nicht gerade einer wissenschaftlichen, ja nicht einmal durchaus einer theoretischen Behandlung fähig. In wie hohem Grade er indes auch empirisch sein mag, so zeigen doch die einzelnen Erscheinungen immer eine gewisse Stetigkeit, Folge und Gesetzmäßigkeit, und diese letztere muss notwendig sowohl mit der Erweiterung unsrer Kenntnis, als mit der Veredlung der menschlichen Natur selbst, noch mit dem Fortschritte der Zeit immer höher steigen. Der Bearbeiter hat sich daher zwar zunächst so genau als möglich an die Wirklichkeit anzuschließen, aber mit der Beobachtung muss er zugleich immer so viel als möglich eine streng philosophische Behandlung verbinden, teils um die Masse der Tatsachen nach Gesetzen theoretisch zu ordnen, teils um die durch die Beobachtung erhaltenen Charaktere praktisch nach Gesetzen zu beurteilen.

Wer hierin glücklich sein, und die individuelle Menschenkenntnis wahrhaft erweitern will, der muss gewissermaßen die verschiedenen Geistesstimmungen des Naturbeobachters, des Historikers und des Philosophen in sich vereinigen. Wie der erstere muss er überall von dem Begriff der Organisation ausgehen, durchgängig vollkommene Gesetzmäßigkeit voraussetzen, alles aus den innern und eignen Kräften des Wesens erklären, in diesen jede zugleich als Zweck und als Mittel betrachten, und nie zu andern als physischen Erklärungen seine Zuflucht nehmen. Wie dem zweiten liegt es ihm ob, mit der anteillosesten Gleichgültigkeit bloß nach dem, was geschehen ist? zu fragen, und das Ganze, zu dem die einzelnen von ihm beobachteten Tatsachen gehören, weder als ein Naturprodukt, noch auch als ein reines Willensprodukt anzusehen, damit er auch nicht einmal versucht werde, von Ursachen und Gesetzen auf die einzelnen Erscheinungen, sondern immer von diesen auf jene überzugehen. Denn das ist es gerade, was den Historiker, wenn man ihn nämlich dem Naturbeobachter und Philosophen entgegensetzt, auszeichnet, dass er es einzig und allein mit dem, was geschehen ist, zu tun hat, und das Feld, auf dem er tätig ist, weder als das Gebiet der Natur, noch als das Gebiet eines reinen Willens, sondern als das Reich des Schicksals und des Zufalls betrachtet, von dessen Launen wenigstens im Einzelnen niemand Rechenschaft zu geben fähig ist. Wie der Philosoph endlich darf er nicht vergessen, dass ein freies und selbstständiges Wesen der Gegenstand seiner Betrachtung ist, bei dem er erste, notwendige, außerhalb der Erscheinungen liegende Ursachen voraussetzen, und das er streng nach Gesetzen, nach Vernunftidealen beurteilen muss.

Was das Schwierigste ist, so dürfen diese drei so verschiedenen Geistesstimmungen nicht einmal immer, wenn auch freilich oft, einzeln bei einzelnen Teilen der Charakterkenntnis tätig, sie müssen sehr häufig sehr nahe mit einander verbunden sein. Denn da der Mensch ein freies Wesen in der Kette der Natur ist, so wird auch dasjenige, was durchaus selbstständig aus ihm entspringt, leicht zu einer Art von Organisation, und wenn daher der Stoff des Charakters einmal hinlänglich historisch erforscht ist, so ist es immer notwendig zugleich zu versuchen, ihn als Natur und Organisation zu erklären, und als die freieste Exertion rein menschlicher Kräfte idealisch zu beurteilen. In der moralischen Natur des Menschen muss man gleichsam eine bewegliche Organisation annehmen, eine bewundernswürdige Leichtigkeit etwas zur Natur werden zu lassen, und es doch, bei veränderter Charakterrichtung, wieder gegen etwas anderes zu vertauschen. In der Tat sehen wir, dass auf der einen Seite der Mensch sich Eigenschaften dergestalt anzueignen vermag, dass sie sich mit allem in ihm verbinden, in seine physische Beschaffenheit sogar übergehen, und von ihm aus sich auch auf andere fortpflanzen; dass er auf der andern, sobald sein Geist eine andere Wendung nimmt, aus der bisherigen Form heraustreten und sie mit einer andern verwechslen kann. Diese letztere Kraft zeigt sich manchmal in dem Kampf individueller Züge mit dem Charakter des Geschlechts, oder der Nation in einem bewundernswürdigen Grade. Diese dem ersten Anblick nach so wenig begreifliche Verbindung der Stetigkeit und Versatilität findet unstreitig ihre Erklärung in dem Zusammenwirken der sinnlichen und rein geistigen Kräfte im Menschen. Die ersteren streben immer alles zu assimilieren, alles in Habitus und Natur zu verwandeln. Dagegen ist den letzteren jede Stetigkeit fremd, die nicht auf einer fortwährenden Billigung des gegenwärtigen Augenblicks, sondern auf einer Fortdauer voriger Eindrücke beruht. Nun gewinnen zwar im Kampfe die geistigen Kräfte immer die Oberhand, da aber die sinnlichen doch auch immer tätig bleiben, so entsteht immerfort eine habituelle Natur, die nur, wenn sie mit veränderten Geistesrichtungen in Widerspruch gerät, nicht alleinherrschend werden kann.

Die gehörige Mischung, in welcher die in so hohem Grade ungleichartigen Anlagen mit einander zu einer richtigen Menschenkenntnis verbunden sein müssen, künstlich und regelmäßig zu finden, dürfte schwer, wo nicht unmöglich sein. Auch findet man in der Tat meistenteils entweder zu empirische oder zu spekulative Menschenbeobachter. Die beste Schule für die Menschenkenntnis ist daher das Leben, und derjenige wird am besten in derselben gelingen, dessen Charakter selbst in vorzüglichem Grade kultiviert ist, der zugleich formenreich und hinlänglich gewöhnt ist, sich nach Gesetzen zu beurteilen. Denn demjenigen, der selbst die notwendige Freiheit und Gesetzmäßigkeit in sich verbindet, wird es auch weder an der Empfänglichkeit fehlen, den gegebnen Stoff aufzufassen, noch an der Kraft, ihn einer strengen Prüfung nach Gesetzen zu unterwerfen.

7. Von der Charakterverschiedenheit im Allgemeinen

Der erste Unterschied, den wir unter mehreren Menschen bemerken, und der auch dem flüchtigsten Blick nicht entgeht, ist die Verschiedenheit der Gegenstände ihrer Beschäftigung, der Produkte ihres Fleißes, der Art, ihre Bedürfnisse zu befriedigen, und das Leben zu genießen. An diese in die Augen fallenden Dinge heftet sich zuerst der Begriff der Eigentümlichkeit bei einzelnen Individuen, wie bei ganzen Nationen, unter welchen letzteren man noch von sehr vielen gerade nur so viel, nur ihre Kleidung, Beschäftigungen, Vergnügungen, Lebensart u. s. f. kennt.

Die zweite Klasse von Kennzeichen der Verschiedenheit unter Menschen geht schon näher ihre Persönlichkeit an, wenn sie auch gleich das Innre derselben noch nicht geradezu und unmittelbar schildert. Man kann dahin alles Äußre in dem Körperbau und dem Betragen rechnen, Gestalt, Farbe des Gesichts und des Haars, Physiognomie, Sprache, Gang und Gebärden überhaupt. Diese Gattung von Kennzeichen ist hauptsächlich wichtig, da sie auf der einen Seite dem Menschen selbst näher führt, als die vorige, und auf der andern ein wahreres und treueres Bild gibt, als dasjenige ist, was man unmittelbar von dem Innern doch immer mehr schließt, als geradezu sieht. Daher bleibt nicht allein der gesunde und natürliche Takt, der, wenn auch manchmal im Einzelnen, doch selten im Ganzen große Fehlgriffe tut, schlechterdings bei diesen stehen, sondern auch der philosophischste Menschenkenner behält dieselben unverrückt vor Augen, um an ihnen, als an unmittelbaren Tatsachen, seine tiefer eingehenden Urteile zu prüfen und zu berichtigen.

Von diesen beiden Gattungen der Kennzeichen aus kann man endlich auf die innern Verschiedenheiten selbst übergehen. Diese trifft man alsdann zwar nicht in den Kräften selbst, da das ganze Menschengeschlecht durchaus mit denselben ausgestattet ist, wohl aber in ihrem Grade, da sie bei dem einen eine Höhe erlangen, zu der sich der andre nie emporschwingt, in ihrem Verhältnis, wenn bei dem einen die Phantasie, bei dem andern der Verstand u. s. f. herrschend ist, oder in ihrer Bewegung, da der eine rastlos und tätig, der andre träg und untätig ist, u. s. f. an; ferner in den Empfindungen, die bei dem einen sanfter und reizbarer, als bei dem andern sind, endlich in Neigungen und Leidenschaften.

Aber alle diese Verschiedenheiten, so einzeln, als sie hier dastehn, betrachtet, beweisen mehr Verschiedenheiten in einzelnen Äußerungen, als in dem Charakter selbst. Solange man sie einzeln betrachtet, bleibt es immer ungewiss, ob sie nicht mehr bloß aus einer Verschiedenheit der äußern Lagen und Umstände, als aus einer innern Charakterform entspringen, aus welcher das Individuum entweder gar nicht oder doch nicht ganz herauszugeben im Stande ist. Nur in diesem letzteren Falle aber ist doch eine eigentliche Charakterverschiedenheit vorhanden, und um daher auf diese zu kommen, bedarf es noch andrer und tiefer eingreifender Beobachtungen.

8. Hauptsächlichste Tatsache, auf welche der Gedanke einer vergleichenden Anthropologie sich vorzüglich stützt

Diese Tatsache ist der Unterschied der Geschlechter, welche die Natur zu einer so unverkennbaren Eigentümlichkeit eines jeden für sich, und einer sich so scharf entgegengesetzten Verschiedenheit bestimmt hat, dass vernünftiger Weise auch nicht einmal der Gedanke entstehen kann, den Charakter des einen mit dem des andern zu vertauschen, oder die Individualität beider durch eine dritte zu vertilgen. Überall, wo von individuellen Unterschieden die Rede ist, kann daher derselbe zum Muster dienen, an dem die Art, die Entstehung, die Entwicklung und das Verhältnis solcher Eigentümlichkeiten unter einander und zur Gattung auf die auffallendste Weise sichtbar ist. Bei allem aber, was sich auf Naturbeobachtung gründet, ist es ein Haupterfordernis einer guten Methode, jeden einzelnen Punkt gerade da aufzusuchen, wo er sich am sichtbarsten zeigt.

Unter beiden Geschlechtern selbst ist es hier, wo es darauf ankommt, die Einheit in den einzelnen Eigentümlichkeiten zu bestimmen, welche dazu gehört, um eine eigentliche Charakterverschiedenheit zu begründen, besser, bei dem weiblichen stehen zu bleiben, da dieses die Individualität der Art reiner und weniger mit der der Gattung vermischt, als das männliche, an sich trägt.

Betrachten wir nun die einzelnen Züge der Natur der Weiber in Vergleichung mit den Männern, so finden wir:

1. ihren Körperbau kleiner, schwacher und zarter; ihre Knochen feiner und biegsamer; die Muskelkraft mehr zum langsamen Ausdauern, als zur plötzlichen Anstrengung geschickt; ihre Gestalt von weichen, fließenden Umrissen begrenzt, voll Fülle und Anmut; ihren Ausdruck in der Ruhe und der Bewegung mehr mannigfaltig, sprechend und sanft, als gerade, fest und bestimmt; ihre Schönheit überhaupt mehr durch die Freiheit des Stoffs in der Anmut, als durch die Herrschaft der Form in der Bestimmtheit der Züge hervorstechend; ihre physische Organisation endlich durch eine überwiegende Reizbarkeit und Tätigkeit des

Nervensystems, und eine gewisse Passivität, vermöge welcher sie Übeln länger widerstehn, und leichter große Veränderungen erleiden kann, ausgezeichnet.

2. in Rücksicht auf ihre intellektuellen Fähigkeiten eine entschiedene Neigung zur Betrachtung der Natur und alles dessen, was einen unmittelbaren Wert und Gehalt besitzt, verbunden mit einer fast gleichen Abneigung gegen alles bloß Mittelbare und Symbolische; eine bewundernswürdige Stärke in demjenigen Teile der Erforschung der Wahrheit, welcher lebhafte und bewegliche Reizbarkeit, leichtes und schnelles Auffassen und Verknüpfen fordert, dagegen eine nicht minder auffallende Schwäche und einen fast noch größeren Widerwillen gegen denjenigen, der mehr auf Selbsttätigkeit und scheidender Strenge beruht. Daher ist es den Frauen in so hohem Grade eigen, ihr forschendes Streben überall nach dem wahren Wesen der Dinge zu richten; aber ebendaher erreichen sie doch dies letztere so selten in seiner objektiven Reinheit. Sie behandeln ihren Gegenstand nicht so willkürlich, als nicht selten der Mann; dagegen aber mit einer nachsichtsvolleren Schonung, als die Forderung ihn zu durchschauen und vollkommen in ihn einzudringen verstattet. Über dem Geiste der Wahrheit verfehlen sie ihren Buchstaben. So wenden sie sich bei Objekten der Beobachtung gewiss immer unmittelbar an die Wirklichkeit selbst, aber da sie sich mehr den Eindrücken, welche dieselbe in ihnen hervorbringt, überlassen, als sie aufzudecken, zu zerlegen, und ihr mit Versuchen nachzugehen geneigt sind, so gelingt es ihnen nur selten, sie genau zu ergründen; meistenteils knüpfen sie vielmehr ihre subjektive Vorstellungsart an dieselbe an, und führen in ihr, wie in ihrem eigentümlichsten Elemente, nur ihr

eignes inneres Leben fort. Ebenso nehmen sie jedes Räsonnement gewiss immer von der Seite seiner bedeutendsten und fruchtbarsten Folgen, bringen es mit allen ihren übrigen Begriffen in gegenseitige Verbindung, sind aber nicht immer sorgfältig genug, es auf hinlänglich sichere Gründe zu stützen. Aus gleichen Gründen empfinden sie auch nach den letzten Resultaten der abstraktesten Philosophie ein dringendes Bedürfnis, weil schon ihre Natur ihnen nicht eher, als bis sie ihre ganze Gedankenmasse in eine Einheit verbunden haben, zu ruhen erlaubt; da indes die Abstraktion ihrer Individualität doch durchaus widerspricht, so bleibt ihnen die eigentliche Spekulation immer fremd. Der Wahrheitssinn existiert in ihnen im genauesten Verstande des Worts, als ein S i n n , sie sind durch ihre Natur selbst gedrungen, ihn zu lieben und ihm zu huldigen; aber aus einem ursprünglich in dieser gegründeten Mangel an derjenigen sondernden Kraft, welche das eigne Ich recht scharf von der Welt abscheidet, die es umgibt, werden sie seinem letzten Ziel: der Erforschung der Wahrheit nicht so nah kommen, als der Mann.

Das Unterscheidende dieser intellektuellen Eigentümlichkeit des andern Geschlechts beruht größtenteils auf der Reizbarkeit und Lebhaftigkeit der Phantasie, welche den übrigen Kräften, am wenigsten dem Verstande und der Vernunft, nicht leicht abgesondert zu wirken verstattet, aber dagegen auch selbst nicht so willkürlich, als oft im Manne verfährt, sondern den Sinnen und dem Gefühl folgsamer getreu bleibt.

Nicht also gerade baren Gewinn an einzelnen Kenntnissen oder Wahrheiten darf man von dem Geiste der Frauen erwarten; er leistet mehr, und seine Bestimmung ist höher und edler. Das Höchste und Beste in der allgemeinsten Geistestätigkeit überhaupt, das Umfassen eines mannigfaltigen Reichtums, das treue Anhalten an die Natur und den unmittelbaren Gehalt, das Streben, alles und überall zu verknüpfen, das Bedürfnis, das eigne Ich und die umgebende Welt nicht nur immer auf einander zu beziehn, sondern auch durchaus in Eins zu verschmelzen, ist unmittelbar durch seine Natur selbst gegeben. Es fehlt ihm nur, dass er auch das Einzelne immer hinreichend sichre.

Darum wirkt gerade der weibliche Geist so wohltätig auf den männlichen. Wo der letztere durch willkürliche Einfälle und grübelndes Spekulieren zweifelt, da beruhigt und befestigt ihn oft der gesunde und natürliche Blick des ersteren; wo jener hingegen, weil er seiner Meinung widersprechende Tatsachen übersieht oder gering achtet, zu früh gewiss ist, fordert dieser ihn zum Zweifel auf. Außerdem aber sieht der Mann die unendliche Bahn, die er langsam und schrittweise durchmessen soll, in dem Geiste des Weibes, der schnell und mit Überspringung der mittleren Schritte beide Enden zusammenknüpft, als einen kurzen Weg sinnlich dargestellt, und wird unaufhörlich durch denselben an das Letzte und Höchste erinnert, das er erreichen soll, ohne doch in seiner eigentümlichen Tätigkeit gestört zu werden, in welcher er sich vielmehr durch den entgegengesetzten Mangel in der weiblichen aufgefordert fühlt, noch rüstiger fortzuarbeiten.

3. in Rücksicht auf den ästhetischen Charakter des Geschlechts.

Wenn der Schönheitssinn lebhaft und rege sein soll, so muss die Energie des Geistes in einer gewissen mittleren Richtung zwischen der Tätigkeit der Sinnlichkeit und der des reinen Verstandes gehalten, kein Gegenstand weder von der Seite seines physischen Gebrauchs, noch von der seines Begriffs allein betrachtet werden; vielmehr ist es notwendig, immer beide zugleich zusammenzunehmen und gleichsam zu vertauschen, und die Materie sowohl als den Begriff desselben bloß als Gestalt d. i. als etwas zwar sinnliches, aber doch unkörperliches zu behandeln. Diesem Verbinden heterogener Gemütskräfte, diesem mittleren Schweben zwischen der Wirklichkeit und der reinen Geistigkeit ist nun die ganze intellektuelle Anlage der Frauen in hohem Grade günstig. Sie sind bei gleichen Graden der Kultur durchaus mehr als der Mann auf das Höchste und Idealische gerichtet (teils weil sie überhaupt mehr nach Einheit streben, teils weil die in ihnen vorzugsweise herrschende Phantasie dieselbe Richtung hat, teils endlich weil sie in einer niedrigeren Sphäre die Befriedigung durch reine Verstandesbeschäftigung weniger kennen) und trennen sich doch zu ungern so weit von der sinnlichen Wirklichkeit, um in dem Gebiete abgezogener Vernunftideen anhaltend zu verweilen. Nichts kann ihnen daher so willkommen sein, als eine Beurteilung, die so sehr, als nur irgendeine andre, Allgemeinheit und Notwendigkeit mit sich führt, und doch nicht nach deutlich erkannten, vollkommen ausgesprochnen Grundsätzen bloß mechanisch geschieht. Dazu kommt die äußere Anmut und Schönheit, welche die weibliche Gestalt selbst besitzt und die sie anzunehmen fähig ist, die richtig verteilte Fülle und Feinheit des Baus und der Züge, die Grazie der Bewegungen, die wohlklingende Stärke und Sanftheit der Stimme. Denn außerdem, dass dieser eigne Reiz beständig die Sinne umgibt, wirkt er auch auf die Beschaffenheit und den Rhythmus der

Empfindungen zurück, oder ist vielleicht richtiger selbst in beiden gegründet. Endlich gesellt sich die äußere Lage hinzu, in welcher die ernsthaften Geschäfte gerade die am wenigsten anstrengenden sind, die alle übrige als Spiel und Erholung anzusehen verstattet, und überhaupt der Muße des Geistes und dem Umherschweifen der Phantasie so viel Zeit zu widmen erlaubt. Darum ist der Schönheitssinn der Frauen unaufhörlich rege, und in so bewundernswürdigem Grade lebhaft, darum beurteilen sie alles nach den Regeln des Gefallenden, und suchen in die kleinsten Züge ihres Lebens Geschmack zu verweben. – Dies ist im eigentlichsten Verstande Anlage des Geschlechts, und muss unvermeidlich entstehen, sobald menschliche Kultur sich mit weiblichem Charakter verbindet. Nur ob dieser Schönheitssinn richtig und rein ist, ob er nicht z. B. das bloß Angenehme oft mit dem Schönen verwechselt? hängt mehr von der Individualität einzelner Subjekte ab.

Aber von diesem unbestimmteren Schönheitssinn ist noch ein weiter Weg bis zum eigentlichen Kunstgefühl, und noch mehr bis zum Kunstgenie. In allem, was der Kunst angehört, lässt sich das Technische, das bloß auf logischen Regeln beruht, von der Wahrheit in der Nachahmung der Natur und diese wiederum von dem eigentlich Künstlerischen oder Poetischen, der reinen Erzeugung der selbsttätigen Phantasie, abscheiden. Die Richtigkeit des Urteils über das erste Erfordernis hängt ganz und gar von einer bestimmt darauf gerichteten Verstandeskultur ab. Weiblich wird es indes sein, es hiermit nicht allzu streng zu nehmen, sondern vielmehr sogar bedeutendere Fehler anderen Schönheiten zu verzeihen. Über das zweite Erfordernis werden die Frauen vermöge der Feinheit ihres Beobachtungsgeistes und der Zuverlässigkeit ihres Taktes vortreffliche Richterinnen sein. Selbst der Natur so nah, ist ihnen kein Zug fremd, der aus ihr entlehnt wird; in so hohem Grade reizbar und beweglich, werden sie nicht leicht für eine Empfindung, welche der Dichter in ihnen weckt, den entsprechenden Ton in ihrem Innern vermissen. So werden sie ihn tiefer und inniger verstehen; aber sie werden ihn auch strenger beurteilen. Denn da sie ihrem natürlichen Gefühle, frei von vorgefassten Meinungen (die den Mann so oft irreführen) folgen, so wird das Charakterlose und Unnatürliche sie weniger zu täuschen im Stande sein. Die einzige Gefahr, die ihnen hier droht, ist nur die, ihrer Beurteilung vielleicht eine zu einseitige, zu sehr aus ihrer Individualität entlehnte Erfahrung zum Grunde zu legen; doch ist selbst diese geringer, da ihr Charakter einen größeren Kreis umschließt. Die weibliche Natur ist an und für sich ungleich poetischer, als die männliche, und es kann daher nicht fehlen, dass nicht auch für das höchste und letzte Erfordernis der Kunst der weibliche Geist offner und empfänglicher sein sollte. Er versenkt sich nicht leicht zu tief in die Wirklichkeit, und erhebt sich nur selten zum ganz reinen Gebiet der Ideen. Das Einzige, was ihm hier mangeln könnte, wäre vielleicht die Kraft, mit welcher die selbsttätige Einbildungskraft ihr Produkt durchaus individuell und doch ganz und gar idealisch, gleichsam in der Mitte zwischen der Natur und der Idee frei schwebend erhält; und in der Tat findet man auch von dieser Seite das weibliche Urteil nicht immer rein, nicht selten mehr durch die Wahrheit, als durch das Poetische eines Kunstwerks bestimmt, und oft durch subjektive Beziehungen, Übereinstimmungen oder Verschiedenheiten, bestochen. Die Geschlechts-Anlage macht ein poetisches Urteil überhaupt leichter und häufiger möglich, als in dem Manne, aber sie setzt der vollkommnen Freiheit und Reinheit desselben (da sie die Phantasie zu nah mit der Empfindung verknüpft und überhaupt den Gemütskräften weniger abgesondert zu wirken verstattet) größere Hindernisse in den Weg; indes nie so große, dass sie nicht mit völliger Beibehaltung ihrer Eigentümlichkeit, was wenigstens das Urteil betrifft, sollten überwunden werden können.

Bei weitem schwieriger schon ist das eigne Schaffen, das Kunstgenie. Das Genie überhaupt kann zwar, als der freieste und höchste Schwung des menschlichen Geistes, nur der Individualität angehören, und muss in dem Gattungscharakter allemal Hindernisse antreffen; es fragt sich nur, in welchem mehr oder weniger? Ein gewisser Teil nun in der Ausübung der Kunst gelingt den Frauen unleugbar in hohem Grade. Ihre Produktionen besitzen vorzugsweise Leichtigkeit und Anmut, sind lieblich und gefällig, und wenigstens gewiss immer in einzelnen Zügen wahr und tief aus der Natur genommen. Ob sie aber auch, wie nur das Genie vermag, im Stande sind, eine Gestalt so hinzustellen, dass sie sich durchaus über die Natur erhebt, und doch ganz und gar Natur ist, ob es ihrer Phantasie nicht dazu an Stärke, oder wenigstens an der Herrscherkraft, die sich eigenmächtig von jedem fremden Gesetz losmacht, und sich selbst das Gesetz gibt, ob nicht ihrem Geiste überhaupt an Objektivität gebricht? ist eine andere Frage. Wenigstens ist es gewiss, dass der weibliche Charakter vermöge seiner größeren Empfänglichkeit auch eine bei weitem höhere Selbsttätigkeit erfordert, um das zur Produktion des Genies nötige Gleichgewicht zu erhalten. Inwiefern indes dennoch ein einzelnes Individuum diese Schwierigkeiten überwinden kann? erlaubt keine allgemeine Bestimmung. Nur lehrt die Erfahrung so viel, dass Frauen sich nicht leicht an denjenigen Gattungen versuchen, deren Gelingen vorzugsweise auf ihrer künstlerischen, nur durch Genie möglichen Form beruht, wie die epische und dramatische Poesie und die plastische Kunst ist, sondern fast ausschließend nur an denen, die gleichsam mehr Fläche darbieten, dem bloßen Reiz und dem Reichthum des Stoffes mehr Raum verstatten, der Musik und Malerei, dem Roman und der lyrischen Dichtkunst, obgleich auch hieran die größere Kunstfertigkeit und der ausharrendere Fleiß schuld sein kann, den jene Gattungen fordern.

Überhaupt muss die Weiblichkeit schon eine gewisse Läuterung erfahren haben, ehe wissenschaftliche oder dichterische Produktionskraft möglich wird. Ohne diese fehlt es ihr, selbst in den vorzüglichsten Subjekten, an der hinlänglichen Klarheit und Ruhe, und noch mehr an der Kraft, und selbst an der Neigung eine Reihe einzelner Gedanken oder Empfindungen von der ganzen Masse abzusondern, und für sich zu bearbeiten.

4. in Rücksicht auf das Empfindungsvermögen und den Willen.

Um das weibliche Geschlecht von seiner eigentümlichsten Seite zu sehen, muss man von dem moralischen Charakter ausgehen. Wie bei den Männern der Geist, so ist bei den Frauen die Gesinnung am meisten rege und tätig. Was sie irgendwoher aufnehmen, wird in dieselbe verwandelt; alles geht in sie über; alles entspringt wieder aus ihr. Dadurch ist ihnen eine so entschiedene und beständige Richtung nach der Wirklichkeit eigen. Denn indes der Geist, wenigstens seinen letzten Zwecken nach, immer im Gebiet der Allgemeinheit und Notwendigkeit und die Phantasie im Reiche der Möglichkeit verweilt, gehört dem Gefühl und der Gesinnung nur die individuelle Gegenwart an.

Der erste und ursprüngliche Grund hiervon liegt in der Naturbestimmung des Geschlechts. Um Leben und Dasein zu geben und zu erhalten, muss es der Natur und der Wirklichkeit treu bleiben, und sich streng an sie binden. Zwar beruht dies zunächst nur auf der physischen Organisation; aber der Einfluss davon verbreitet sich unmittelbar auch auf den moralischen Charakter. Denn da sich mit dem Bedürfnis der Natur zugleich in der Liebe die menschlichsten und geistigsten Gefühle verknüpfen, so ergießt sich diese Empfindung durchaus durch das ganze Wesen, und teilt demselben ihre Eigentümlichkeit mit. Dasselbe ist zwar auch in dem Manne der Fall, aber der wichtige Unterschied ist der, dass die Frauen der empfangende und bewahrende Teil sind, dass nur ihnen das durchaus eigne Gefühl angehört, Mutter zu sein, und dass der Charakter des Geschlechts überhaupt inniger in ihre Persönlichkeit verwebt ist.

Die weibliche Empfindung zeichnet sich vor der männlichen zwar durch größere Reizbarkeit, aber noch mehr durch größere Innigkeit aus. Nicht dass nicht auch in die Seele des Mannes ein einzelnes Gefühl so tief eindringen könnte, dass es alle Kräfte und Triebfedern des Gemüts auf einmal anspannt; eine Eigentümlichkeit, die ihm vielmehr sogar ausschließend eigen ist. Aber in der Seele der Frauen erklingen (wenn das Bild erlaubt ist) von den Schwingungen einer einzelnen Saite immer zugleich alle übrigen; ihr Gemüt gleicht dem stillen und klaren Wasser, in dem die leiseste Bewegung von Welle zu Welle bis an die äußersten

Grenzen fortzittert. Daher ist ihre Innigkeit mehr von Leichtigkeit und Wärme, die des Mannes mehr von Heftigkeit, Feuer und Anstrengung begleitet.

Aus der Innigkeit entspringt die weibliche Scham, so wie aus dieser die weibliche Züchtigkeit. Die Empfindung der Scham entsteht immer, wenn man sich in sich versenkt, Überlegung und Verstand nicht kaltblütig genug von Gefühl und Neigung gesondert fühlt, und durch den Anblick des entgegengesetzten Zustandes in einem andern auf diesen Kontrast des eignen aufmerksam gemacht wird. Weil nun der Mann, seiner Natur nach, kälter und besonnener ist, so ist die weibliche Scham am meisten sichtbar im Verhältnis gegen das andre Geschlecht. Die physische Organisation des Weibes ist ebenso zum Aufnehmen und Empfangen geneigt, als die moralische, alles zurück auf den inneren Zustand zu reflektieren. Beides verbindet sich in der besondern Gattung dieser Empfindung, die wir die jungfräuliche Scham nennen, und die man als die Quelle betrachten kann, aus der sich dies Gefühl überhaupt über die ganze Organisation und über alle Zustände derselben nur in verschiedenem Maß und in verschiednen Gestalten ergießt.

Schlechterdings eigentümlich ist den Weibern das Muttergefühl, vorzüglich ehe die Frucht noch geboren ist. Eine Liebe, die durchaus durch keinen Eindruck der Individualität hervorgebracht (denn die Zuneigung zum Vater verstärkt und verändert nur, erzeugt aber nicht diese Empfindung) und doch mit der unbedingtesten Aufopferung verbunden ist, die allein darauf beruht, dass ein fremdes Wesen mit dem eignen in so durchgängiger Mitteilung, so inniger Berührung steht, dass es selbst nur einen Teil desselben ausmacht, und dies Wesen doch ein lebendiges und menschliches ist, das nur, um einem unabhängigen Dasein entgegenzureifen, auf eine kurze Zeit an ein fremdes geknüpft ist – eine solche Liebe, die noch dazu mehr als bloß in der Anlage auch denen eingepflanzt ist, die sie nie aus eigner Erfahrung kennen, und die gewiss nicht bloß ihren physischen Endzweck erfüllt, sondern sich mit ihren Einflüssen über den ganzen Charakter verbreitet, öffnet den Frauen einen ganz anderen Sinn der Aneignung, und lehrt sie einen ganz anderen Weg kennen, äußre Objekte mit sich zu verknüpfen, in sich aufzubewahren, und wieder von sich zu scheiden, als wofür der Mann nur einen Begriff hat. Daher stammt es, dass in der weiblichen Seele jede tiefere Empfindung, jede eigentümliche Idee ein Teil ihrer selbst wird, die sie nur mit Mühe und gleichsam mit Schmerzen aus sich loswindet, und dass sie eine Freude der entbehrenden und selbst der schmerzensvollen Aufopferung kennt, die der Mann nur selten und in einzelnen leidenschaftlichen Momenten empfindet.

Lebhafte Reizbarkeit der Empfindung und Anhänglichkeit an die einmal gefasste Meinung bringen natürlich einen leidenschaftlichen, leicht erregbaren und heftigen Charakter hervor. Da aber die intellektuelle Kultur die Einseitigkeit des Verstandes, und die ästhetische die Materialität der Empfindung vermindert; so verschwindet diese Leidenschaftlichkeit auch in gebildeten Frauen wiederum bis auf ihre letzten kaum noch erkennbaren Spuren. Das Gemüt erfährt in ihnen seltner jene ungleichen, stürmischen Regungen, die wir mit dem Namen der Leidenschaften bezeichnen; aber es befindet sich dafür in dem Zustande einer fortdauernden höheren, jedoch gleichmäßigeren Spannung, und wenn sich eine Leidenschaft ihrer bemächtigt, so ist es nur für einen Gegenstand, auf den sich, wenigstens der Ansicht des Subjektes nach, alle Kräfte der Seele würdig vereinigen können, und nur auf eine edle und große Weise. In dem Zustande einer solchen Leidenschaft verliert alsdann, sobald die Umstände es erheischen, die schöne Weiblichkeit ihre gewohnte Schüchternheit, sie tritt, auf einmal frei geworden, hervor, erklärt sich laut für den geliebten Gegenstand, und schüttelt das Joch äußerer und konventioneller Rücksichten von sich ab.

Nichts ist der Weiblichkeit so sehr zuwider, als moralische Gleichgültigkeit. In den gemeineren Naturen kündigt sich dies durch Härte und Intoleranz an; in den besseren und höheren herrscht zwar die freieste und schönste Liberalität, aber sie unterscheidet sich von der männlichen dennoch dadurch, dass, wenn Dingen, die das sittliche Gefühl beleidigen, andere sonst achtungswerte Eigenschaften zur Seite stehen, die Schätzung dieser der Geringschätzung jener nicht das mindeste abzieht, da hingegen der Mann hierin leicht zu weit geht, und den Fehler, den er bloß tolerieren will, selbst mit teilt. Überhaupt sind Frauen – wenigstens gilt dies gewiss von den edleren – bei weitem strenger bei Beurteilung der Grundsätze, als ihrer Anwendung in einzelnen Momenten, und es ist selbst weiblich, die Milde oder die Inkonsequenz (denn beides ist sehr häufig der Fall) bei dieser sogar zu übertreiben.

Wenn man die Frage aufwirft, ob die sinnliche, ästhetische oder moralische Empfindung im Ganzen genommen bei den Frauen die Oberhand behauptet, so lässt sich dieselbe bei keiner einzelnen vorzugsweise bejahen. Überwiegende und heftige Sinnlichkeit ist den Weibern in der

Regel und bei einer natürlichen Ausbildung so wenig eigen, dass der berüchtigte Streit über die Kälte oder die Leidenschaftlichkeit des Geschlechts in diesem Punkte ohne Zweifel zum Vorteil der ersteren Behauptung entschieden werden muss; die ästhetische wird, wo es auf Gefühl und Charakter ankommt, wenigstens nicht im Widerspruch mit der moralischen siegen; und der trockne und zugleich dürftige Ernst der moralischen genügt für sich allein genommen wenigstens der besseren und vielseitigeren nicht, wenn er auch der gewöhnlichen und alltäglichen durchgängige Genüge leistet. Wo bei der schönen Weiblichkeit das Gemüt zu wahrer und heftiger Leidenschaft entflammt werden soll, da müssen jene drei Arten der Empfindung mit einander zusammentreffen; alsdann aber wird sich dieselbe in jeder mit einem so mächtigen Feuer äußern, dass der unerfahrne Beurteiler die jedes Mal vorwaltende leicht für die einzige erklären kann. Der rohen noch ganz der Natur angehörenden Weiblichkeit ist zwar Ausgelassenheit der sinnlichen Begierde nicht fremd, aber sie entsteht nicht sowohl aus positiver Stärke der Sinnlichkeit (die in dem selbstständigeren und objektiveren Manne ungleich größer sein muss) als aus Leere der Empfindung, und aus Mangel einer entgegenstehenden Kraft, die sie zu zügeln vermöchte. Daher wird sie mehr als im Manne durch die Kultur herabgespannt.

Die Harmonie, welche die Frauen in der ganzen Summe ihrer Empfindungen fordern, die Totalität, auf die sie bei jedem Gegenstande dringen, dem sie sich mit einer gewissen Wärme widmen sollen, und die Tiefe und Innigkeit ihres Gefühls müssen zusammengenommen in hohem Grade dasjenige hervorbringen, was man stete und dauernde

Gesinnungen nennt, und auf der einen Seite dem Wechsel der Laune, auf der andern der absichtlichen Wirkungsart des Willens entgegensetzt. Daher ruht die weibliche Moralität mehr auf der Natur, als auf Überlegung und Charakterstärke, und daher gewährt das weibliche Gemüt so oft das schöne Schauspiel einer freiwilligen Herrschaft edler Gesinnungen, da das männliche mehr das erhabene einzelner glücklich errungener Kämpfe darbietet. Dass es dem andern Geschlechte indes ebenso wenig notwendig an der Kraft gebricht, welche zu diesen erfordert wird, zeigen häufige Beispiele, nur dass freilich die unverbrüchliche Anhänglichkeit an reine Sittlichkeit mehr aus einmal in die Natur selbst übergegangenen Gesinnungen, als aus unmittelbarer Achtung für das Gesetz hervorgehen wird.

Über den Geist der Menschheit

Einleitung

1. Der Mensch, dem es ein Bedürfnis ist, in seinem Denken und Handeln Folge und Einheit zu beobachten, kann sich nicht begnügen, bei der Beurteilung der Gegenstände seiner Tätigkeit, und der Wahl seiner Mittel nur bedingten Rücksichten zu folgen, zum Maßstab dessen, was gut und wünschenswürdig ist, bloß Dinge anzunehmen, die selbst nur in Beziehung auf andere Wert haben; er muss ein letztes Ziel, einen ersten und absoluten Maßstab aufsuchen, und dies Letzte muss eng und unmittelbar mit seiner innern Natur verwandt sein.

2. Hätte er indes seinem Forschungsgeiste in einer andern Zeit auch engere Grenzen setzen können, so wäre es ihm doch in der jetzigen unmöglich. Solange noch in den äußeren Verhältnissen der Menschheit Vieles fest und unerschüttert steht, braucht alles nur damit verglichen zu werden, ist unmittelbar nur die Frage notwendig: ob diesen Grundsäulen menschlicher Wohlfahrt Gefahr droht? Wenn aber alles außer uns wankt, so ist allein noch in unserm Innern eine sichere Zuflucht offen, und seitdem in einem der bedeutendsten und kultiviertesten Teile der Erde eine wirkliche Umkehrung aller Verhältnisse stattgefunden hat, ist es immer zweifelhaft, wie viel sich in den übrigen davon erhalten wird? zumal, da jene Umkehrung in einem philosophischen Zeitalter als das Einzig-Rechtmäßige, als etwas absolut- und moralisch Notwendiges vorgestellt wird.

3. Aber jenes Streben nach etwas Letztem und Unbedingtem hat noch einen andern Grund der Notwendigkeit.

Alles Mittelbare und Bedingte kann immer nur einseitig entweder unsern Verstand oder unsre Empfindung befriedigen; nur für das, was unser eigentliches und inneres Wesen nahe berührt, erwärmt sich unsre ganze, also unsre beste und wahrhaft menschliche Natur.

4. Der Mensch muss daher Etwas aufsuchen, dem er, als einem letzten Ziele, alles unterordnen, und nach dem er, als nach einem absoluten Maßstab, alles beurteilen kann. Dies kann er nicht anders, als in sich selbst finden, da in dem Inbegriff aller Wesen sich nur auf ihn allein alles bezieht; es kann sich aber weder auf seinen augenblicklichen Genuss, noch auf sein Glück überhaupt beziehen, da es vielmehr ein edler Vorzug seiner Natur ist, den Genuss verschmähen und das Glück entbehren zu können; es kann daher nur in seinem inneren Wert, in seiner höheren Vollkommenheit liegen.

5. Die Würde des Menschen ist es also, die er aufzusuchen, und die Frage, die er zu beantworten hat, ist die: was ist dasjenige, wonach, als nach einem allgemeinen Maßstabe der Wert der Dinge für den Menschen, und der Wert der Menschen gegen einander bestimmt werden kann? wie ist es zu erkennen, wo es vorhanden ist? wie hervorzubringen, wo es noch zu fehlen scheint?

6. Da es auf Alle Anwendung finden soll, muss es etwas Allgemeines sein, da es aber niemanden einfallen kann, verschiedene Naturen nach einem einzigen Muster zu modeln, muss es der Verschiedenheit der Individuen keinen Eintrag tun. Es muss also Etwas sein, das, immer Eins und eben dasselbe, auf mannigfaltige Weise ausgeführt werden kann.

7. Indem er dies unbekannte Etwas und die Mittel, dahin zu gelangen, aufsucht, so lange also, als er theoretisch ver-

fährt, muss er, von der Möglichkeit eines allgemeinen Zusammenwirkens ausgehend, sein Augenmerk auf alle, auf die Veredlung des ganzen Menschengeschlechts richten. Indem er aber jene Mittel praktisch ausführen will, muss er sich in sich selbst einschließen, weil es töricht wäre in einen bestimmten Plan aufzunehmen, was nicht bestimmt in der eigenen Willkür steht. Der Verstand sucht seine Totalität in der Welt und kennt keine andern Grenzen, als die auch die ihrigen sind; der Wille findet die seinige in dem Individuum, und geht nie über dasselbe hinaus.

8. Soll aber beides nicht mit einander in Widerspruch stehen, so muss jenes Problem so aufgelöst werden, dass sein eignes Vorrücken zum Ziele zugleich die allgemeine Annäherung aller zu demselben, und zwar geradezu und unmittelbar (nicht bloß insofern er ein einzelner Teil des Ganzen ist) befördert. Seine eigne Ausbildung muss die übrigen, selbst ohne und sogar wider ihren Willen nötigen auch und zwar mit der seinigen übereinstimmende Fortschritte in der ihrigen zu machen. Die durchgängige Wechselwirkung des theoretischen Verstandes und des praktischen Willens bringt immer eine Art zu handeln hervor, bei der wir mit vollkommen individueller Energie doch nur eine einzelne Rolle in einem allgemeinen Plan ausführen.

9. Was er sucht, kann die Moral allein ihm nicht gewähren, und es kann daher nicht als etwas schon Bekanntes angesehen werden. Denn obgleich der moralische Wert allein alle menschliche Würde bestimmt, so ist er doch nur auf einen Teil unsres Wesens, nur auf die Gesinnung, eingeschränkt. Hier wird auch Bildung, hier überhaupt etwas so Allgemeines verlangt, dass es den ganzen Menschen in allen seinen Kräften und allen seinen Äußerungen umfasst.

10. Denn das ist gerade der unterscheidende Charakter dessen, wonach wir hier streben, dass es über den Wert jeder menschlichen Energie, jedes menschlichen Werkes den höchsten Ausspruch fällen, und ebenso gut ob ein Gedicht echt dichterisch, ein philosophisches System echt philosophisch, als ob ein Charakter echt menschlich ist? entscheiden muss.

11. Es gibt nämlich Ein Gepräge, womit alles Große, was von dem Menschen ausgeht, notwendig gestempelt ist, weil es das Gepräge großer Menschheit selbst ist; und dies Gepräge aufzufinden und seine Züge überall wiederzuerkennen, ist das Geschäft, das wir vorhaben.

---

12. Um nun dahin wirklich zu gelangen, kann der Mensch einen doppelten Weg einschlagen: einen Erfahrungs- und einen Vernunftweg.

13. Erfahrungsweg. – Er blickt um sich her und wählt sich diejenigen Individuen aus, welche ihm den besten und höchsten Begriff vollendeter Menschheit geben. Da er das Ideal selbst nicht anschauen kann, hält er sich an seine treuesten Abdrücke. Aus der Masse der Zeiten und Nationen sucht er sich die Dichter, Künstler, Philosophen und Naturforscher aus, die in einem wahrhaft großen Stile gearbeitet haben, die jede dieser Gattungen am reinsten in ihrer besten Eigentümlichkeit darstellen. Vor allem aber versäumt er nicht, aus dem Leben selbst diejenigen Menschen herbeizurufen, welche ihm durch ihre innere Beschaffenheit und ihre äußre Gestalt am sichtbarsten das Bild einer hohen und edlen Menschheit zeichnen.

14. Alle vergleicht er sorgfältig unter einander, und vorzüglich betrachtet er in allen dasjenige Gemeinsame, was sie für ihn auf eine so hohe Stufe des inneren Wertes stellt. Bei dieser Betrachtung gelangt er nach und nach zu folgenden Punkten:

15. dies ihm noch unbekannte Etwas ist 1., nichts Mechanisches; es lässt sich nicht durch bloße Befolgung vollständig angegebener Regeln nachmachen, ja durch den bloßen Verstand, und ohne es, vermöge einer gewissen schon vorhandenen Ähnlichkeit, selbst gewissermaßen zu versuchen, nicht einmal begreifen. Wer keinen Sinn dafür hat, sieht es nicht; und wer es sieht, kann es nicht aussprechen.

Bei der Kunst ist dies ganz offenbar. Niemand hat noch bisher begriffen oder erklärt, wie ein echt künstlerischer Gedanke entsteht, und noch weniger, wie er ausgeführt wird; obgleich fast jeder es dunkel ahndet, und viele es deutlich fühlen.

Nicht weniger sichtbar ist es im praktischen Leben. Die Energie, mit der wir die Pflicht bloß um der Pflicht willen erfüllen, lässt sich nicht mehr mit Worten deutlich machen. Unsre Natur will es, darum ist es so. Dies sieht man deutlich daran, dass sie dem unverdorbnen Gefühl sonnenklar ist, dem verschrobenen abgeschmackt und lächerlich erscheint. Wie viel weniger aber lassen sich noch die zarteren Regungen vorzüglich weiblicher Seelen aussprechen, welche gerade die größte Feinheit und Schönheit des Charakters verraten. Die Seele fühlt diese Unmöglichkeit selbst so sehr, dass sie sich nur demjenigen entfaltet, der sie versteht, und sich instinktmäßig vor dem Blick des Ungeweihten zurückzieht.

Dem Philosophen kann man zwar eine große Strecke hindurch Schritt vor Schritt vermöge bloßer Verstandes-

Operationen nachfolgen. Aber es ist ein unfehlbares Zeichen, dass seine Philosophie nicht bis zu den ersten Gründen hinaufsteigt, wenn nicht endlich Ein Punkt kommt, wo man nicht mehr analytisch verfahren kann, und wo nur der Versuch entscheidet, ob man zum Philosophen geboren ist, oder nicht.

Bei dem Naturforscher ist es am schwersten zu begreifen, und würde eine eigne weitläufige Auseinandersetzung erfordern. Wir begnügen uns zu bemerken, dass hier die schwierigen Punkte für den Beobachter der lebendigen Natur der Begriff des Lebens, für den der toten der Begriff der Bewegung in dem dynamischen, der Begriff der Verwandtschaft in dem chemischen Teil ist.

Selbst die Mathematik ist am wenigsten hiervon ausgenommen. Das, worauf sie ganz und gar beruht, die Konstruktion lässt sich nur zeigen und nachmachen, nie erklären. Denn es ist mehr darin, als ein bloßer Begriff, und dies Mehr ist nicht aus der sinnlichen Natur genommen.

Es gibt nur zwei Wege, etwas eigentlich begreiflich zu machen; 1., wenn man es in der Natur außer uns wirklich vorzeigt. 2., wenn man Begriffe aufweist, von denen es als eine notwendige Folge abhängt. Das, wovon wir hier reden, befindet sich in keinem beider Fälle, und dadurch zeigt es, dass es 1., die Frucht einer Selbsttätigkeit (nichts bloß aus der äußern Natur Hergenommenes), 2., einer ursprünglichen Tätigkeit ist, dass es nichts Früheres mehr gibt, von dem es abhinge, und woraus es also begriffen werden könnte.

Da es nun möglich sein muss, jedes rein geistige Geschäft bis zu einer Handlung ursprünglicher Selbsttätigkeit zu verfolgen, so muss es auch in jeder notwendig Einen unbegreiflichen Punkt geben, bei dem die Operationen des bloßen Verstandes nicht mehr ausreichen.

16. Was sich in diesen so ausgezeichneten Menschen findet, ist 2., nichts, was bloß Nutzen oder Vergnügen gewährt, dem Menschen bloß Mittel an die Hand gibt, oder unmittelbar nur seinen sinnlichen Neigungen schmeichelt; es greift tief in die Menschheit ein, und stärkt ihre innersten Kräfte.

So unterscheiden wir den echten Dichter, der uns einen tiefen Blick in uns selbst und die Welt eröffnet, von dem bloß angenehmen oder beredten; den idealisch gebildeten Menschen von dem bloß nützlichen Geschäftsmann, dem bloß gutmütigen Hausvater oder dem bloß unterhaltenden Gesellschafter u. s. f.

17. Es ist 3., von der Art, dass, wer es besitzt, dadurch zugleich eine höhere Menschheit an sich trägt. Wäre indes auch er für sich nur einseitig ausgebildet, hatte sich dies eigentlich Große in ihm nicht durchgängige Herrschaft verschaffen können, so wird es doch an sich allemal in jedes Bild vollendeter Menschheit hineinpassen, und in der Wirkung auf andre diese immer nähren und stärken.

Nur der echte Dichter wirkt wohltätig auf den Charakter; jeder andre ist für die innere Bildung entweder verderblich oder gleichgültig. In diesem Sinne moralisch zu sein ist die erste Forderung, die an jeden Künstler ergeht. Wenn der große Künstler nicht immer auch großer Mensch ist, so ist es nur, weil er nicht in allen Punkten seines Wesens und in allen Augenblicken seines Lebens Künstler ist.

18. Auf dieser Verwandtschaft des Trefflichen jeglicher Art mit dem Trefflichen der Menschheit überhaupt beruht

die Möglichkeit einen einzigen Standpunkt zu finden, aus welchem sich alles vergleichen und alles beurteilen lässt. Ohne einen solchen aber könnte der Mensch sich weder, was ihn umgibt, gehörig aneignen, noch bildend darauf zurückwirken; nicht die Welt in seine Individualität hinübertragen, noch den Stempel dieser der Welt wiederum aufdrücken, was doch allein das letzte Ziel seiner Bestrebungen, die einzige Quelle wahrhaft menschlicher Genüsse sein kann.

19. Es ist daher ein Irrtum, wenn man den einzelnen Gattungen menschlicher Tätigkeit besondre Gesetze vorschreibt, durch deren Befolgung sie zugleich der allgemeinen Würde der Menschheit getreu bleiben sollen. – Unmittelbar und allein dadurch, dass die Kunst wahre Kunst und die Philosophie wahre Philosophie ist, wirkt sie wohltätig auf den Charakter ein.

20. Jene ausgezeichneten Menschen, die uns hier zum Vorbilde dienen, haben 4., immer eine entschiedene und originelle Individualität. – Man bilde sich nur vollkommen zum Menschen aus, und man erscheint sicherlich auch als ein eigener Mensch, und ebenso ist es mit dem Künstler, dem Philosophen, dem Naturforscher, nur immer nach Maßgabe des Spielraums, welchen die allgemeine Trefflichkeit der Mannigfaltigkeit im Einzelnen in jeder Gattung erlaubt.

21. Was jene Menschen zu großen Menschen macht, kennt 5., keine Grenze der Vervollkommnung. Es bildet sich ins Unendliche hin aus, es gibt keinen Punkt, bei dem es seinen Endzweck erreicht, sein Maß erschöpft hat; es ist die Energie einer lebendigen Kraft, und das Leben wächst durch das Leben.

22. Aber es ist endlich 6., auch rund um sich her fruchtbar und begeisternd. Selbst lebendig sendet es überall belebende Funken von sich aus; und in dieser allgemeinen Wirksamkeit hat es zugleich drei dieselbe wesentlich auszeichnende Eigenschaften.

23. Erstlich: es wirkt nicht durch angelegte Plane, absichtliche Veränderungen, überhaupt nicht durch eine auf die andern gerichtete Tätigkeit. Bloß dadurch dass es da ist, dass es handelt und wahrgenommen wird, übt es seine bildende Kraft aus.

24. Zweitens: es wirkt auf Menschen der verschiedensten Individualität. Es ist ihm genug, nur etwas von demjenigen anzutreffen, worin es selber besteht; wo es davon nur den leisesten Schimmer entdeckt, wo nur die Schlacken, die es verhüllen, nicht zu roh und undurchdringlich sind, da erweckt es den halb erloschenen Funken und facht ihn zur erwärmenden Flamme an.

25. Drittens: es macht diejenigen, auf die es einwirkt, nicht gerade der Individualität gleich, die es, da, wo es sich befindet, selbst an sich trägt; es gibt ihnen ferner nicht allein gar keine bestimmte Form, sondern bestimmt sie, diejenige, die ihnen die eigentümlichste ist, aufzufinden. Denn es weckt ihre innere geistige Lebenskraft und diese bildet natürlich denjenigen Charakter in ihnen, der allein ihnen gemäß ist.

Der redendste Beweis dieser Behauptung ist die Liebe. Nirgends, als in ihr, wirkt das, wovon wir hier reden, so stark und so bestimmt, und daher bringt die echte Liebe nie Gleichheit, sondern immer nur idealische Übereinstimmung der Charaktere hervor. Beide Liebende rücken jeder in der Eigentümlichkeit seines Charakters, und beide gemeinschaftlich in der Annäherung zu dem Ideale vor, das sie beide in Einen Begriff und in dem Spiegel ihrer durch die Leidenschaft begeisterten Einbildungskraft in Ein Bild zusammenschließt.

26. Der Mensch wirkt überhaupt entweder durch seine Person, oder sein Werk. Aber der große Mensch prägt seine Person auch seinem Werke ein, und erhält dadurch sein Dasein weit über die Spanne seines Lebens hinaus. Daher kann man alle Bücher und Kunstwerke in lebendige und tote abteilen; nur jene können bilden, diese allein belehren.

27. Indem also der Mensch, dem letzten Ziel seines moralischen Strebens nachforschend, diejenigen Individuen vergleicht, welche ihm den besten und höchsten Begriff vollendeter Menschheit gewähren, findet er in ihnen allen etwas, das, da es in seinen Wirkungen gleich ist, auch in seiner Beschaffenheit Gleichheit und Übereinstimmung ankündigt.

28. Er sieht, dass es in allen, trotz der Verschiedenheit ihres Charakters, zugleich die allgemeine Menschheit erhöht und die besondre Eigentümlichkeit stärkt, zugleich diejenigen, die es besitzen, strenger in ihrer Individualität, und den, der sich ihnen nähert, in der seinigen erhält; er erkennt daran, dass nur dies der gemeinsame Mittelpunkt ist, aus welchem die ganze Menschheit zugleich erkannt, beurteilt und gebildet werden kann. Gerade ein solcher Mittelpunkt aber ist es, in den er sich zu stellen bemüht ist.

29. Nachdem er also dies unbekannte Etwas in seinen allgemeinen Wirkungen erkannt hat, hat er es in seiner besondern Beschaffenheit aufzusuchen; und was er dafür hält, mit den allgemeinen Merkmalen zu vergleichen, die er nun aufgefunden hat. Wenn er dann auf diesem Wege et-

was findet, das, auf keine bedingte (mechanische) Weise entstanden, auch zu keinem bedingten (materialen) Ziel führt, das überall, wo es sich zeigt, zugleich den Begriff der Menschheit erweitert und den des Individuums bestimmt, und indem es die Vervollkommnung dessen, der es besitzt, über alle Schranken hinaus zu erweitern fähig ist, zugleich auf andre bildend und fruchtbar einwirkt, und was hinwiederum, wo diese Eigenschaften vorhanden sind, sie immer und unausbleiblich begleitet; so ist er sicher, was er suchte, gefunden, und damit sein Geschäft vollendet zu haben.

30. Um uns für die Folge der Untersuchung verständlicher zu machen, wollen wir jenem noch unbekannten Etwas vorläufig einen Namen geben, und es den Geist der Menschheit nennen – eine Benennung, die sich fürs erste schon dadurch rechtfertigt, dass es in der Tat dasjenige ist, wodurch die achtungswürdigsten Individuen auch als die besten und höchsten Menschen erscheinen.

31. Vernunftweg. – Es soll die Bestimmung des Menschen, als das letzte Ziel seines Strebens, und der höchste Maßstab seiner Beurteilung aufgesucht werden. Nun aber ist die Bestimmung des Menschen, als eines freien und selbsttätigen Wesens allein in ihm selbst enthalten.

32. Der größeste Mensch ist daher der, welcher den Begriff der Menschheit in der höchsten Stärke, und in der größesten Ausdehnung darstellt; und einen Menschen beurteilen heißt nichts andres, als fragen: welchen Inhalt er der Form der Menschheit zu geben gewusst hat? welchen Begriff man sich von der Menschheit überhaupt zu bilden hätte, wenn er das einzige Muster wäre, aus welchem man denselben abnehmen könnte?

33. Der Begriff der Menschheit aber ist nichts anders, als die lebendige Kraft des Geistes, der sie beseelt, aus ihr spricht, sich in ihr tätig und wirksam erweist.

---

34. Der Gegenstand unsres vorliegenden Geschäfts ist folglich die Untersuchung des Geistes der Menschheit; und in drei auf einander folgenden Büchern werden wir nach einander die Fragen:

worin dieser Geist besteht?
wie er erkannt? und
wie er gebildet wird?

zu beantworten haben.

Schluss-Anmerkung

Es war nicht leicht, einen Ausdruck zu finden, welcher das Wesen der Menschheit auf eine zugleich allgemeine, und doch eigentümlichere Weise, als W e s e n und K r a f t selbst, bezeichnete. Wenn er passend sein sollte, so musste er zugleich auf ihre sinnliche und unsinnliche Natur bezogen werden können, und noch außerdem, dass er das darin eigentümlich Herrschende sei, anzeigen.

In beiden Rücksichten schien G e i s t unter allen Wörtern, deren man sich hätte bedienen können, das Schicklichste; 1., weil es ursprünglich von etwas Sinnlichem, dem Verstärken reizender Getränke durch die Absonderung der wässerigten Teile (Weingeist) hergenommen ist. 2., weil es, streng genommen, nie, es sei denn mit einem besondern Zusatz, das rein Unsinnliche bezeichnet. Man sagt richtiger: Seele und Körper, als Geist und Körper, und sehr häufig reiner Geist. 3., weil es gerade das eigentümliche Wort für dasjenige Unsinnliche ist, dem wir gerade noch genug Körperliches einräumen, um erscheinen zu können, das Synonym von Gespenst. Die Seelen der Verstorbenen wandeln als Geister umher. 4., weil es selbst in dieser Bedeutung mehr Realität hat, etwas Kräftigeres und Stärkeres anzeigt, als das sonst gleichbedeutende Gespenst. So drückt es eine tiefer liegende Verwirrung aus, wenn man sagt: er sieht Geister, als er sieht Gespenster. 5., weil es im psychologischen Gebrauch nie auf das, was bloß mechanisch ist, angewandt wird. Man sagt nie ein geistreicher, immer ein sinnreicher Mechaniker, nie ein geistreicher, immer ein sinnreicher Versuch. Ebenso ist auch *spirituel* und *ingenieux* verschieden. 6., weil es immer die ganze Beschaffenheit einer Sache, ihr Wesen, nicht eine einzelne Bestimmung andeutet, und daher nie von demjenigen gebraucht wird, was durch eine einzelne Kraftäußerung hervorkommt, wenigstens nicht insofern, als man dies zugleich ausdrückt. Man sagt nie eine geistreiche, immer eine sinnreiche Erfindung, selbst wenn das Erfundene wirklich geistreich wäre. (Doch liegt in dieser Einschränkung offenbar etwas Willkürliches.) 7., weil geistreich und geistvoll immer nur da gebraucht werden, wo Tiefe der rein intellektuellen Kräfte mit Lebendigkeit der sinnlichen Einbildungskraft zusammenkommt. Man sagt immer nur uneigentlich, ein geistvoller Metaphysiker, Mathematiker, Logiker. 8., endlich weil Geist zugleich das herrschende, eigentümliche und echte Wesen, im Gegensatz des Buchstabens anzeigt.

Alle neueren Sprachen haben Ausdrücke, die diesem entsprechen, und in allen ist es dieselbe Metapher. Nur hat keine ihr für den gegenwärtigen Gebrauch eine so passende Modifikation gegeben. Im Italienischen ist *spirto* mehr mystisch, als philosophisch; im Französischen ist vom ursprünglichen Begriff der Destillation vorzüglich die Verfeinerung genommen; im Englischen das Belebende und Feurige des verstärkten Getränks (*well spirited*).

Im Deutschen allein ist der Begriff der Kraft, des echten Wesens herrschend geblieben. Ganz ursprünglich nämlich rühren alle diese Wörter von dem Begriff des Hauchs, des Windes her. Erst davon, und erst als Metapher für etwas Unsinnliches sind sie auf das Verfahren der Destillation (als nämlich das Ausziehen des Weniger-Materiellen) übergetragen. Indes hat die psychologische Bedeutung wiederum bald mehr, bald weniger von dieser zweiten Metapher an sich gerissen. Am meisten offenbar im Französischen. Im Deutschen ist die uranfängliche Bedeutung sehr herrschend geblieben, und die zweite Metapher zeigt sich nur in einigen Redensarten, wie: den Geist aus einer Sache ziehen u.s.f. Selbst die uranfängliche Bedeutung scheint (nach der Analogie von Gischt) sehr stark gewesen zu sein; und diese Stärke hat sich besser enthalten, weil die Wurzel selbst Deutsch (also durch Ton und Eigentümlichkeit uns näher) ist, dahingegen *spirto*, *esprit* und *spirit* von *spiritus* und dies von πνεῦμα herkommt und weder *spiritus* noch πνεῦμα bei den Alten philosophisch gebraucht wurden.

Der unsinnliche Gebrauch dieser Ausdrücke bei den Alten ist erst durch das Christentum entstanden, und kommt aus dem Hebräischen her (dies ist noch näher zu bestimmen), und vorzüglich sind die psychologischen Anwendungen des Worts Geist bei den Neueren ihnen fremd. Kannten sie das Rektifizieren geistiger Getränke nicht? oder warum blieb diese Metapher unbenutzt?

Dagegen wäre das Griechische ἀρετὴ außerordentlich gut, was wir hier verlangen auszudrücken, da es die volle, echte, und eigentümliche Kraft anzeigt und ebenso gut von der innern, als äußern Bildung gebraucht wird. Es ist besser, als Geist, weil es nicht, wie jede Metapher, dem Missbrauche unterworfen ist, und weil es den Begriff rein aus der Natur, nicht aus unserer Ansicht derselben nimmt, weil es ein Werk des beobachtenden Sinnes, nicht der Einbildungskraft ist. Freilich aber hat es eben darum auch eine Nuance weniger und verliert, durch seine mehr pragmatische Kraft, an Idealität. *Virtus, vertu, virtue, virtù* und unser Tugend haben eigentlich denselben Umfang, aber sie haben ihn in der Anwendung nicht behalten, weil nur die Griechen den Begriff in seiner ganzen Eigentümlichkeit bewahrt haben.

Dass die Griechen Geist in der psychologischen Bedeutung nicht kannten, und dass nur Tugend bei ihnen eine Rolle spielt, beweist ihre mehr pragmatische, und doch nicht minder idealische Nüchternheit; dass bei uns Geist eine so kraftvolle, und eben dadurch wieder weniger spirituale Bedeutung hat, und wir auf der andern Seite ebenso wieder auch für ἀρετὴ eine eigne Wurzel haben, ist ein Vorzug unsrer Sprache, den sie mit keiner andern teilt.

Wie weit darf sich die Sorgfalt des Staats um das Wohl seiner Bürger erstrecken?

Der wahre Zweck des Menschen, nicht der, welchen die wechselnde Neigung, sondern welchen die ewig unveränderliche Vernunft ihm vorschreibt – ist die höchste und proportionierlichste Bildung seiner Kräfte zu einem Ganzen. Zu dieser Bildung ist Freiheit die erste, und unerlässliche Bedingung. Allein außer der Freiheit, erfordert die Entwickelung der menschlichen Kräfte noch etwas anders, obgleich mit der Freiheit eng verbundenes, Mannigfaltigkeit der Situationen. Auch der freieste, und unabhängigste Mensch in einförmige Lagen versetzt, bildet sich minder aus. Zwar ist nun einesteils diese Mannigfaltigkeit allemal Folge der Freiheit, und andernteils gibt es auch eine Art der Unterdrückung, die, statt den Menschen einzuschränken, den Dingen um ihn her eine beliebige Gestalt gibt, so dass beide gewissermaßen Eins und dasselbe sind. Indes ist es der Klarheit der Ideen dennoch angemessener, beide noch voneinander zu trennen. Jeder Mensch vermag auf Einmal nur mit Einer Kraft zu wirken, oder vielmehr sein ganzes Wesen wird auf Einmal nur zu Einer Tätigkeit gestimmt. Daher scheint der Mensch zur Einseitigkeit bestimmt, indem er seine Energie schwächt, sobald er sich auf mehrere Gegenstände verbreitet. Allein dieser Einseitigkeit entgeht er, wenn er die einzelnen, oft einzeln geübten Kräfte zu vereinen, den beinah schon verloschenen wie den erst künftig hell aufflammenden Funken in jeder Periode seines Lebens zugleich mitwirken zu lassen, und statt der Gegenstände, auf die er wirkt, die Kräfte, womit er wirkt, durch

Verbindung zu vervielfältigen strebt. Was hier gleichsam die Verknüpfung der Vergangenheit und der Zukunft mit der Gegenwart wirkt, das wirkt in der Gesellschaft die Verbindung mit andern. Denn auch durch alle Perioden des Lebens erreicht jeder Mensch dennoch nur Eine der Vollkommenheiten, welche gleichsam den Charakter des ganzen Menschengeschlechts bilden. Durch Verbindungen also, die aus dem Innern der Wesen entspringen, muss einer den Reichtum des andern sich eigen machen. Eine solche charakterbildende Verbindung ist, nach der Erfahrung aller auch sogar der rohesten Nationen, z. B. die Verbindung der beiden Geschlechter. Allein wenn hier der Ausdruck, sowohl der Verschiedenheit, als der Sehnsucht nach der Vereinigung gewissermaßen stärker ist: so ist beides darum nicht minder stark, nur schwerer bemerkbar, obgleich eben darum auch mächtiger wirkend, auch ohne alle Rücksicht auf jene Verschiedenheit, und unter Personen desselben Geschlechts. Diese Ideen weiter verfolgt und genauer entwickelt, dürften vielleicht auf eine richtigere Erklärung des Phänomens der Verbindungen führen, welche bei den Alten, vorzüglich den Griechen, selbst die Gesetzgeber benutzten, und die man oft zu unedel mit dem Namen der gewöhnlichen Liebe, und immer unrichtig mit dem Namen der bloßen Freundschaft belegt hat. Der bildende Nutzen solcher Verbindungen beruht immer auf dem Grade, in welchem sich die Selbstständigkeit der Verbundenen zugleich mit der Innigkeit der Verbindung erhält. Denn wenn ohne diese Innigkeit der eine den andern nicht genug aufzufassen vermag, so ist die Selbstständigkeit notwendig, um das Aufgefasste geleichsam in das eigne Wesen zu verwandeln. Beides aber erfordert Kraft der Individuen, und eine Verschiedenheit, die, nicht zu groß, damit einer den andern aufzufassen vermöge, auch nicht zu klein ist, um einige Bewunderung dessen, was der andre besitzt, und den Wunsch rege zu machen, es auch in sich überzutragen. Diese Kraft nun und diese mannigfaltige Verschiedenheit vereinen sich in der Originalität, und das also, worauf die ganze Größe des Menschen zuletzt beruht, wonach der einzelne Mensch ewig ringen muss, und was der, welcher auf Menschen wirken will, nie aus den Augen verlieren darf, ist Eigentümlichkeit der Kraft und der Bildung. Wie diese Eigentümlichkeit durch Freiheit des Handelns und Mannigfaltigkeit der Handelnden gewirkt wird; so bringt sie beides wiederum hervor. Selbst die leblose Natur, welche nach ewig unveränderlichen Gesetzen einen immer gleichmäßigen Schritt hält, erscheint dem eigengebildeten Menschen eigentümlicher. Er trägt gleichsam sich selbst in sie hinüber, und so ist es im höchsten Verstande wahr, dass jeder immer in eben dem Grade Fülle und Schönheit außer sich wahrnimmt, in welchem er beide im eignen Busen bewahrt. Wie viel ähnlicher aber noch muss die Wirkung der Ursache da sein, wo der Mensch nicht bloß empfindet und äußere Eindrücke auffasst, sondern selbst tätig wird?

Versucht man es, diese Ideen, durch nähere Anwendungen auf den einzelnen Menschen, noch genauer zu prüfen; so reduziert sich in diesem alles auf Form und Materie. Die reinste Form mit der leichtesten Hülle nennen wir Idee, die am wenigsten mit Gestalt begabte Materie, sinnliche Empfindung. Aus der Verbindung der Materie geht die Form hervor. Je größer die Fülle und Mannigfaltigkeit der Materie, je erhabener die Form. Ein Götterkind ist nur die Frucht unsterblicher Eltern. Die Form wird wiederum gleichsam

Materie einer noch schöneren Form. So wird die Blüte zur Frucht, und aus dem Samenkorn der Frucht entspringt der neue, von neuem blütenreiche Stamm. Je mehr die Mannigfaltigkeit zugleich mit der Feinheit der Materie zunimmt, desto höher die Kraft. Denn desto inniger der Zusammenhang. Die Form scheint gleichsam in die Materie, in die Materie die Form verschmolzen; oder, um ohne Bild zu reden, je ideenreicher die Gefühle des Menschen, und je gefühlvoller seine Ideen, desto unerreichbarer seine Erhabenheit. Denn auf diesem ewigen Begatten der Form und der Materie, oder des Mannigfaltigen mit der Einheit beruht die Verschmelzung der beiden im Menschen vereinten Naturen, und auf dieser seine Größe. Aber die Stärke der Begattung hängt von der Stärke der Begattenden ab. Der höchste Moment des Menschen ist dieser Moment der Blüte. Die minder reizende, einfache Gestalt der Frucht weist gleichsam selbst auf die Schönheit der Blüte hin, die sich durch sie entfalten soll. Auch eilt nur alles der Blüte zu. Was zuerst dem Samenkorn entsprießt, ist noch fern von ihrem Reiz. Der volle dicke Stengel, die breiten, aus einander fallenden Blätter bedürfen noch einer mehr vollendeten Bildung. Stufenweise steigt diese, wie sich das Auge am Stamme erhebt; zartere Blätter sehnen sich gleichsam, sich zu vereinigen, und schließen sich enger und enger, bis der Kelch das Verlangen zu stillen scheint. Indes ist das Geschlecht der Pflanzen nicht von dem Schicksal gesegnet. Die Blüte fällt ab, und die Frucht bringt wieder den gleich rohen, und gleich sich verfeinernden Stamm hervor. Wenn im Menschen die Blüte welkt; so macht sie nur jener schöneren Platz, und den Zauber der schönsten birgt unserm Auge erst die ewig unerforschbare Unendlichkeit. Was nun der Mensch von außen empfängt, ist nur Samenkorn. Seine energische Tätigkeit muss es, sei es auch das schönste, erst auch zum segenvollsten für ihn machen. Aber wohltätiger ist es ihm immer in dem Grade, in welchem es kraftvoll, und eigen in sich ist. Das höchste Ideal des Zusammenexistierens menschlicher Wesen wäre mir dasjenige, in dem jedes nur aus sich selbst, und um seiner selbst willen sich entwickelte. Physische und moralische Natur würden diese Menschen schon noch an einander führen, und wie die Kämpfe des Kriegs ehrenvoller sind, als die der Arena, wie die Kämpfe erbitterter Bürger höheren Ruhm gewähren, als die getriebener Mietsoldaten; so würde auch das Ringen der Kräfte dieser Menschen die höchste Energie zugleich beweisen und erzeugen.

Ist es nicht eben das, was uns an die Zeitalter Griechenlands und Roms, und jedes Zeitalter allgemein an ein entfernteres, hingeschwundenes so namenlos fesselt? Ist es nicht vorzüglich, dass diese Menschen härtere Kämpfe mit dem Schicksal, härtere mit Menschen zu bestehen hatten? Dass die größere ursprüngliche Kraft und Eigentümlichkeit einander begegnete, und neue wunderbare Gestalten schuf. Jedes folgende Zeitalter – und in wie viel schnelleren Graden muss dies Verhältnis von jetzt an steigen? – muss den vorigen an Mannigfaltigkeit nachstehen, an Mannigfaltigkeit der Natur – die ungeheuren Wälder sind ausgehauen, die Moräste getrocknet u. s. f. – an Mannigfaltigkeit der Menschen, durch die immer größere Mitteilung und Vereinigung der menschlichen Werke, durch die beiden vorigen Gründe. Dies ist eine der vorzüglichsten Ursachen, welche die Idee des Neuen, Ungewöhnlichen, Wunderbaren so viel seltener, das Staunen, Erschrecken beinahe zur Schande, und die Erfindung neuer, noch unbekannter Hilfsmittel, selbst nur plötzliche, unvorbereitete und dringende Entschlüsse bei weitem seltener notwendig macht. Denn teils ist das Andringen der äußeren Umstände gegen den Menschen, welcher mit mehr Werkzeugen, ihnen zu begegnen, versehen ist, minder groß; teils ist es nicht mehr gleich möglich, ihnen allein durch diejenigen Kräfte Widerstand zu leisten, welche die Natur jedem gibt, und die er nur zu benutzen braucht; teils endlich macht das ausgearbeitetere Wissen das Erfinden weniger notwendig, und das Lernen stumpft selbst die Kraft dazu ab. Dagegen ist es unleugbar, dass, wenn die physische Mannigfaltigkeit geringer wurde, eine bei weitem reichere und befriedigendere intellektuelle und moralische an ihre Stelle trat, und dass Gradationen und Verschiedenheiten von unserm mehr verfeinerten Geiste wahrgenommen, und unserm, wenn gleich nicht eben so stark gebildeten, doch reizbaren kultivierten Charakter ins praktische Leben übergetragen werden, die auch vielleicht den Weisen des Altertums, oder doch wenigstens nur ihnen nicht unbemerkt geblieben wären. Es ist im ganzen Menschengeschlecht, wie im einzelnen Menschen gegangen. Das Gröbere ist abgefallen, das Feinere ist geblieben. Und so wäre es ohne allen Zweifel segenvoll, wenn das Menschengeschlecht Ein Mensch wäre, oder die Kraft eines Zeitalters ebenso als seine Bücher, oder Erfindungen auf das folgende überginge. Allein dies ist bei weitem der Fall nicht. Freilich besitzt nun auch unsere Verfeinerung eine Kraft, und die vielleicht jene gerade um den Grad ihrer Feinheit an Stärke übertrifft; aber es fragt sich, ob nicht die frühere Bildung durch das Gröbere immer vorangehen muss? Überall ist doch die Sinnlichkeit der erste Keim, wie der lebendigste Ausdruck alles Geistigen. Und wenn es auch nicht hier der Ort ist, selbst nur den Versuch dieser Erörterung zu wagen; so folgt doch gewiss so viel aus dem Vorigen, dass man wenigstens diejenige Eigentümlichkeit und Kraft, nebst allen Nahrungsmitteln derselben, welche wir noch besitzen, sorgfältigst bewachen müssen.

Bewiesen halte ich demnach durch das Vorige, dass die wahre Vernunft dem Menschen keinen andern Zustand als einen solchen wünschen kann, in welchem nicht nur jeder Einzelne der ungebundensten Freiheit genießt, sich aus sich selbst, in seiner Eigentümlichkeit zu entwickeln, sondern in welchem auch die physische Natur keine andre Gestalt von Menschenhänden empfängt, als ihn jeder Einzelne, nach dem Maße seines Bedürfnisses und seiner Neigung, nur beschränkt durch die Grenzen seiner Kraft und seines Rechts, selbst und willkürlich gibt. Von diesem Grundsatz darf, meines Erachtens, die Vernunft nie mehr nachgeben, als zu seiner eignen Erhaltung selbst notwendig ist. Er musste daher auch jeder Politik, und besonders der Beantwortung der Frage, von der hier die Rede ist, immer zum Grunde liegen.

In einer völlig allgemeinen Formel ausgedrückt, könnte man den wahren Umfang der Wirksamkeit des Staats alles dasjenige nennen, was er zum Wohl der Gesellschaft zu tun vermöchte, ohne jenen oben ausgeführten Grundsatz zu verletzen; und es würde sich unmittelbar hieraus auch die nähere Bestimmung ergeben, dass jedes Bemühen des

Staats verwerflich sei, sich in die Privatangelegenheiten der Bürger überall da einzumischen, wo dieselbe nicht unmittelbaren Bezug auf die Kränkung der Rechte des einen durch den andern haben. Indes ist es doch, um die vorgelegte Frage ganz zu erschöpfen, notwendig, die einzelnen Teile der gewöhnlichen oder möglichen Wirksamkeit der Staaten genau durchzugehen.

Der Zweck des Staats kann nämlich ein doppelter sein; er kann Glück befördern, oder nur Übel verhindern wollen, und im letzteren Fall Übel der Natur oder Übel der Menschen. Schränkt er sich auf das letztere ein, so sucht er nur Sicherheit, und diese Sicherheit sei es mir erlaubt, einmal allen übrigen möglichen Zwecken, unter dem Namen des positiven Wohlstandes vereint entgegen zu setzen. Auch die Verschiedenheit der vom Staat angewendeten Mittel gibt seiner Wirksamkeit eine verschiedene Ausdehnung. Er sucht nämlich seinen Zweck entweder unmittelbar zu erreichen, sei es durch Zwang – befehlende und verbietende Gesetze, Strafen – oder durch Ermunterung und Beispiel; oder mit allen, indem er entweder die Lage der Bürger eine demselben günstige Gestalt gibt, und sie gleichsam anders zu handeln hindert, oder endlich, indem er sogar ihre Neigung mit demselben übereinstimmend zu machen, auf ihren Kopf oder ihr Herz zu wirken strebt. Im ersten Falle bestimmt er zunächst nur einzelne Handlungen; im zweiten schon mehr die ganze Handlungsweise; und im dritten endlich, Charakter und Denkungsart. Auch ist die Wirkung der Einschränkung im ersten Falle am kleinsten, im zweiten größer, im dritten am größten, teils weil auf Quellen gewirkt wird, aus welchen mehrere Handlungen entspringen, teils weil die Möglichkeit der Wirkung selbst mehrere Veranstaltungen erfordert. So verschieden indes hier gleichsam die Zweige der Wirksamkeit des Staats scheinen, so gibt es schwerlich eine Staatseinrichtung, welche nicht zu mehreren zugleich gehörte, da z. B. Sicherheit und Wohlstand so sehr voneinander abhängen, und was auch nur einzelne Handlungen bestimmt, wenn es durch öftere Wiederkehr Gewohnheit hervorbringt, auf den Charakter wirkt. Es ist daher sehr schwierig, hier eine, dem Gange der Untersuchung angemessene Einteilung des Ganzen zu finden. Am besten wird es indes sein, zuvörderst zu prüfen, ob der Staat auch den positiven Wohlstand der Nation oder bloß ihre Sicherheit abzwecken soll, bei allen Einrichtungen nur auf das zu sehen, was sie hauptsächlich zum Gegenstande, oder zur Folge haben, und bei jedem beider Zwecke zugleich die Mittel zu prüfen, deren der Staat sich bedienen darf.

Ich rede daher hier von dem ganzen Bemühen des Staats, den positiven Wohlstand der Nation zu erhöhen, von aller Sorgfalt für die Bevölkerung des Landes, den Unterhalt der Einwohner, teils geradezu durch Armenanstalten, teils mittelbar durch Beförderung des Ackerbaues, der Industrie und des Handels, von allen Finanz- und Münzoperationen, Ein- und Ausfuhr Verboten u. s. f. (insofern sie diesen Zweck haben) endlich allen Veranstaltungen zur Verhütung oder Herstellung von Beschädigungen durch die Natur, kurz von jeder Einrichtung des Staats, welche das physische Wohl der Nation zu erhalten, oder zu befördern die Absicht hat. Denn da das Moralische nicht leicht um seiner selbst willen, sondern mehr zum Behuf der Sicherheit befördert wird, so komme ich zu diesem erst in der Folge.

Alle diese Einrichtungen nun, behaupte ich, haben nachteilige Folgen, und sind einer wahren, von den höchsten, aber immer menschlichen Gesichtspunkten ausgehenden Politik unangemessen.

1. Der Geist der Regierung herrscht in einer jeden solchen Einrichtung, und wie weise und heilsam auch dieser Geist sei, so bringt er Einförmigkeit und eine fremde Handlungsweise in der Nation hervor. Statt dass die Menschen in Gesellschaft traten, um ihre Kräfte zu schärfen, sollten sie auch dadurch an ausschließendem Besitz und Genuss verlieren; so erlangen sie Güter auf Kosten ihrer Kräfte. Gerade die aus der Vereinigung Mehrerer entstehende Mannigfaltigkeit ist das höchste Gut, welches die Gesellschaft gibt, und diese Mannigfaltigkeit geht gewiss immer in dem Grade der Einmischung des Staats verloren. Es sind nicht mehr eigentlich die Mitglieder einer Nation, die mit sich in Gemeinschaft leben, sondern einzelne Untertanen, welche mit dem Staat, d.h. dem Geiste, welcher in seiner Regierung herrscht, in Verhältnis kommen, und zwar in ein Verhältnis, in welchem schon die überlegene Macht des Staats das freie Spiel der Kräfte hemmt. Gleichförmige Ursachen haben gleichförmige Wirkungen. Je mehr also der Staat mitwirkt, desto ähnlicher ist nicht bloß alles Wirkende, sondern auch alles Gewirkte. Auch ist dies gerade die Absicht der Staaten. Sie wollen Wohlstand und Ruhe. Beide aber erhält man immer in eben dem Grade leicht, in welchem das Einzelne weniger mit einander streitet. Allein was der Mensch beabsichtigt und beabsichtigen muss, ist ganz etwas anders, es ist Mannigfaltigkeit und Tätigkeit. Nur dies gibt vielseitige und kraftvolle Charaktere, und gewiss ist noch kein Mensch tief genug gesunken, um

für sich selbst Wohlstand und Glück der Größe vorzuziehen. Wer aber für andre so räsoniert, den hat man, und nicht mit Unrecht, in Verdacht, dass er die Menschheit misskennt, und aus Menschen Maschinen machen will.

2. Das wäre also die zweite schädliche Folge, dass diese Einrichtungen des Staats die Kraft der Nation schwächen. So wie durch die Form, welche aus der selbsttätigen Materie hervorgeht, die Materie selbst mehr Fülle und Schönheit erhält – denn was ist sie anders, als die Verbindung dessen, was erst stritt? Eine Verbindung, zu welcher allemal die Auffindung neuer Vereinigungspunkte, folglich gleichsam eine Menge neuer Entdeckungen notwendig ist, die immer in Verhältnis mit der größeren, vorherigen Verschiedenheit steigt – eben so wird die Materie vernichtet durch diejenige, die man ihr von außen gibt. Denn das Nichts unterdrückt da das Etwas. Alles im Menschen ist Organisation. Was in ihm gedeihen soll, muss in ihm gesät werden. Alle Kraft setzt Enthusiasmus voraus, und nur wenige Dinge nähren diesen so sehr, als den Gegenstand desselben als ein gegenwärtiges, oder künftiges Eigentum anzusehen. Nun aber hält der Mensch das nie so sehr für sein, was er besitzt, als was er tut, und der Arbeiter, welcher einen Garten bestellt, ist vielleicht in einem wahreren Sinne Eigentümer, als der müßige Schwelger, der ihn genießt. Vielleicht scheint dies zu allgemeine Räsonnement keine Anwendung auf die Wirklichkeit zu verstatten. Vielleicht scheint es sogar, als diente vielmehr die Erweiterung vieler Wissenschaften, welche wir diesen und ähnlichen Einrichtungen des Staats, welcher allein Versuche im Großen anzustellen vermag, vorzüglich danken, zur Erhöhung der intellektuellen Kräfte und dadurch der Kultur und

des Charakters überhaupt. Allein nicht jede Bereicherung durch Kenntnisse ist unmittelbar auch eine Veredlung, selbst nur der intellektuellen Kraft, und wenn eine solche wirklich dadurch veranlasst wird, so ist dies nicht sowohl bei der ganzen Nation, als nur vorzüglich bei dem Teile, welcher mit zur Regierung gehört. Überhaupt wird der Verstand des Menschen doch, wie jede andere seiner Kräfte, nur durch eigene Tätigkeit, eigene Erfindsamkeit, oder eigne Benutzung fremder Erfindungen gebildet. Anordnungen des Staats aber führen immer, mehr oder minder, Zwang mit sich, und selbst, wenn dies der Fall nicht ist, so gewöhnen sie den Menschen zu sehr, mehr fremde Belehrung, fremde Leitung, fremde Hilfe zu erwarten, als selbst auf Auswege zu denken. Die einzige Art beinah, auf welche der Staat die Bürger belehren kann, besteht darin, dass er das, was er für das Beste erklärt, gleichsam das Resultat seiner Untersuchungen, aufstellt, und entweder direkt durch ein Gesetz, oder indirekt durch irgend eine, die Bürger bindende Einrichtung anbefiehlt, oder durch sein Ansehen und ausgesetzte Belohnungen, oder andre Ermunterungsmittel dazu anreizt, oder endlich es bloß durch Gründe empfiehlt; aber welche Methode er von allen diesen befolgen mag, so entfernt er sich immer sehr weit von dem besten Wege des Lehrens. Denn dieser besteht unstreitig darin, gleichsam alle mögliche Auflösungen des Problems vorzulegen, um den Menschen nur vorzubereiten, die schicklichste selbst zu wählen, oder noch besser, diese Auflösung selbst nur aus der gehörigen Darstellung aller Hindernisse zu e r f i n d e n. Diese Lehrmethode kann der Staat bei erwachsenen Bürgern nur auf eine negative Weise, durch Freiheit, die zugleich Hindernisse entstehen lässt, und zu ihrer Hinwegräumung Stärke und Geschicklichkeit gibt; auf eine positive Weise aber nur bei den erst sich bildenden durch eine wirkliche Nationalerziehung befolgen. Ebenso wird in der Folge der Einwurf weitläuftiger geprüft werden, der hier leicht entstehen kann, dass es nämlich bei Besorgung der Geschäfte, von welchen hier die Rede ist, mehr darauf ankomme, dass die Sache geschehe, als wie der, welcher sie verrichtet, darüber unterrichtet sei, mehr, dass der Acker wohl gebaut werde, als dass der Ackerbauer gerade der geschickteste Landwirt sei.

Noch mehr aber leidet durch eine zu ausgedehnte Sorgfalt des Staats die Energie des Handelns überhaupt, und der moralische Charakter. Dies bedarf kaum einer weiteren Ausführung. Wer oft und viel geleitet wird, kommt leicht dahin, den Überrest seiner Selbsttätigkeit gleichsam freiwillig zu opfern. Er glaubt sich der Sorge überhoben, die er in fremden Händen sieht, und genug zu tun, wenn er ihre Leitung erwartet und ihr folgt. Damit verrücken sich seine Vorstellungen von Verdienst und Schuld. Die Idee des ersteren feuert ihn nicht an, das quälende Gefühl der letzteren ergreift ihn seltener und minder wirksam, da er dieselbe bei weitem leichter auf seine Lage, und auf den schiebt, der dieser die Form gab. Kommt nun noch dazu, dass er die Absichten des Staats nicht für völlig rein hält, dass er nicht seinen Vorteil allein, sondern wenigstens zugleich einen fremdartigen Nebenzweck beabsichtigen glaubt, so leidet nicht allein die Kraft, sondern auch die Güte des moralischen Willens. Er glaubt sich nun nicht bloß von jeder Pflicht frei, welche der Staat nicht ausdrücklich auflegt, sondern sogar jeder Verbesserung seines eignen Zustandes überhoben, die er manchmal sogar, als eine neue Gelegenheit, welche der Staat benutzen möchte, fürchten kann. Und den Gesetzen des Staats selbst sucht er, soviel er vermag, zu entgehen, und hält jedes Entwischen für Gewinn. Wenn man bedenkt, dass bei einem nicht kleinen Teil der Nation die Gesetze und Einrichtungen des Staats gleichsam den Umfang der Moralität abzeichnen; so ist es ein niederschlagender Anblick, oft die heiligsten Pflichten und die willkürlichsten Anordnungen von demselben Munde ausgesprochen, ihre Verletzung nicht selten mit gleicher Strafe belegt zu sehen. Nicht minder sichtbar ist jener nichtheilige Einfluss in dem Betragen der Bürger gegen einander. Wie jeder sich selbst auf die sorgende Hilfe des Staats verlässt, so und noch weit mehr übergibt er ihr das Schicksal seines Mitbürgers. Dies aber schwächt die Teilnahme, und macht zu gegenseitiger Hilfsleistung träger. Wenigstens muss die gemeinschaftliche Hilfe da am tätigsten sein, wo das Gefühl am lebendigsten ist, dass auf ihm allein alles beruhe, und die Erfahrung zeigt auch, dass gedrückte, gleichsam von der Regierung verlassene Teile eines Volks immer doppelt fest unter einander verbunden sind. Wo aber der Bürger kälter ist gegen den Bürger, da ist es auch der Gatte gegen den Gatten, der Hausvater gegen die Familie.

Sich selbst in allem Tun und Treiben überlassen, von jeder fremden Hilfe entblößt, die sie nicht selbst sich verschafften, würden die Menschen auch oft, mit und ohne ihre Schuld, in Verlegenheit und Unglück geraten. Aber das Glück, zu welchem der Mensch bestimmt ist, ist auch kein andres, als welches seine Kraft ihm verschafft; und diese Lagen gerade sind es, welche den Verstand schärfen, und den Charakter bilden. Wo der Staat die Selbsttätigkeit durch zu spezielles Einwirken verhindert, da – entstehen etwa solche Übel nicht? Sie entstehen auch da, und überlassen den einmal auf fremde Kraft sich zu lehnen gewohnten Menschen nun einem weit trostloseren Schicksal. Denn so wie Ringen und tätige Arbeit das Unglück erleichtern, so und in zehnfach höherem Grade erschwert es hoffnungslose, vielleicht getäuschte Erwartung. Selbst den besten Fall angenommen, gleichen die Staaten, von denen ich hier rede, nur zu oft den Ärzten, welche die Krankheit nähren, und den Tod entfernen. Ehe es Ärzte gab, kannte man nur Gesundheit, oder Tod.

3. Alles, womit sich der Mensch beschäftigt, wenn es gleich nur bestimmt ist, physische Bedürfnisse mittelbar oder unmittelbar zu befriedigen, oder überhaupt äußere Zwecke zu erreichen, ist auf das genaueste mit inneren Empfindungen verknüpft. Manchmal ist auch, neben dem äußeren Endzweck, noch ein innerer, und manchmal ist sogar dieser der eigentlich beabsichtigte, jener nur, notwendig oder zufällig, damit verbunden. Je mehr Einheit der Mensch besitzt, desto freier entspringt das äußere Geschäft, das er wählt, aus seinem inneren Sein; und desto häufiger und fester knüpft sich dieses an jenes da an, wo dasselbe nicht frei gewählt wurde. Daher ist der interessante Mensch in allen Lagen und allen Geschäften interessant; daher blüht er zu einer entzückenden Schönheit auf in einer Lebensweise, die mit seinem Charakter übereinstimmt.

So ließen sich vielleicht aus allen Bauern und Handwerkern Künstler bilden, d.h. Menschen, die ihr Gewerbe um ihres Gewerbes willen liebten, durch eigen gelenkte Kraft und eigne Erfindsamkeit verbesserten, und dadurch ihre intellektuellen Kräfte kultivierten, ihren Charakter veredelten, ihre Genüsse erhöhten. So würde die Menschheit durch eben die Dinge geadelt, die jetzt, wie schön sie auch an sich sind, so oft dazu dienen, sie zu entehren. Je mehr der Mensch in Ideen und Empfindungen zu leben gewohnt ist, je stärker und feiner seine intellektuelle und moralische Kraft ist; desto mehr sucht er allein solche äußere Lagen zu wählen, welche zugleich dem inneren Menschen mehr Stoff geben, oder denjenigen, in welche ihn das Schicksal wirft, wenigstens solche Seiten abzugewinnen. Der Gewinn, welchen der Mensch an Größe und Schönheit einerntet, wenn er unaufhörlich dahin strebt, dass sein inneres Dasein immer den ersten Platz behaupte, dass es immer der erste Quell, und das letzte Ziel alles Wirkens, und alles Körperliche und Äußere nur Hülle und Werkzeug desselben sei, ist unabsehlich.

Wie sehr zeichnet sich nicht, um ein Beispiel zu wählen, in der Geschichte der Charakter aus, welchen der ungestörte Landbau in einem Volke bildet. Die Arbeit, welche es dem Boden widmet, und die Ernte, womit derselbe es wieder belohnt, fesseln es süß an seinen Acker und seinen Herd; Teilnahme der segenvollen Mühe und gemeinschaftlicher Genuss des Gewonnenen schlingen ein liebevolles Band um jede Familie, von dem selbst der mitarbeitende Stier nicht ganz ausgeschlossen wird. Die Frucht, die gesät und geerntet werden muss, aber alljährlich wiederkehrt, und nur selten die Hoffnung täuscht, macht geduldig, vertrauend und sparsam; das unmittelbare Empfangen aus der Hand der Natur, das immer sich aufdringende Gefühl: dass, wenn gleich die Hand des Menschen den Samen ausstreuen muss, doch nicht sie es ist, von welcher Wachstum und Gedeihen kommt; die ewige Abhängigkeit von günstiger und ungünstiger Witterung, flößt den Gemütern bald schauderhafte, bald frohe Ahndungen höherer Wesen, wechselweis Furcht und Hoffnung ein, und führt zu Gebet und Dank; das lebendige Bild der einfachsten Erhabenheit, der ungestörtesten Ordnung, und der mildesten Güte bildet die Seelen einfach groß, sanft, und der Sitte und dem Gesetz froh unterworfen. Immer gewohnt hervorzubringen, nie zu zerstören, ist der Ackerbauer friedlich, und von Beleidigung und Rache fern, aber erfüllt von dem Gefühl der Ungerechtigkeit eines ungereizten Angriffs und gegen jeden Störer seines Friedens mit unerschrockenem Mut beseelt.

Allein, freilich ist Freiheit die notwendige Bedingung, ohne welche selbst das seelenvollste Geschäft keine heilsamen Wirkungen dieser Art hervor zu bringen vermag. Was nicht von dem Menschen selbst gewählt, worin er auch nur eingeschränkt und geleitet wird, das geht nicht in sein Wesen über, das bleibt ihm ewig fremd, das verrichtet er nicht eigentlich mit menschlicher Kraft, sondern mit mechanischer Fertigkeit. Die Alten, vorzüglich die Griechen, hielten jede Beschäftigung, welche zunächst die körperliche Kraft angeht, oder Erwerbung äußerer Güter, nicht innere Bildung, zur Absicht hat, für schädlich und entehrend. Ihre menschenfreundlichsten Philosophen billigten daher die Sklaverei, gleichsam um durch ein ungerechtes und barbarisches Mittel einem Teile der Menschheit durch Aufopferung eines andern die höchste Kraft und Schönheit zu sichern. Allein den Irrtum, welcher diesem ganzen Räsonnement zum Grunde liegt, zeigen Vernunft und Erfahrung leicht. Jede Beschäftigung vermag den Menschen zu adeln, ihm eine bestimmte, seiner würdige Gestalt zu geben. Nur auf die Art, wie sie betrieben wird, kommt es an; und hier lässt sich wohl als allgemeine Regel annehmen, dass sie heilsame Wirkungen äußert, solange sie selbst, und die darauf verwandte Energie vorzüglich die Seele füllt, minder wohltätige, oft nachteilige hingegen, wenn man mehr auf das Resultat sieht, zu dem sie führt, und sie selbst nur, als Mittel betrachtet. Denn alles, was in sich selbst reizend ist, erweckt Achtung und Liebe, was nur als Mittel Nutzen verspricht, bloß Interesse; und nun wird der Mensch durch Achtung und Liebe ebenso sehr geadelt, als er durch Interesse in Gefahr ist, entehrt zu werden. Wenn nun der Staat eine solche positive Sorgfalt übt, als die, von der ich hier rede, so kann er seinen Gesichtspunkt nur auf die Resultate richten, und nun die Regeln feststellen, deren Befolgung der Vervollkommnung dieser am zuträglichsten ist.

Dieser beschränkte Gesichtspunkt richtet nirgends größeren Schaden an, als wo der wahre Zweck des Menschen völlig moralisch, oder intellektuell ist, oder doch die Sache selbst, nicht ihre Folgen beabsichtigt, und diese Folgen nur notwendig oder zufällig damit zusammenhängen. So ist es bei wissenschaftlichen Untersuchungen, und religiösen Meinungen, so mit allen Verbindungen der Menschen unter einander, und mit der natürlichsten, die für den einzelnen Menschen, wie für den Staat, die wichtigste ist, mit der Ehe.

Eine Verbindung von Personen beiderlei Geschlechts, welche sich gerade auf die Geschlechtsverschiedenheit gründet, wie vielleicht die Ehe am richtigsten definiert werden könnte, lässt sich auf ebenso mannigfaltige Weise denken, als mannigfaltige Gestalten die Ansicht jener Verschiedenheit, und die, aus derselben entspringenden Neigungen des Herzens und Zwecke der Vernunft anzunehmen vermögen; und bei jedem Menschen wird sein ganzer moralischer Charakter, vorzüglich die Stärke, und die Art seiner Empfindungskraft darin sichtbar sein. Ob der Mensch mehr äußere Zwecke verfolgt, oder lieber sein inneres Wesen beschäftigt? ob sein Verstand tätiger ist oder sein Gefühl? ob er lebhaft umfasst oder schnell verlässt; oder langsam eindringt und treu bewahrt? ob er losere Bande knüpft, oder sich enger anschließt? ob er bei der innigsten Verbindung mehr oder minder Selbstständigkeit behält? und eine unendliche Menge andrer Bestimmungen modifizieren anders und anders sein Verhältnis im ehelichen Leben. Wie dasselbe aber auch immer bestimmt sein mag; so ist die Wirkung davon auf sein Wesen und seine Glückseligkeit unverkennbar, und ob der Versuch die Wirklichkeit nach seiner inneren Stimmung zu finden oder zu bilden, glücke oder misslinge? davon hängt größtenteils die höhere Vervollkommnung, oder die Erschlaffung seines Wesens ab. Vorzüglich stark ist dieser Einfluss bei den interessantesten Menschen, welche am zartesten und leichtesten auffallen, und am tiefsten bewahren. Zu diesen kann man mit Recht im Ganzen mehr das weibliche, als das männliche Geschlecht rechnen, und daher hängt der Charakter des ersteren am meisten von der Art der Familienverhältnisse in einer Nation ab. Von sehr vielen äußeren Beschäftigungen gänzlich frei; fast nur mit solchen umgeben, welche das innere Wesen beinah ungestört sich selbst überlassen; stärker durch das, was sie zu sein, als was sie zu tun vermögen; ausdrucksvoller durch die stille, als die geäußerte Empfindung; mit aller Fähigkeit des unmittelbarsten, zeichenlosesten Ausdrucks, bei dem zarteren Körperbau, dem beweglicheren Auge, der mehr ergreifenden Stimme, reicher versehen; im Verhältnis gegen andre mehr bestimmt zu erwarten und aufzunehmen, als entgegen zu kommen; schwächer für sich, und doch nicht darum, sondern zur Bewunderung der fremden Größe und Stärke inniger anschließend; in der Verbindung unaufhörlich strebend, mit dem vereinten Wesen zu empfangen, das Empfangene in sich zu bilden, und gebildet zurück zu geben; zugleich höher von dem Mute beseelt, welchen Sorgfalt der Liebe, und Gefühl der Stärke einflößt, die nicht dem Widerstande, aber dem Erliegen im Dulden trotzt – sind die Weiber eigentlich dem Ideale der Menschheit *näher*, als der Mann; und wenn es nicht unwahr ist, dass sie es *seltener* erreichen, als er; so ist es vielleicht nur, weil es überall schwerer ist, den unmittelbaren steilen Pfad, als den Umweg zu gehen. Wie sehr aber nun ein Wesen, das so reizbar, so in sich Eins ist, bei dem folglich nichts ohne Wirkung bleibt, und jede Wirkung nicht einen Teil sondern das Ganze ergreift, durch äußere Missverhältnisse gestört wird, bedarf nicht ferner erinnert zu werden. Dennoch hängt von der Ausbildung des weiblichen Charakters in der Gesellschaft so unendlich viel ab. Wenn es keine unrichtige Vorstellung ist, dass jede Gattung der Trefflichkeit sich – wenn ich so sagen darf – in einer Art der Wesen darstellt; so bewahrt der weibliche Charakter den ganzen Schatz der Sittlichkeit.

Nach Freiheit strebt der Mann, das Weib nach Sitte.

Und wenn, nach diesem tief und wahr empfundenen Ausspruch des Dichters, der Mann sich bemüht, die *äußeren* Schranken zu entfernen, welche dem Wachstum hinderlich sind; so zieht die sorgsame Hand der Frauen die wohltätige innere, in welcher allein die Fülle der Kraft sich zur Blüte zu läutern vermag, und zieht sie umso feiner, als die Frauen das innere Dasein des Menschen tiefer empfinden, seine mannigfaltigen Verhältnisse seiner durchschauen, als ihnen jeder Sinn am willigsten zu Gebote steht, und sie des Vernünftelns überhebt, das so oft die Wahrheit verdunkelt.

Sollte es noch notwendig scheinen, so würde auch die Geschichte diesem Räsonnement Bestätigung leihen, und die Sittlichkeit der Nationen mit der Achtung des weiblichen Geschlechts überall in enger Verbindung zeigen. Es erhellt demnach aus dem Vorigen, dass die Wirkungen der Ehe ebenso mannigfaltig sind, als der Charakter der Individuen; und dass es also die nachteiligsten Folgen haben muss, wenn der Staat eine, mit der jedesmaligen Beschaffenheit der Individuen so eng verschwisterte Verbindung, durch Gesetze zu bestimmen, oder durch seine Einrichtungen, von andern Dingen, als von der bloßen Neigung, abhängig zu machen versucht. Dies muss umso mehr der Fall sein, als er bei diesen Bestimmungen beinah nur auf die Folgen, auf Bevölkerung, Erziehung der Kinder u. s. f. sehen kann. Zwar lässt sich gewiss dartun, dass eben diese Dinge auf dieselben Resultate mit der höchsten Sorgfalt für das schönste innere Dasein führen. Denn bei sorgfältig angestellten Versuchen, hat man die ungetrennte, dauernde Verbindung Eines Mannes mit Einer Frau der Bevölkerung am zuträglichsten gefunden, und unleugbar entspringt gleichfalls keine andre aus der wahren, natürlichen, unverstimmten Liebe. Ebenso wenig führt diese ferner auf andre, als eben die Verhältnisse, welche die Sitte und das

Gesetz bei uns mit sich bringen; Kindererzeugung, eigne Erziehung, Gemeinschaft des Lebens, zum Teil der Güter, Anordnung der äußern Geschäfte durch den Mann, Verwaltung des Hauswesens durch die Frau. Allein, der Fehler scheint mir darin zu liegen, dass das Gesetz befiehlt, da doch ein solches Verhältnis nur aus Neigung, nicht aus äußern Anordnungen entstehen kann, und wo Zwang oder Leitung der Neigung widersprechen, diese noch weniger zum rechten Wege zurückkehrt. Daher, dünkt mich, sollte der Staat nicht nur die Bande freier und weiter machen, sondern – wenn es mir erlaubt ist, hier, wo ich nicht von der Ehe überhaupt, sondern einem einzelnen, bei ihr sehr in die Augen fallenden Nachteil einschränkender Staatseinrichtungen rede, allein nach den im Vorigen gewagten Behauptungen zu entscheiden – überhaupt von der Ehe seine ganze Wirksamkeit entfernen, und dieselbe vielmehr der freien Willkür der Individuen, und der von ihnen errichteten mannigfaltigen Verträge, so wohl überhaupt, als in ihren Modifikationen, gänzlich überlassen. Die Besorgnis, dadurch alle Familienverhältnisse zu stören, oder vielleicht gar ihre Entstehung überhaupt zu verhindern – so gegründet dieselbe auch, bei diesen oder jenen Lokalumständen, sein möchte – würde mich, in so fern ich allein auf die Natur der Menschen und Staaten im Allgemeinen achte, nicht abschrecken. Denn nicht selten zeigt die Erfahrung, dass gerade, was das Gesetz löst, die Sitte bindet; die Idee des äußern Zwangs ist einem, allein auf Neigung und innerer Pflicht beruhenden Verhältnis, wie die Ehe, völlig fremdartig; und die Folgen zwingender Einrichtungen entsprechen der Absicht schlechterdings nicht.

Über öffentliche Staatserziehung

Man hat, vorzüglich seit einiger Zeit, so sehr auf die Verhütung gesetzwidriger Handlungen und auf Anwendung moralischer Mittel im Staate gedrungen. Ich, so oft ich dergleichen oder ähnliche Aufforderungen höre, freue mich, gesteh' ich, dass eine solche freiheitbeschränkende Anwendung bei uns immer weniger gemacht, und, bei der Lage fast aller Staaten, immer weniger möglich wird.

Man beruft sich auf Griechenland und Rom, aber eine genauere Kenntnis ihrer Verfassungen würde bald zeigen, wie unpassend diese Vergleichungen sind. Jene Staaten waren Republiken, ihre Anstalten dieser Art waren Stützen der freien Verfassung, welche die Bürger mit einem Enthusiasmus erfüllte, welcher den nachteiligen Einfluss der Einschränkung der Privatfreiheit minder fühlen, und die Energie des Charakters minder schädlich werden ließ. Dann genossen sie auch übrigens eine größere Freiheit, als wir, und was sie aufopferten, opferten sie einer andern Tätigkeit, dem Anteil an der Regierung, auf. In unseren, meistenteils monarchischen Staaten ist das alles ganz anders. Was die Alten von moralischen Mitteln anwenden mochten, Nationalerziehung, Religion, Sittengesetze, alles würde bei uns minder fruchten, und einen größeren Schaden bringen. Dann war auch das Meiste, was man jetzt so oft für Wirkung der Klugheit des Gesetzgebers hält, bloß schon wirkliche, nur vielleicht wankende, und daher der Sanktion des Gesetzes bedürfende Volkssitte. Die Übereinstimmung der Einrichtungen des Lykurgus mit der Lebensart der meisten unkultivierten Nationen hat schon Ferguson[1] meisterhaft gezeigt, und da höhere Kultur die Nation verfeinerte, erhielt sich auch in der Tat nicht mehr, als der Schatten jener Einrichtungen. Endlich steht, dünkt mich, das Menschengeschlecht jetzt auf einer Stufe der Kultur, von welcher es sich nur durch Ausbildung der Individuen höher emporschwingen kann; und daher sind alle Einrichtungen, welche diese Ausbildung hindern, und die Menschen mehr in Massen zusammendrängen, jetzt schädlicher als ehemals.

Schon diesen wenigen Bemerkungen zufolge erscheint, um zuerst von demjenigen moralischen Mittel zu reden, was am weitesten gleichsam ausgreift, öffentliche, d. i. vom Staat angeordnete oder geleitete Erziehung wenigstens von vielen Seiten bedenklich. Nach dem ganzen vorigen Räsonnement kommt schlechterdings Alles auf die Ausbildung des Menschen in der höchsten Mannigfaltigkeit an; öffentliche Erziehung aber muss, selbst wenn sie diesen Fehler vermeiden, wenn sie sich bloß darauf einschränken wollte, Erzieher anzustellen und zu unterhalten, immer eine bestimmte Form begünstigen. Es treten daher alle die Nachteile bei derselben ein, welche der erste Teil dieser Untersuchung hinlänglich dargestellt hat, und ich brauche nur noch hinzuzufügen, dass jede Einschränkung verderblicher wird, wenn sie sich auf den moralischen Menschen bezieht, und dass, wenn irgendetwas Wirksamkeit auf das einzelne Individuum fordert, dies gerade die Erziehung ist, welche das einzelne Individuum bilden soll. Es ist unleugbar, dass gerade daraus sehr heilsame Folgen entspringen,

1 An essay on the history of civil society. Basel 1789. p. 123–146. Of rude nations prior to the establishment of property.

dass der Mensch in der Gestalt, welche ihm seine Lage und die Umstände gegeben haben, im Staate selbst tätig wird, und nun durch den Streit – wenn ich so sagen darf — der ihm vom Staat angewiesenen Lage, und der von ihm selbst gewählten, zum Teil er anders geformt wird, zum Teil die Verfassung des Staats selbst Änderungen erleidet, in denen dergleichen, obgleich freilich auf einmal fast unbemerkbare Änderungen, nach den Modifikationen des Nationalcharakters, bei allen Staaten unverkennbar sind. Dies aber hört wenigstens immer in dem Grade auf, in welchem der Bürger von seiner Kindheit an schon zum Bürger gebildet wird. Gewiss ist es wohltätig, wenn die Verhältnisse des Menschen und des Bürgers so viel als möglich zusammenfallen; aber es bleibt dies doch nur alsdann, wenn das des Bürgers so wenig eigentümliche Eigenschaften fordert, dass sich die natürliche Gestalt des Menschen, ohne etwas aufzuopfern, erhalten kann – gleichsam das Ziel, wohin alle Ideen, die ich in dieser Untersuchung zu entwickeln wage, allein hinstreben. Ganz und gar aber hört es auf, heilsam zu sein, wenn der Mensch dem Bürger geopfert wird. Denn wenn gleich alsdann die nachteiligen Folgen des Missverhältnisses hinweg fallen; so verliert auch der Mensch dasjenige, welches er gerade durch die Vereinigung in einen Staat zu sichern bemüht war. Daher müsste, meiner Meinung zufolge, die freieste, so wenig als möglich schon auf die bürgerlichen Verhältnisse gerichtete Bildung des Menschen überall vorangehen. Der so gebildete Mensch müsste dann in den Staat treten, und die Verfassung des Staats sich gleichsam an ihm prüfen. Nur bei einem solchen Kampfe würde ich wahre Verbesserung der Verfassung durch die Nation mit Gewissheit hoffen, und nur bei einem solchen schädlichen Einfluss der bürgerlichen Einrichtung auf den Menschen nicht besorgen. Denn selbst wenn die letztere sehr fehlerhaft wäre, ließe sich denken, wie gerade durch ihre einengenden Fesseln die widerstrebende, oder, trotz derselben, sich in ihrer Größe erhaltende Energie des Menschen gewänne. Aber dies könnte nur sein, wenn dieselbe vorher sich in ihrer Freiheit entwickelt hätte. Denn welch ein ungewöhnlicher Grad gehörte dazu, sich auch da, wo jene Fesseln von der ersten Jugend an drückten, noch zu erheben und zu erhalten? Jede öffentliche Erziehung aber, da immer der Geist der Regierung in ihr herrscht, gibt dem Menschen eine gewisse bürgerliche Form.

Wo nun eine solche Form an sich bestimmt und in sich, wenn gleich einseitig, doch schön ist, wie wir es in den alten Staaten, und vielleicht noch jetzt in mancher Republik finden, da ist nicht allein die Ausführung leichter, sondern auch die Sache selbst minder schädlich. Allein in unsern monarchischen Verfassungen existiert – und gewiss zum nicht geringen Glück für die Bildung des Menschen – eine solche bestimmte Form ganz und gar nicht. Es gehört offenbar zu ihren, obgleich auch von manchen Nachteilen begleiteten Vorzügen, dass, da doch die Staatsverbindung immer nur als ein Mittel anzusehen ist, nicht so viel Kräfte der Individuen auf dies Mittel verwandt zu werden brauchen, als in Republiken. Sobald der Untertan den Gesetzen gehorcht, und sich und die seinigen im Wohlstande und einer nicht schädlichen Tätigkeit erhält, kümmert den Staat die genauere Art seiner Existenz nicht. Hier hätte daher die öffentliche Erziehung, die, schon als solche, sei es auch unvermerkt, den Bürger oder Untertan, nicht den Menschen, wie die Privaterziehung, vor Augen hat, nicht Eine bestimmte Tugend oder Art zu sein zum Zweck; sie suchte vielmehr gleichsam ein Gleichgewicht aller, da nichts so sehr, als gerade dies, die Ruhe hervorbringt und erhält, welche eben diese Staaten am eifrigsten beabsichtigen. Ein solches Streben aber gewinnt, wie ich schon bei einer andern Gelegenheit zu zeigen versucht habe, entweder keinen Fortgang, oder führt auf Mangel an Energie; da hingegen die Verfolgung einzelner Seiten, welche der Privaterziehung eigen ist, durch das Leben in verschiedenen Verhältnissen und Verbindungen jenes Gleichgewicht sicherer und ohne Aufopferung der Energie hervorbringt.

Will man aber der öffentlichen Erziehung alle positive Beförderung dieser oder jener Art der Ausbildung untersagen, will man es ihr zur Pflicht machen, bloß die eigene Entwickelung der Kräfte zu begünstigen; so ist dies einmal an sich nicht ausführbar, da was Einheit der Anordnung hat, auch allemal eine gewisse Einförmigkeit der Wirkung hervorbringt, und dann ist auch unter dieser Voraussetzung der Nutzen einer öffentlichen Erziehung nicht abzusehen. Denn ist es bloß die Absicht zu verhindern, dass Kinder nicht ganz unerzogen bleiben; so ist es ja leichter und minder schädlich, nachlässigen Eltern Vormünder zu setzen, oder dürftige zu unterstützen. Ferner erreicht auch die öffentliche Erziehung nicht einmal die Absicht, welche sie sich vorsetzt, nämlich die Umformung der Sitten nach dem Muster, welches der Staat für das ihm angemessenste hält. So wichtig und auf das ganze Leben einwirkend auch der Einfluss der Erziehung sein mag; so sind doch noch immer wichtiger die Umstände, welche den Menschen durch das ganze Leben begleiten. Wo also nicht alles zusammenstimmt, da vermag diese Erziehung allein nicht durchzudringen. Überhaupt soll die Erziehung nur, ohne Rücksicht auf bestimmte, den Menschen zu erteilende bürgerliche Formen, Menschen bilden; so bedarf es des Staats nicht. Unter freien Menschen gewinnen alle Gewerbe bessern Fortgang; blühen alle Künste schöner auf; erweitern sich alle Wissenschaften. Unter ihnen sind auch alle Familienbande enger, die Eltern eifriger bestrebt für ihre Kinder zu sorgen, und, bei höherem Wohlstande, auch vermögender, ihrem Wunsche hierin zu folgen. Bei freien Menschen entsteht Nacheiferung, und es bilden sich bessere Erzieher, wo ihr Schicksal von dem Erfolg ihrer Arbeiten, als wo es von der Beförderung abhängt, die sie vom Staate zu erwarten haben. Es wird daher weder an sorgfältiger Familienerziehung, noch an Anstalten so nützlicher und notwendiger gemeinschaftlicher Erziehung fehlen.[2] Soll aber öffentliche Erziehung dem Menschen eine bestimmte Form erteilen, so ist, was man auch sagen möge, zur Verhütung der Übertretung der Gesetze, zur Befestigung der Sicherheit so gut als nichts getan. Denn Tugend und Laster hängen nicht an dieser oder jener Art des Menschen zu sein, sind nicht mit dieser oder jener Charakterseite notwendig verbunden; sondern es kommt in Rücksicht auf sie weit mehr auf die Harmonie oder Disharmonie der verschiedenen Charakterzüge, auf das Verhältnis der Kraft zu der Summe der Neigungen u. s. f. an. Jede bestimmte Charakterbildung ist daher eigener Ausschweifungen fähig, und artet in diesel-

2 Dans une société bien ordonnée, au contraire, tout invite les hommes à cultiver leurs moyens naturels: sans qu'on s'en mêle, l'éducation sera bonne; elle sera même d'autant meilleure, qu'on aura plus laissé à faire à l'industrie des maîtres, et à l'émulation des élèves. Mirabeau s. l'éducat. publ. p. 12.

ben aus. Hat daher eine ganze Nation ausschließlich vorzüglich eine gewisse erhalten, so fehlt es an aller entgegenstrebenden Kraft, und mithin an allem Gleichgewicht. Vielleicht liegt sogar hierin auch ein Grund der häufigen Veränderungen der Verfassung der alten Staaten. Jede Verfassung wirkte so sehr auf den Nationalcharakter, dieser, bestimmt gebildet, artete aus, und brachte eine neue hervor. Endlich wirkt öffentliche Erziehung, wenn man ihr völlige Erreichung ihrer Absicht zugestehn will, zu viel. Um die in einem Staat notwendige Sicherheit zu erhalten, ist Umformung der Sitten selbst nicht notwendig. Allein die Gründe, womit ich diese Behauptung zu unterstützen gedenke, bewahre ich der Folge auf, da sie auf das ganze Bestreben des Staats, auf die Sitten zu wirken, Bezug haben, und mir noch vorher von einem Paar einzelner, zu demselben gehöriger Mittel zu reden übrig bleibt. Öffentliche Erziehung scheint mir daher ganz außerhalb der Schranken zu liegen, in welchen der Staat seine Wirksamkeit halten muss.[3]

3 Ainsi c'est peut-être un problème de savoir, si les législateurs Français doi-veut s'occuper de l'éducation publique autrement que pour en protéger les progrès, et si la constitution la plus favorable au développement du moi humain et les lois les plus propres à mettre chacun à sa place ne sont pas la seule éducation, que le peuple doive attendre d'eux. l. c. p. 11. D'après cela, les principes rigoureux sembleraient exiger que l'Assemblée Nationale ne s'occupât de l'éducation que pour l'enlever à des pouvoirs, ou à des corps qui peuvent en dépraver l'influence. l. c. p. 12

Über das Verhältnis der Religion und der Poesie zu der sittlichen Bildung

Ein Mensch hat moralische Bildung, wenn die Sittlichkeit in ihm zur Gesinnung geworden ist.

Die Grundquelle der Sittlichkeit ist nicht das Gefühl im Allgemeinen, das den Menschen sehr irre leiten könnte. Die Sittlichkeit besteht vielmehr in der freiwilligen Unterwerfung unter das Sittengesetz, und beruht also auf dem Grundsatz der Pflichtmäßigkeit.

Gefühle und Grundsätze sind aber sehr verschieden von einander. Gefühle haben nur dann wirklichen moralischen Wert, wenn sie auf Grundsätzen beruhen, und in Empfindung übergegangene Grundsätze sind.

Die Religion erhebt das Sittengesetz auf eine höhere Stufe, indem sie es als ein Gesetz Gottes zeigt; sie erleichtert zugleich dem Menschen die Befolgung desselben, da sie an die Stelle trockner und nackter Pflichtmäßigkeit die, jedem gutgearteten Menschen natürlichen Gefühle der kindlichen Ehrfurcht, Liebe, Dankbarkeit und Folgsamkeit gegen Gott setzt, und auf eine Fortdauer nach dem Tode hinweist, in welcher die Entsagungen, welche die Pflicht auferlegt, eine fernere, von allen irdischen Zufällen freie, und vollkommen gerechte Belohnung finden. Sie erhebt aber auch den Menschen in seinem ganzen Innren, da der religiös gestimmte Mensch fühlt, dass er ein Gegenstand der Liebe und Sorgfalt des Unendlichen ist, dass das irdische Leben, als der kleinste und unvollkommenste Teil seines Daseins, mit allen seinen Gütern und Vorzügen nicht in Betrachtung kommt gegen die Reinheit der über dasselbe hinausgehenden Gesinnung, und dass ihm, soweit es die Schranken der Endlichkeit verstatten, eine Gemeinschaft mit dem Wesen eröffnet ist, welches Alles hervorgebracht hat und Alles erhält.

Es ist demnach durchaus falsch, dass die Religion im Grunde nur Lehren aufstellt. Sie lebt und webt vielmehr in Gefühlen. Denn sie stellt Wahrheiten auf, die, ihrer Natur nach, in jedem Menschen, der sich ihren Eindrücken offen erhält, zu Gefühlen werden, Wahrheiten, die nur aus dem natürlichen Gefühl entwickelt und entfaltet zu werden brauchen, damit die Überzeugung des Verstandes und die hinzutretende Erkenntnis das bloße Gefühl vor Unbestimmtheit und Unrichtigkeit bewahre.

Die Religion ist also nicht nur das kräftigste Beförderungsmittel der Sittlichkeit, sondern Religion und Sittlichkeit, religiöse und moralische Bildung sind eigentlich Eins und Ebendasselbe. Ein wahrhaft religiöser Mensch ist schon eben dadurch auch ein sittlicher; und es wäre eine gewissermaßen unnütze Frage, ob ein sittlicher Mensch auch notwendig ein religiöser sein muss? da die wahre Sittlichkeit in ihren höchsten Prinzipien eine solche Anerkennung von dem Verhältnis des Menschen zu dem, was über die Endlichkeit hinaus liegt, voraussetzt, dass sie selbst notwendig Religion ist.

Die Poesie steht zur Bildung des Menschen in einer zwiefachen Beziehung:

1. in einer der Form: indem sie Wahrheit und Lehre durch Einkleidung und rhythmischen Ausdruck der Einbildungskraft näher zu bringen sucht;

2. in einer des Inhalts: indem sie, überall das Erhabenste, Reinste und Schönste aufsuchend, im Menschen immer das Höchste und Geistigste seiner Natur anzueignen bemüht ist, und ihm beständig vor Augen hält, dass er den vorübergehenden Genuss der dauernden inneren Genugtuung, das Irdische dem Unendlichen nachsetzen, und im Widerstreit der Neigungen und Pflichten Alles, durch Selbstbeherrschung und Erhebung über das Niedere und Gemeine, dem Adel und der Reinheit der Gesinnung opfern muss.

Religion und Poesie stehen in gar keinem, am wenigsten in einem schroffen Gegensatz gegen einander.

Denn beide arbeiten nicht nur gleichmäßig auf die Veredlung des Menschen hin, sondern die religiösen Wahrheiten sind alle der Art, dass sie gerade des höchsten dichterischen Ausdrucks fähig sind, und die Poesie kann gar keine hohe, oder tiefe sein, wenn sie nicht immer in das Gebiet hinübergeht, in welchem auch die Religion weilt.

Alle großen Trauerspiele des Altertums und der neueren Zeit beruhen auf der Vorstellung der Abhängigkeit des endlichen Menschen von einer unendlichen Macht, und auf der Notwendigkeit, das Endliche (Glück und Neigung) dem Überirdischen (Pflicht und Gesinnung) zum Opfer zu bringen.

Aller Gottesdienst nimmt daher die Poesie, als etwas der Religion nahe Verwandtes, in sich auf.

Die Poesie darf aber nur neben der Religion genannt werden, wenn sie die höchste, würdigste und reinste ist. Sie kann auch alles dies in minderem Grade sein, und sogar einen entgegengesetzten Weg einschlagen; darum ist es zugleich unmöglich und unzulässig, Religion und Poesie mit einander vergleichen zu wollen, und noch mehr, die letztere als die moralische Bildung mehr befördernd zu betrachten.

Wenn man von dem Einflusse der Poesie auf die moralische Bildung reden will, so ist davon auszugehen, dass, ehe auf eine würdige Weise die Poesie auf den Menschen einwirken kann, in ihm eine doppelte Grundlage vorhanden sein muss:

1. eine Grundlage der Gesinnung, die Anerkennung sittlicher Pflicht, und der Notwendigkeit sich dieser zu unterwerfen; dazu religiöses Gefühl, Überzeugung von einem höchsten Wesen, Glaube und vertrauende Liebe, Zuversicht, dass mit dem irdischen Tode das wahre Dasein des Menschen erst beginne. Alles das muss auf einem wahren, sichern Grunde beruhen; darin muss gar keine Poesie sein, weil es die Grundfesten der menschlichen Gesinnung sind.

Wo diese Grundlage fehlt, kann keine Poesie wahrhaft moralisch wirken. Derjenige, in dem sie nicht ist, kann wohl augenblicklich von Macbeths Lage ergriffen werden; aber das, was Shakespeare eigentlich hat wollen fühlen lassen, fühlt allein der, welcher, unabhängig von aller Poesie, die Stimme des Gewissens im Busen trägt, und empfindet, wie furchtbar es sei zu töten, wenn Gott das Gebot nicht zu töten in das Herz des Menschen gelegt hat.

Die Religion der Griechen war nicht poetischer, als das Christentum, sie war nur sinnlicher.

Die Griechen haben nie gerade durch Vollkommenheit der moralischen Bildung geglänzt.

2. eine Grundlage der Erkenntnis.

Wer nicht über die wichtigsten Wahrheiten oft gründlich nachgedacht, wer nicht Kenntnisse im gehörigen Maße gesammelt hat, der versteht den Dichter nur halb, und auf den übt die Poesie nur eine vorübergehende, leicht von ihm abgleitende Wirkung aus. Er meidet vielleicht das Rohe und Gemeine, aber es bleibt in ihm eine betrübende Leere.

Die Poesie verführt wohl zu der Einbildung, dass man diese Grundlagen entbehren könne; aber dies ist nicht ihre Schuld, sondern die Schuld derer, die sie missverstehen. Shakespeare, Schiller und Goethe würden alle Leser zurückweisen, welchen es an jenen Grundlagen fehlt, oder die nicht wenigstens ernstliches Bemühen zeigen, sie sich zu verschaffen.

Wo aber jene Grundlagen vorhanden sind, da beginnt der wohltätige Einfluss der Poesie auf die moralische Bildung, ein Einfluss der nie zu hoch angeschlagen werden kann.

Die Poesie wirkt darin zuerst wie die Sittenlehre und die Religion selbst; sie wirkt mit der Macht, die sie, gerade als Poesie, über den Menschen ausübt.

Sie macht aber auch den ganzen Menschen für die moralische Bildung empfänglicher, indem sie ihn gewöhnt in Dingen, die ganz außerhalb des Gebietes der Sittenlehre und der Religion liegen, nur am Schönen, Edlen und Harmonischen Gefallen zu haben, und das Gegenteil überall von sich zu stoßen.

Der Königsberger und der Litauische Schulplan

a. Über die mit dem Königsbergischen Schulwesen vorzunehmende Reformen

1.
Wie vielerlei Arten von Schulen soll es geben? wie viele von jeder Art? und welche?

Man ist sowohl in dem Möllerschen, als Hoffmannschen Plane, die beide viele zweckmäßige Vorschläge enthalten, davon ausgegangen, dass es, außer den Elementar- und gelehrten Schulen, noch Mittelschulen geben solle.

Diese Frage ist daher zuerst zu erörtern.

Ich bin dagegen.

Mittelschulen sollen entweder den Übergang von den Elementar- zu den gelehrten Schulen ausmachen, so dass die letzteren gar keine sogenannten Bürgerklassen mehr haben; oder als eine eigne Art der Schulen für diejenigen bestimmt sein, welche auf eigentlich wissenschaftliche Bildung und besonders auf Universitäts-Studium Verzicht tun, oder endlich beide Zwecke zugleich erfüllen.

Die Trennung der Bürgerklassen von den gelehrten in zwei verschiedenen Anstalten stört offenbar die so notwendige Einheit des Unterrichts, der in der Wahl der Lehrgegenstände, in der Methode und der Behandlung der Schüler von dem Augenblick an, wo das Kind die ersten Elemente gefasst hat, bis zu der Zeit wo der Schulunterricht aufhört, in einem so ununterbrochnen Zusammenhange stehen muss, dass Klasse auf Klasse und halbes Jahr auf halbes Jahr berechnet sei. Die Mittelschulen bei dieser Anordnung könnten, indem sie nach vollendetem Elementarunterricht anfingen, und bei dem Beginnen des höheren gelehrten aufhören sollten, schlechterdings nur ein Stück des Unterrichts, und zwar ein, wenigstens in Absicht der Grenze nach oben, willkürlich abgeschnittenes behandeln. Es liegt nun aber in der Natur der Sache, dass eine Anstalt, die ganz dasselbe mit einer andern, dies aber nur bis zu einem gewissen Punkte treiben soll, also so dass sie ihr Komplement immer ganz außer sich sieht, auch innerhalb des bestimmten Punktes schlecht werde.

Es gibt, philosophisch genommen, nur drei Stadien des Unterrichts:

Elementarunterricht
Schulunterricht
Universitätsunterricht.

Der Elementarunterricht soll bloß in Stand setzen, Gedanken zu vernehmen, auszusagen, zu fixieren, fixiert zu entziffern, und nur die Schwierigkeit überwinden, welche die B e z e i c h n u n g in allen ihren Hauptarten entgegenstellt. Er ist noch nicht sowohl Unterricht, als er zum Unterricht vorbereitet, und ihn erst möglich macht. Er hat es also eigentlich nur mit Sprach-, Zahl- und Maß-Verhältnissen zu tun, und bleibt, da ihm die Art des Bezeichneten gleichgültig ist, bei der Muttersprache stehen. Wenn man, und mit Recht, noch andern Unterricht, geographischen, geschichtlichen, naturhistorischen hinzufügt, so geschieht es teils um die durch den Elementarunterricht entwickelten, und zu ihm selbst nötigen Kräfte durch mannigfaltigere Anwendung mehr zu üben, teils weil man für diejenigen, welche aus diesen Schulen unmittelbar ins Leben übergehen, den bloßen Elementar-Unterricht überschreiten muss.

Der Zweck des Schulunterrichts ist die Übung der Fähigkeiten, und die Erwerbung der Kenntnisse, ohne welche wissenschaftliche Einsicht und Kunstfertigkeit unmöglich ist. Beide sollen durch ihn vorbereitet; der junge Mensch soll in Stand gesetzt werden, den Stoff, an welchen sich alles eigne Schaffen immer anschließen muss, teils schon jetzt wirklich zu sammeln, teils künftig nach Gefallen sammeln zu können, und die intellektuell-mechanischen Kräfte auszubilden. Er ist also auf doppelte Weise, einmal mit dem Lernen selbst, dann mit dem Lernen des Lernens beschäftigt. Aber alle seine Funktionen sind nur relativ, immer einem Höheren untergeordnet, nur Sammeln, Vergleichen, Ordnen, Prüfen u.s.f. Das Absolute wird nur angeregt, wo es, wie es gar nicht fehlen kann, selbst in einem Subjekte zur Sprache kommt. Der Schulunterricht teilt sich in linguistischen, historischen und mathematischen; der Lehrer muss immer beobachten, bei welchem von diesen dreien der Schüler mit vorzüglicher Aufmerksamkeit verweilt, allein auch streng darauf sehen, dass der Kopf für alle drei zugleich gebildet werde. Denn die Schule soll eng verbinden, damit die Universität zu besserer Verfolgung des Einzelnen, ohne Schaden eilen könne. Der Schüler ist reif, wenn er so viel bei andern gelernt hat, dass er nun für sich selbst zu lernen im Stande ist. Sein Sprachunterricht z.B. ist auf der Schule geschlossen, wenn er dahin gekommen ist, nun mit eigner Anstrengung und mit dem Gebrauche der vorhandenen Hilfsmittel jeden Schriftsteller, insoweit er wirklich verständlich ist, mit Sicherheit zu verstehen, und sich in jede gegebene Sprache, nach seiner allgemeinen Kenntnis vom Sprachbau überhaupt, leicht und schnell hinein zu studieren.

Wenn also der Elementarunterricht den Lehrer erst möglich macht, so wird er durch den Schulunterricht entbehrlich. Darum ist auch der Universitätslehrer nicht mehr Lehrer, der Studierende nicht mehr Lernender, sondern dieser forscht selbst, und der Professor leitet seine Forschung und unterstützt ihn darin. Denn der Universitätsunterricht setzt nun in Stand, die Einheit der Wissenschaft zu begreifen, und hervorzubringen, und nimmt daher die schaffenden Kräfte in Anspruch. Denn auch das Einsehen der Wissenschaft als solcher ist ein, wenn gleich untergeordnetes Schaffen. Daher hat der Universitätsunterricht keine Grenze nach seinem Endpunkt zu, und für die Studierenden ist, streng genommen, kein Kennzeichen der Reife zu bestimmen. Ob, wie lange, und in welcher Art derjenige, der einmal im Besitz tüchtiger Schulkenntnisse ist, noch mündlicher Anleitung bedarf? hängt allein vom Subjekt ab. Das Kollegienhören selbst ist eigentlich nur zufällig; das wesentlich Notwendige ist, dass der junge Mann zwischen der Schule und dem Eintritt ins Leben eine Anzahl von Jahren ausschließend dem wissenschaftlichen Nachdenken an einem Orte widme, der Viele, Lehrer und Lernende in sich vereinigt.

So wie es nun bloß diese drei Stadien des Unterrichts gibt, jedes derselben aber unzertrennt ein Ganzes macht, so kann es auch nur drei Gattungen a u f e i n a n d e r f o l g e n d e r Anstalten geben, und ihre Grenzen müssen mit den Grenzen dieser Stadien zusammenfallen, nicht dieselben in der Mitte zerschneiden.

Auch ist die Idee zur Absonderung wohl nur daher entstanden, dass man sich unter Mittelschulen eine eigne Gattung von Schulen, die auf andre Kenntnisse, als die gelehrten Rücksicht nehmen, gedacht und nun besorgt hat, die gelehrten durch Verbindung beider zu verwickelt zu machen. Allein auch in dieser zweiten Absicht, dass die Mittelschulen für diejenigen, die auf höheren Unterricht Verzicht leisten, bestimmt sein sollen, bestreite ich dieselben.

Da, um dies nur vorläufig zu bemerken, die Bestimmung eines Kindes oft sehr lange unentschieden bleibt, so bringen sie den Nachteil hervor, dass leicht Verwechslungen vorgehen, der künftige Gelehrte zu lange in Mittelschulen, der künftige Handwerker zu lange in gelehrten verweilt, und daraus Verbildungen entstehen.

Aber ich leugne auch die Möglichkeit, ihnen auf eine zweckmäßige Weise eine wesentlich verschiedne Einrichtung zu geben, und es ist leicht zu zeigen, dass die durch ihren Mangel entstehende Lücke vollkommen durch andre Einrichtungen ausgefüllt werden kann.

Der Unterschied zwischen den Mittel- und gelehrten Schulen soll entweder in der Wahl der Lehrgegenstände, oder in der Methode bestehen. Man hat überdies in beider Hinsicht bei ihnen eine doppelte Klasse von Menschen im Auge, einmal die ärmere, die darum höherer Bildung entsagen muss, dann diejenige, welche sich nicht dem Universitätsstudium widmet. Allein beide lassen sich nach gleichen Grundsätzen beurteilen.

Bei der Wahl der Lehrgegenstände schließt man einige aus, und dies Los trifft dann gewöhnlich beide alte Sprachen, oder eine derselben, nimmt andre auf, wie mehr neuere Sprachen, Technologie und Statistik u. s. f. und macht die zur Hauptsache, die man sich in den gelehrten Schulen als Nebensache denkt, wie Geographie, Geschichte, Physik u. s. f.

Allein man vermischt auf diese Weise immer auf eine klägliche Weise die vom Schulunterricht allemal zu fordernde allgemeine Übung der Hauptkräfte des Geistes und die Einsammlung der künftig notwendigen Kenntnisse, welche zum wirklichen Leben vorbereitet, da es hingegen allgemeiner Grundsatz sein sollte:

Die Übung der Kräfte auf jeder Gattung von Schulen allemal vollständig und ohne irgend einen Mangel vorzunehmen, alle Kenntnisse aber, die sie überhaupt wenig oder zu einseitig befördern, wie notwendig sie auch sein mögen, vom Schulunterricht auszuschließen, und dem Leben die speziellen Schulen vorzubehalten.

Auch würden diese Realschulen (und je besser und vornehmer sie wären, je mehr) nach und nach alle Disziplinen der gelehrten an sich reißen; viele Schüler würden Lateinisch, manche Griechisch lernen wollen, nur würde eigentliche Gelehrsamkeit vermieden werden, man würde Griechisch und Lateinisch wie Französisch und Englisch gleichsam aus dem Gebrauch und kursorisch lernen, viele Sprachen gewissermaßen besitzen, und von keiner einen eigentlichen Begriff haben. Denn es ist sicher ein Vorurteil, dass, wenn man (und kaum die) einige Kleinigkeiten (wie z. B. im Griechischen die Akzentuation) abrechnet, ein künftiger Kritiker im Anfange auf andre

Weise Griechisch lernen müsse, als jeder andre. Beide sollen mit Sicherheit verstehen, nicht raten; und in der bestimmten Sprache die Sprache überhaupt anschauen. Ihre Wege gehen allerdings, aber immer erst spät, aus einander.

Ebenso wenig lässt sich ein wesentlicher Unterschied in der Methode denken. Die Betrachtung der Länge oder Kürze der Jahre, welche in der Mittel- und in der gelehrten Schule dem Unterricht gewidmet wird, rechtfertigte einen solchen noch am meisten. Allein auch da lässt sich bei den Fundamenten nichts tun; nicht abkürzen, denn man bestimmt ja in jeder Disziplin die Menge des aufzunehmenden Stoffs im Verhältnis zu der Kraft, die er üben, und die ihn verarbeiten soll; nicht übereilen, denn die Entwicklung erfordert ihre natürliche Weile. Das Einzige, was hier geschehen könnte, wäre wieder dem Leben vorgreifen; man könnte nämlich, was in der gelehrten Schule nach Gründen gezeigt wird, in der Mittelschule mechanisch beibringen, z. B. chemische Mischungen, Rechnungsformeln u. s. f. Allein dies hieße durchaus die Grenzen des Schulunterrichts verlassen, die zur Bildung bestimmte Zeit zur Abrichtung missbrauchen und die Köpfe verderben. Alle den gelehrten, als solchen, entgegengesetzten Mittelschulen sind also im besten Sinne Verbindungen allgemeiner Schulen mit speziellen, woraus, meiner Ansicht nach, immer Missgeburten entstehen.

Um dagegen alle Nachteile, um derentwillen man sie einführen will, zu vermeiden, muss man nur überhaupt und bei den gelehrten für folgende Dinge sorgen.

1. dass es wenigstens in jeder größeren Stadt eine oder einige so vorzügliche Elementarschulen gebe, dass es für

keinen Nachteil angesehen werden kann, wenn auch viele Bürger allein sie und nie eine andere Schule besuchen. Und wenn man bedenkt, dass der Elementarunterricht, wie er jetzt hier genommen wird, alles in sich fasst, wovon die Klarheit und Bestimmtheit der Begriffe abhängt, worauf, wie auf einem Fundament, die höchste Mathematik ruht, und was die Einbildungskraft zu den beiden Hauptgattungen der Kunst, der bildenden, und musikalischen, anregt, und dass dies alles auf eine die Empfindung stark bewegende Weise behandelt wird, so dürfte man gewiss in Versuchung geraten, diese Erziehung der auf manchen unsrer jetzt berühmten Gymnasien vorzuziehen.

2. dass für die Güte der unteren, oder Bürgerklassen der gelehrten Schulen ebenso sehr, als für die der höheren gesorgt werde; man aber den eigentlichen Elementarunterricht von ihnen absondere. Nehmen sie diesen auch nur einigermaßen mit auf, so werden die eigentlichen Elementarschulen bald als Volksschulen im verächtlichen Sinne des Worts angesehen, was ihrer Verbesserung sehr nachteilig ist. Folgen diese gut organisierten unteren Klassen auf gute Elementarschulen, so lässt sich für sehr viele Zwecke des Lebens der Unterricht sehr gut bei ihnen beschließen.

3. dass die gelehrten Schulen nicht bloß lateinische seien, sondern der historische und mathematische Unterricht gleich gut und sorgfältig mit dem philologischen behandelt werde. Gegenwärtig, wo es sehr oft hieran mangelt, entsteht der Nachteil, dass derjenige, welcher für Sprachunterricht weniger Sinn hat, entweder die Schule zu früh verlassen oder unnütz auf derselben verweilen muss.

4. dass der Sprachunterricht wirklich Sprachunterricht und nicht, wie jetzt so oft, eine mit Altertums und his-

torischen Kenntnissen verbrämte, und hauptsächlich auf Übung gestützte Anleitung zum Verständnis der klassischen Schriftsteller sei. Denn die Kenntnis der Sprache ist immer, als den Kopf aufhellend, und Gedächtnis und Phantasie übend, auch unvollendet nützlich, die Kenntnis der Literatur hingegen bedarf, um es zu werden, einer gewissen Vollständigkeit, und anderer günstiger Umstände.

5. dass die Klassenabteilung nicht durchweg, sondern nach den Hauptzweigen der Erkenntnis gehe, und die Lehrer erlauben und begünstigen, dass der Schüler, wie ihn seine Individualität treibt, sich des einen hauptsächlich, des andern minder befleißige, wofern er nur keinen ganz vernachlässigt. Eine Verschiedenheit der intellektuellen Richtung auf Sprachstudium, Mathematik und Erfahrungskenntnisse ist einmal unleugbar vorhanden, und es wäre ebenso wunderbar nur Eine begünstigen, als, sie in verschiedene Anstalten verweisend, sie noch mehr spalten zu wollen. Bloß die letztere muss man nie dulden, ohne sie fest an eine der andern zu knüpfen, da sie sonst nach und nach auch die Möglichkeit wahrer Wissenschaft in einem Kopfe zerstört.

6. dass es viele Spezial-Schulen gebe und kein bedeutendes Gewerbe des bürgerlichen Lebens eine entbehre. Was man in Bürgerschulen in Technologie lehrt, ließe sich sehr gut mit den Kunstschulen, in denen ja viele Handwerker schon jetzt unterrichtet werden, verbinden. Außerdem könnten sie, wie in Berlin geschieht, technische und chemische Vorlesungen hören, und da viele doch wandern und reisen, so schadete es nichts, wenn diese nur an einigen Orten der Monarchie zu finden wären. Ackerbau- Handels-

Steuermannsschulen gibt es schon jetzt. Ebenso Anstalten für nicht wissenschaftlich gebildete Ärzte u. s. f.

Auf diese Weise sehe ich keinen Mangel, dem durch eine Mittelschule abgeholfen werden müsste. Der ganz Arme schulte seine Kinder in die wohlfeilsten, oder unentgeltlichen Elementarschulen; der weniger Arme in die besseren, oder wenigstens teureren. Wer noch mehr anwenden könnte, besuchte die gelehrten Schulen, bliebe bis zu den höheren Klassen, oder schiede früher aus, triebe mehr Sprachunterricht oder mehr gemeinhin realen genannten. Auf diesen Schulunterricht folgten die Universität, eine Spezialschule oder der Eintritt in das bürgerliche Leben selbst. Jeder, auch der Ärmste, erhielte eine vollständige Menschenbildung, jeder überhaupt eine vollständige, nur da, wo sie noch zu weiterer Entwicklung fortschreiten könnte, verschieden begrenzte Bildung, jede intellektuelle Individualität fände ihr Recht und ihren Platz, keiner brauchte seine Bestimmung früher als in seiner allmählichen Entwicklung selbst zu suchen, die meisten endlich hätten, auch indem sie die Schule verließen, noch einen Übergang vom bloßen Unterricht zu der Ausführung in den Spezial-Anstalten.

Nur noch ein paar Winke jetzt über die Erlernung der alten Sprachen. Von dem Grundsatz ausgehend, einmal dass die Form einer Sprache, als Form, sichtbar werden muss, und dies besser an einer toten, schon durch ihre Fremdheit frappierenden, als an der lebendigen Muttersprache geschieht, dann dass Griechisch und Lateinisch sich beide gegenseitig unterstützen müssen, würde ich festsetzen:

dass alle Schüler, ohne Ausnahme, beide in der untersten Klasse jede schlechterdings lernen müssten, es sei nun, dass sie beide zugleich, oder eine, und welche? zuerst anfingen, damit keinen, wenn er nachher Lust erhält, die ersten Fundamente aufhalten, und auch keinen etwas ganz Unbekanntes zurückstößt,

dass, nach absolvierter untersten Klasse, es zwar von jedem abhängt, mit Zustimmung seiner Eltern oder Vormünder, eine aufzugeben, er aber die andere notwendig forttreiben muss, auch wenn er nicht das Studium beider verbindet, niemals, welche Fortschritte er auch mache, in Rücksicht auf Sprachstudium eine Prämie oder Auszeichnung erhalten könne.

In Absicht des Hebräischen muss allerdings mehr Freiheit stattfinden. Allein es müsste gleichfalls sehr befördert werden, nicht bloß der Theologen wegen, sondern auch, weil sein grammatischer und lexikalischer Bau auf den ersten Anblick sehr von dem des Griechischen abweicht, nah verwandt ist mit dem Bau der Sprachen wilder Völker, und daher den Begriff von der Sprachform überhaupt nach einer sonst fast unbekannt bleibenden Seite hin erweitert.

Nach dieser allgemeinen Erörterung würde ich daher hier nur Elementar- oder Bürger- und gelehrte Schulen bestehen lassen. Da indes die Bürgerschulen notwendig von sehr verschiedener Güte, einige sehr beschränkt, andere sehr gut und vollständig sein würden, so können diese letzteren gewissermaßen für das gehalten werden, was man mit den Mittelschulen abgezweckt hat.

Die Zahl der gelehrten Schulen muss nun aber vermehrt werden, weil sich alle Kinder, welche über die Mittelschule hinausgehen, in ihnen vereinigen. Dennoch halte ich drei für hinreichend:

die Altstädtische,

das Collegium Fridericianum,

die reformierte, und selbst ob ich hierin nicht zu viel nehme, bleibt noch zu untersuchen übrig. Zu bloßen Bürgerschulen, mit der Beschränkung, aber auch mit der Vollständigkeit, welche Elementarschulen haben müssen,

die Kneiphöfische,

die Löbenichtsche.

Die gelehrten Schulen ließen niemand zu, der nicht fest in den Elementarkenntnissen und wenigstens neun Jahr alt wäre. Sie hätten fünf Klassen, die Bürgerschulen zwei.

Die gelehrten Schulen hätten jede sechs Lehrer und zwei Kollaboratoren; die Bürgerschulen jede einen Lehrer.

Der Unterricht in den Bürgerschulen umfasste

Lesen, Schreiben,

die Zahl- und Maßverhältnisse Sprechübungen,

die nötigsten und ersten Begriffe von der Beschaffenheit des Menschen und des menschlichen Geschlechts, des Erdbodens, der Gesellschaft,

Musik, Zeichnen,

Geographie, Geschichte Naturgeschichte, insofern sie Stoff hergeben können an dem sich der Verstand innerhalb der ihm hier angewiesenen Sphäre üben kann.

Der Religionsunterricht ist minder Lehren, als Anregung des Gefühls.

Die beiden sehr vollständig organisierten Bürgerschulen führen natürlich diese Kenntnisse, vorzüglich die Zahl- und Maßverhältnisse weiter fort, als die andern Elementarschulen es können, und vermehren dann auch in den sogenannten Realkenntnissen den Stoff nach Maßgabe der größeren Erweiterung der Verstandeskräfte. Bei ihrer näheren

Organisation wäre vorzüglich auf diejenige Rücksicht zu nehmen, welche Zeller dem Waisenhause geben wird, und zu bestimmen, in welchem Zweckverhältnis sie mit dieser Anstalt stehen sollten.

2.

Welche Fonds sind zur Erhaltung dieser Schulen notwendig? und woher werden sie genommen?

Ich bin mit Herrn Staatsrat Hoffmann der Meinung, dass eine Stadt, wie Königsberg, ihre Lehrer gut besolden muss.

Ich schlüge daher folgenden Etat vor, nehme ihn als Maximum, Herrn Möllers Vorschläge, aber nach der hier verlangten Lehrerzahl erweitert, als Minimum an.

I. für eine gelehrte Schule:

1.	Rector *maximum*	800 Rth.	*minimum* 600 Rth.	Holz 5 Achtel
2.–6.	fünf Lehrer zu 600 Rth.	3000 Rth.	1900 Rth. nämlich 2 zu 500 Rth. 2 zu 400 Rth. 1 zu 100 Rth.	20
7. 8.	Zwei Kollaboratoren zu 200 Rth.	400 Rth.	*minimum* 200 Rth.	4
	Zu Schulbedürfnissen	200 Rth.		
	Fünf Klassenstuben und eine zu außerordentlichen Bedürfnissen, Teilung von Klassen u. s. f.			6
Summa	Maximum	4400 Rth.	Minimum 2700 Rth.	35 Achtel

II. für eine Bürgerschule:

1. Der Rector *maximum*	600 Rth.	*minimum*	350 Rth.	Holz 5 Achtel
2. Drei Lehrer ——— zu 400 Rth.	1200 Rth.	———	650 Rth. nämlich zu 300 Rth. 250 Rth. und 100 Rth.	——— 12 ———
Zu Schulbedürfnissen ———	100 Rth.			
Zwei Klassenstuben und eine zu außerordentlichen Bedürfnissen				——— 3 ———
Summa: Maximum	1900 Rth.	Minimum	1000 Rth.	Holz 20 Achtel

Freie Wohnung können alle Lehrer haben. An den Magistratischen Schulen sind jetzt 15 Lehrerwohnungen, und hiernach hätten diese Schulen künftig nur 14 ordentliche Lehrer. Das Collegium Fridericianum und die reformierte Schule haben eigene Gebäude.

Auf diese Weise kosteten die Hauptschulen der Stadt zusammen

3 gelehrte Maximum	13 200 Rth.	Minimum	8100 Rth.	Holz 105 Achtel
2 Bürgerschulen ———	3800 Rth.	———	2000 Rth.	——— 40 ———
Summa: Maximum	17 000	Minimum	10 100 Rth.	Holz 145 Achtel
				[und 3000 Rth. Pensionsfonds, dazu gerechnet nach dem höchsten Anschlag].
	20 000 Rth.			und Holz 145 Achtel

Diese Einkünfte würden beschafft
durch die bisherigen der Schulen,
das Schulgeld,
einen Zuschuss der Stadt.

Von den bisherigen müsste jedoch alles gleich abgezogen werden, was irgend unsicher ist. Hierzu fehlen mir die Lokaldaten.

Das Schulgeld bliebe zur Hälfte den Lehrern; zu 1/4 käme es zum gewöhnlichen zur Auszahlung der Gehalte bestimmten; je 1/4 zum außerordentlichen Schulfonds. Ohne diese letzte Anordnung setzt man sich in Gefahr, auch die Gehalte ungewiss werden zu sehen.

Jede Schule hat einen der Hälfte ihres Gehaltsquanti gleichen eisernen Bestand, welcher gesammelt wird durch das letzte 1/4 des Schulgelds, und angegriffen nur zu Gehaltszahlungen. Er wird im letzteren Fall sogleich wieder hergestellt, und dies letzte 1/4 des Schulgelds wird bis dahin zu nichts Andrem verwandt. Nachher zu Praemia und Schulbedürfnissen.

Das Schulgeld könnte, meines Erachtens, betragen:

für die Bürgerschulen	1 Rth. ___
für die 3 unteren Klassen der gelehrten ___	1 Rth. 15 gr.
für die 2 obren der gelehrten ___	2 Rth.

Aus Armut der Schüler darf die Schule gar kein Schulgeld verlieren; sondern sie muss immer die Früchte der Frequenz, die ihr Verdienst ist, rein und ungeschmälert genießen. Den nach Wahrscheinlichkeit beim Schulgeld zu berechnenden Ausfall schlage man zum Zuschuss der Stadt, da er nie viel betragen kann. Über den Anspruch darauf verfüge das Konsilium der Lehrer, seine Verfügung sei aber nachher dem Ausspruch der Armenvorsteher unterworfen. So werden die Eltern zu Aufbringung des Schulgeldes die äußersten Anstrengungen machen, und dazu muss man sie bewegen. Das Schulgeld werde von keinem der Lehrer, sondern von einer Rechnungsbehörde des Magistrats eingenommen, und wo nicht Erlasse erlangt sind, mit äußerster Strenge beigetrieben.

Die beiden Kollaboratoren und der jüngste ordentliche Lehrer bei den gelehrten Schulen haben gar keinen Anteil am Schulgeld. Der Rektor empfängt $^{1}/_{6}$, jeder der andern 4 ältesten Lehrer $^{1}/_{12}$ desselben.

Ebenso empfängt der jüngste Lehrer der Bürgerschulen nichts vom Schulgeld, der Rektor $^{1}/_{4}$, jeder der andern 2 ältesten Lehrer $^{1}/_{8}$.

Da die Frequenz einer Schule bei weitem mehr von der Beschaffenheit des Rektors, als der übrigen Lehrer abhängt, so rechtfertigt sich dadurch sein vorzüglicher Anteil.

Über die Baukosten der Schulen und ihre Herbeischaffung ist nach der Lokalverfassung besonders nachzudenken.

Der Zuschuss der Stadt muss durch einen allgemeinen Beitrag erlangt, und daher an die allgemeinste Bürgerabgabe geknüpft werden. Er muss so festgesetzt werden, dass gewiss eher mehr als weniger einkommt, und es muss $^{1}/_{3}$ mehr als der zu den jetzt verbesserten Schulen nötige Aufwand verlangt, ausgeschrieben werden, um von diesem $^{1}/_{3}$, zu welchem das über den Anschlag herauskommende hinzugefügt wird, die übrigen Elementarschulen der Stadt noch danach verbessern zu können.

Wie viel dieser Zuschuss betragen müsse, beruht auf *datis*, die noch nicht gehörig ausgemittelt sind.

Zuerst entsteht die Hauptfrage: soll die Stadt nur für ihre jetzigen drei Schulen, oder auch für das Collegium Fridericianum und die reformierte Schule sorgen?

Ich bin für das letztere. Jedoch muss der Staat den beiden letzteren Anstalten lassen, was er ihnen einmal verliehen hat, oder noch gibt. Indes auch so vermehrt sich der Zuschuss der Stadt ansehnlich.

Nur begreife ich nicht, wie auf einem andern Wege das Collegium Fridericianum und die reformierte Schule gehoben werden können, und da es für Schulen ein Maximum der Frequenz gibt, das nicht überschritten werden darf, so muss die übermäßige der Altstädischen Schule, die ein wahres Übel ist, durch die Verbesserung jener beiden Anstalten vermindert werden. Die Güte der magistratischen Schulen steht daher mit der der andern in sehr genauer Verbindung.

Ersparungen am Lehrergehalt wären sehr schlimm. Dagegen ist noch wohl zu überlegen, ob, wie ich angenommen habe, die Anzahl der zu versorgenden Schüler drei gelehrte Schulen notwendig macht. Ist dies nicht der Fall, so könnte, meines Bedünkens, das Fridericianum aufhören, die reformierte Schule, die schon jetzt auch lutherische Lehrer hat, in das Gebäude desselben verlegt, und mit seinen Einkünften, im Gebäude der reformierten, wozu sie mehr als hinreichen, eine Bürgerschule errichtet werden. Mit dem Fridericianum, als einer ganz Königlichen Anstalt, lässt sich am leichtesten schalten, und die Vorurteile der Reformierten würden dadurch, und dass man dem reformierten Prediger die Aufsicht über den Religionsunterricht ließe, geschont. Alsdann sorgte die Stadt nur für 2 gelehrte und 2 Bürgerschulen und erhielte zu ihren jetzigen Fonds die der reformierten Schule hinzu. Schiene das zu verwickelt, so würde die reformierte Schule zur Bürgerschule, oder, was aber freilich schlimm wäre, bliebe ganz aus dem jetzigen Verbesserungsplan ausgeschlossen, und ihrem Schicksal überlassen.

Alles dies vorausgeschickt, wären nunmehr an *fonds* vorhanden:

1. Die bisherigen der 3 magistratischen Schulen nach Herrn Möller und Hoffmann ______ 5652 Rth. 17 gr.
   Diese Angabe ist aber wohl zu prüfen. Herr p. Weiss gibt nur 4658 Rth. 77 g. 3 $^{10}/_{13}$ pf. an, scheint aber das Leichengeld und andre Akzidentien nicht gerechnet zu haben.
2. die des Collegii Fridericiani ______ 2120 — 60 —
3. die der reformierten Schule ______ 1409 — 36 —
4. $^{1}/_{4}$ des Schulgeldes.

   Gegenwärtig sind auf den hiesigen 6 gelehrten Schulen, (die deutschen Klassen des Collegii Fridericiani nicht mitgerechnet) 843 Schüler, von welchen 83 gar nicht und 72 nicht voll bezahlen, (die Freischüler der reformierten Schule sind mir unbekannt und also nicht hierunter begriffen.) Von diesen Schülern (wenn man die der reformierten Schule als alle bezahlend annimmt, das unbedeutende Schulgeld des Waisenhauses aber gar nicht mit rechnet) kommt, nach der Angabe im gegenwärtigen Augenblick, jährlich die Summe von 6622 Rth. ein. Bei der neuen Einrichtung der Schule könnte man mehr bezahlende Schulkinder rechnen, da viele derselben von der Löbenichtschen und Kneiphöfischen Schule in die gelehrten Schulen übergehen und also in beiden *successive* bezahlen werden. Sollte aber auch die Zahl wegen des erhöhten Schulgeldes abnehmen, glaube ich doch mit Sicherheit für die 3 gelehrten Schulen wenigstens 600, für die Bürgerschulen 300 Schüler rechnen zu können. Von den

850 Schülern sitzen 2/3 in den 3 untern, 1/8 in den zwei höhern Klassen. Dies gibt von 300 Schülern in der Bürgerschule zu 1 Rth.	3600 Rth.	
400 in den unteren Klassen der gelehrten zu 1 1/2 Rth.	7200 Rth.	
200 in den oberen zu 2 Rth. monatlich	4800 Rth.	
Summa	15 600 Rth.	
Wovon das Viertel hier in Rechnung kommt	3900 Rth.	——
Summa	13 082 Rth.	23 gr.
Mithin wäre zu 20 000 Rth. nur noch ein Zuschuss von 7000 Rth. nötig. Schlägt man zu diesen	7000 Rth.	
noch 1/6 des Schulgeldes für Freischüler mit	2600 Rth.	
und für die übrigen Elementarschulen der Stadt	3400 Rth.	
so beträgt der ganze Zuschuss	13 000 Rth.	

Um aber recht hoch zu gehen, wollen wir ihn einmal auf 16 000 Rth. setzen. Angenommen nun, dass Königsberg auch nur 8000 Familienhäupter hätte, die überhaupt, ohne gedrückt zu werden, Abgaben bezahlen können, und diese in drei Klassen zwei zu 3000 und eine zu 2000 verteilt, würde die dürftigste Klasse, um jene Summe zusammenzubringen, nur 6 2/3 hiesige Groschen, die reichste aber 1 fl. monatlich beitragen müssen.

Wäre aber auf diese Weise einmal ein allgemeiner Schulfonds der Stadt vorhanden, so würde er hernach auch durch Geschenke, Vermächtnisse und selbst durch die Freigebigkeit des Staats vermehrt werden.

Ich glaube nicht, das Schulgeld zu hoch angenommen zu haben. Wenn man Herrn Staatsrat Hoffmanns und Herrn Möllers Rechnungen so macht, dass jeder Schüler, wie ich annehme, voll bezahlt, so schlägt der Erstere das Schulgeld an

1. für 90 Schüler der gelehrten Schule auf	3 240 Rth.
2. 480 der Mittelschulen	11 520 —
zusammen auf	14 760 Rth.

der Letztere

1. für 120 der gelehrten auf	2 880 Rth.
2. 388 der Mittelschulen auf	6 204 —
zusammen auf	9 084 Rth.

Ich rechne fast noch einmal so viel Schüler, als sie. Allein wenn 850 Schüler in den jetzigen gelehrten Schulen sind, so rechne ich gewiss mit 900 für 2 Bürger- und 3 gelehrte noch zu wenig, um so mehr als, nach meinem Plan, das Schulgeld nicht einmal so, wie nach dem von Herrn Möller erhöht wird. Denn der ganze Unterricht bis zur Universität würde, nach meiner Annahme, für ein Kind nur circa 650 Rth. kosten, wenn der Vater es 12 Jahre die Schule besuchen ließe, nämlich 4 die Bürger-, 5 die untern Klassen und 3 die obern der gelehrten Schule, und wenn man, was schon wohl mehr ist, als gewöhnlich geschieht, auf Schulbedürfnisse, außer dem Schulgeld, im ersten Stadium ebenso viel, im zweiten doppelt, und im dritten dreifach so viel jährlich, als das Schulgeld ausmacht, rechnete.

Auf die sogenannten deutschen Klassen des Collegii Fridericiani habe ich gar keine Rücksicht genommen. Sie müssten, als zu dieser Anstalt gehörig, ganz untergehen und eine eigne Elementarschule ausmachen, die besonders von der Stadt dotiert würde; oder man ließe ihnen von den

Einkünften des Fridericiani, was sie jetzt davon ziehen, und erhöhte um so viel den Zuschuss der Stadt zur jetzigen Reform.

3.
Notwendigkeit eines allgemeinen Schulreglements

Es ist natürlich hier nur von einem für Königsberg, aber für alle Schulen die Rede.

Ich erwähne nur einzelne Punkte, die mir gerade, als vorzüglich wesentlich, hier aufgefallen sind.

Alle sogenannte Winkelschulen müssen aufhören, keiner kann Schule halten, der nicht bei der geistlichen und Schuldeputation geprüft ist, und jetzt gleich muss eine allgemeine Visitation vorgenommen werden, um die nützlichen der bisherigen Schulen dieser Art förmlich zu genehmigen, die andern zu unterdrücken. Das Polizei-Direktorium muss hernach angewiesen werden zu wachen, dass nicht neue ohne vorhergängige Bestätigung entstehen.

Die Besorgnis, die ich äußern hörte, dass diese Anordnung die öffentlichen Schulen mit Kindern überfüllen würde, ist ungegründet. Je kleiner die Zahl dieser Privatschulen wird, desto mehr Schüler werden die übrigbleibenden bestätigten haben.

Die gelehrten Schulen müssen niemals Kinder annehmen, als beim Anfange eines neuen Lehrsemesters. Da alle Kinder, die sie erhalten, immer schon aus einem öffentlichen oder Privatunterricht zu ihnen kommen, so schadet es nie, wenn sie einige Monate länger in demselben bleiben.

Die Bürgerschulen nehmen zwar, um die Kinder nicht herumlaufen zu lassen, in jedem Monat, doch immer nur mit dem 1ten, auf, aber beschäftigen die in der Mitte des halben Jahres kommenden Kinder, die sonst nur stumm der untern Klasse beiwohnen, abgesondert einige Stunden täglich, was sehr füglich angeht, weil hier bei 2 Klassen auf 4 Lehrer und auf eine Stube mehr, außer den Klassenstuben, gerechnet ist.

Keine Schule dringt einem Schüler mehr als 36 Schulstunden, was das Maximum ist, und einem Lehrer mehr als 24 wöchentlich auf. Der Rektor gibt nur 12. Mit noch mehr verringerter Stundenzahl den gleichen Zweck zu erreichen, steht frei, und ist, wenn der Hausfleiß befördert wird, lobenswert.

Der Übergang aus der Bürgerschule in die gelehrte, und in beiden aus einer Klasse in die andre, geschieht immer nach vorgängigem Examen, aber, wenn es die Lehrer wollen, und wo es die Natur des Lehrgegenstandes erlaubt, auch mitten im halben Jahr.

Bei der Aufnahme in die gelehrte Schule geschieht die Prüfung durch den jüngsten Lehrer in Gegenwart des Rektors, und bei geteilter Meinung ist die zurückweisende Stimme die entscheidende.

Die Versetzung aus einer Klasse in die andre geschieht nach einer Prüfung des dimittierenden, und des aufnehmenden Lehrers in Gegenwart des Rektors, und der Rektor entscheidet, wenn beide uneins sind.

Bei Entwerfung des Lektionsplans wird möglichst genau bestimmt, was die Reife in jeder Klasse für jede Disziplin bezeichnen soll.

Keine höhere Klasse lehrt je, sondern wiederholt nur, fragend, das Pensum der nächst vorhergehenden. Ist ein Subjekt ihr nicht gewachsen, so kann es, ungeachtet des

Rezeptionsexamens, jedoch nur nach nochmaliger Prüfung, zu jeder Zeit zurückgewiesen werden.

Die Bürgerschule entlässt nie, als nach vorgängiger Prüfung, und, es sei denn zum Übergang in eine andre Bürgerschule, erlangter Reife, oder anerkannter Unfähigkeit des Kindes, je weiter vorzurücken. Eltern, die ihre Kinder früher wegnehmen wollen, kommen in die Kategorie derer, welche sie nicht zur Schule schicken.

Die gelehrte Schule muss zwar zu jeder Zeit entlassen; ohne bei der geistlichen und Schul-Deputation nachzusuchende Dispensation tut sie es aber nur am Ende eines Schulsemesters, und nie anders, als nach vorhergängigem Examen, dessen Zweck aber nur ist, dem jungen Menschen eine Erklärung mitzugeben, wie viel oder wenig Fortschritte er gemacht hat. Von dieser Erklärung bleibt, von der 3. Klasse an, Abschrift bei der Schule.

Ein Maturitäts-Zeugnis zur Universität gibt die Schule, welches auch der Grad der Fähigkeiten und Kenntnisse sein möchte, nie als nach vollendetem 18. Jahre.

Das Schulgeld wird zwar monatlich bezahlt, läuft aber, bis das Kind aus der Schule gesetzlich genommen werden kann, und genommen wird, ununterbrochen fort. Nur bei Krankheitsfällen wird es sistiert; doch nur gegen ein Zeugnis des Arztes.

Es wird pränummeriert, und der angefangene Monat gilt, auch bei Krankheiten, für einen ganzen.

b. Unmaßgebliche Gedanken über den Plan zur Einrichtung des Litauischen Stadtschulwesens

Wenn ich, mit Vorbeilassung alles Details, gleich auf das Wesentliche des Plans gehe, so weicht er in den Hauptgesichtspunkten weit von den bisherigen Grundsätzen der Sektion ab; in der Ausführung nach der örtlichen Lage würde diese Abweichung größtenteils wieder verschwinden. Allein es ist dennoch ebenso notwendig, als mit denkenden Männern erfreulich, auch über die Grundsätze zu diskutieren. Von ihnen hängt der Geist ab, in dem auch auf demselben Wege gewirkt wird, und dieser macht offenbar durch seine innere Kraft durchaus verschieden, was, den äußren Einrichtungen nach, Eins und dasselbe scheint.

Die Abweichung nun liegt in dem Begriffe der Bürgerschulen, welche in dem Plane als eine eigne, ihrem Begriff und Zweck nach abgegrenzte Gattung von Schulen, und selbst wo sie das nicht sind, (für den Gelehrten) als ein besonderes Stadium des Unterrichts betrachtet werden.

Die durch die wirkliche Ausführung wieder herbeigeführte Übereinstimmung würde daraus entstehen, dass doch nur in Lyk Bürger- und Gelehrtenschule getrennt sein sollten, sonst aber nah und enge verbunden wären.

Die Frage über die Zulässigkeit abgesonderter Bürger- oder Realschulen scheint weitläuftig und schwierig zu erörtern. Sie hat zwei verschiedene Systeme hervorgebracht, wovon man das realistische neulich, in Bayern, so weit getrieben hat, dass man beinahe Real-Universitäten aufstellt.

Alle Schulen aber, deren sich nicht ein einzelner Stand, sondern die ganze Nation, oder der Staat für diese annimmt, müssen nur allgemeine Menschenbildung bezwecken. – Was das Bedürfnis des Lebens oder eines einzelnen seiner Gewerbe erheischt, muss abgesondert, und nach vollendetem allgemeinen Unterricht erworben werden. Wird beides vermischt, so wird die Bildung unrein, und man erhält weder vollständige Menschen, noch vollständige Bürger einzelner Klassen.

Denn beide Bildungen – die allgemeine und die spezielle – werden durch verschiedene Grundsätze geleitet. Durch die allgemeine sollen die Kräfte, d. h. der Mensch selbst gestärkt, geläutert und geregelt werden; durch die spezielle soll er nur Fertigkeiten zur Anwendung erhalten. Für jene ist also jede Kenntnis, jede Fertigkeit, die nicht durch vollständige Einsicht der streng aufgezählten Gründe, oder durch Erhebung zu einer allgemeingültigen Anschauung (wie die mathematische und ästhetische) die Denk- und Einbildungskraft, und durch beide das Gemüt erhöht, tot und unfruchtbar. Für diese muss man sich sehr oft auf in ihren Gründen unverstandene Resultate beschränken, weil die Fertigkeit da sein muss, und Zeit oder Talent zur Einsicht fehlt. So bei unwissenschaftlichen Chirurgen, vielen Fabrikanten u. s. f. Ein Hauptzweck der allgemeinen Bildung ist, so vorzubereiten, dass nur für wenige Gewerbe noch unverstandene, und also nie auf den Menschen zurück wirkende Fertigkeit übrigbleibe.

Die Organisation der Schulen bekümmert sich daher um keine Kaste, kein einzelnes Gewerbe, allein auch nicht um die gelehrte – ein Fehler der vorigen Zeit, wo dem Sprachunterricht der übrige geopfert, und auch dieser – mehr der Qualität, als Quantität nach – zum äußern Bedarf (in Erlangung der Fertigkeit des Exponierens und Schreibens) nicht zur wahren Bildung (in Kenntnis der Sprache und des Altertums) getrieben wurde.

Der allgemeine Schulunterricht geht auf den Menschen überhaupt, und zwar

als gymnastischer
ästhetischer
didaktischer und in dieser letzteren Hinsicht wieder
als mathematischer
philosophischer, der in dem Schulunterricht nur durch die Form der Sprache rein, sonst immer historisch-philosophisch ist, und
historischer

auf die Hauptfunktionen seines Wesens.

Dieser gesamte Unterricht kennt daher auch nur Ein und dasselbe Fundament. Denn der gemeinste Tagelöhner, und der am feinsten Ausgebildete muss in seinem Gemüt ursprünglich gleich gestimmt werden, wenn jener nicht unter der Menschenwürde roh, und dieser nicht unter der Menschenkraft sentimental, chimärisch, und verschroben werden soll.

Eher könnte es scheinen, dass bei der allmählich fortschreitenden Bildung die Methode insofern verschieden sein müsste, als sich das Ziel derselben durch Unterricht als weit oder nahe gesteckt voraussehen lässt. Allein auch hier scheint mir der Unterschied nicht bedeutend. Bleibt man fest dabei stehen, Zahl und Beschaffenheit der Unterrichtsgegenstände nach der Möglichkeit der allgemeinen Bildung des Gemüts in jeder Epoche zu bestimmen, und jeden Gegenstand immer so zu behandeln, wie er am meisten und besten auf das Gemüt zurückwirkt, so muss eine ziemliche

Gleichheit herauskommen. Auch Griechisch gelernt zu haben könnte auf diese Weise dem Tischler ebenso wenig unnütz sein, als Tische zu machen dem Gelehrten. Indes lässt kleine Verschiedenheiten allerdings die Wahl des Stoffs, da jede Form nur an einem Stoff geübt werden kann, zu und auf diese wird in der Folge auch Rücksicht genommen werden. Auch können die grellen Kontraste immer vermieden werden, und es braucht nie dahin zu kommen, dass ein Handwerker Griechisch, kaum lateinisch gelernt habe.

Die Grenze des Unterrichts, da wo derselbe nicht seinen Endpunkt, die Universität, als die Emanzipation vom eigentlichen Lehren (da der Universitäts-Lehrer nur von fern das eigene Lernen leitet) erreicht, kann nun durch nichts andres bestimmt werden, als durch die zu allem Unterricht nötigen Bedingungen Kraft und Zeit. Soweit der Schüler das eine hergibt, und zum andern Mittel hat, so weit kann der Lehrer ihn führen, und so weit muss der Staat dafür sorgen, dass er gebracht werden könne.

Die Pflicht der Schulbehörde bei der Organisation des Schulwesens ist nun, zu verhüten, dass der Schüler einen Weg mache der ihm unnütz sein würde, wenn er ihn nun nicht auch noch weiter verfolgte. Leider aber ist dies fast immer jetzt bei unsern Schulen der Fall, wenn einer in *tertia* oder *secunda* stecken bleibt. Es wird aber nie statthaben, wenn man (wie auf den sehr guten Schulen schon jetzt geschieht) beim Unterricht nicht auf das Bedürfnis des Lebens, sondern rein auf ihn selbst, auf die Kenntnis, als Kenntnis, auf die Bildung des Gemüts und im Hintergrunde auf die Wissenschaft sieht. Denn im Gemüt und in der Wissenschaft (die nur sein von allen Seiten vollständig gedachtes Objekt ist) steht jeder einzelne Punkt mit allen vorigen und künftigen in Kontakt, ist kein Anfang und kein Ende, ist alles Mittel und Zweck zugleich, und also jeder Schritt weiter Gewinn, auch wenn unmittelbar dahinter eherne Mauern gezogen würden.

Sind diese Grundsätze richtig und kommt man nun von ihnen auf die verschiedenen Gattungen der Schulen (Spezialschulen immer ganz abgesondert), so ist wieder das erste und wichtigste Prinzip

die Einheit und Kontinuität des Unterrichts in seinen natürlichen Stadien,

da jede Teilung der Anstalt da, wo der Unterricht keine natürliche Teilung kennt, seine Folge zerreißt, Verschiedenheit in der Behandlung und dem Geiste derselben hervorbringt, und selbst die Lehrer, die nur bis zu einem willkürlich angenommenen Punkt führen sollen, ungewiss und verwirrt macht.

Als natürliche Stadien aber kann ich nur anerkennen:

den Elementarunterricht
den Schulunterricht
den Universitätsunterricht.

Der Elementarunterricht umfasst bloß die Bezeichnung der Ideen nach allen Arten, und ihre erste und ursprüngliche Klassifikation, kann aber, ohne Nachteil, in dem Stoff zu dieser Form in Natur- und Erdkenntnis mehr oder minder Gegenstände mit aufnehmen. Er macht es erst möglich, eigentlich Dinge zu lernen, und einem Lehrer zu folgen.

Der Schulunterricht führt den Schüler nun in Mathematik, Sprach- und Geschichtskenntnis bis zu dem Punkte wo es unnütz sein würde, ihn noch ferner an einen Lehrer und eigentlichen Unterricht zu binden, er macht ihn nach und nach vom Lehrer frei, bringt ihm aber alles bei, was ein Lehrer beibringen kann.

Der Universität ist vorbehalten, was nur der Mensch durch und in sich selbst finden kann, die Einsicht in die reine Wissenschaft. Zu diesem Selbst-Actus im eigentlichsten Verstand ist notwendig Freiheit, und hilfreich Einsamkeit, und aus diesen beiden Punkten fließt zugleich die ganze äußere Organisation der Universitäten. Das Kollegienhören ist nur Nebensache, das Wesentliche, dass man in enger Gemeinschaft mit Gleichgestimmten und Gleichaltrigen, und dem Bewusstsein, dass es am gleichen Ort eine Zahl schon vollendet Gebildeter gebe, die sich nur der Erhöhung und Verbreitung der Wissenschaft widmen, eine Reihe von Jahren sich und der Wissenschaft lebe.

Übersieht man diese Laufbahn von den ersten Elementen bis zum Abgang von der Universität, so findet man, dass, von der intellektuellen Seite betrachtet, der höchste Grundsatz der Schulbehörde (den man aber selten aussprechen muss) der ist: die tiefste und reinste Ansicht der Wissenschaft an sich hervorzubringen, indem man die ganze Nation möglichst, mit Beibehaltung aller individuellen Verschiedenheiten, auf den Weg bringt, der, weiter verfolgt, zu ihr führt, und zu dem Punkte, wo sie und ihre Resultate nach Verschiedenheit der Talente und Lagen, verschieden geahndet, begriffen, angeschaut, und geübt werden können, und also den Einzelnen durch die Begeisterung, die durch reine Gesamtstimmung geweckt wird, zu Hilfe kommt.

Nicht überall aber kann der eigentliche Schulunterricht in Einer Anstalt vollendet dargestellt werden. Da indes diese Hindernisse nur zufällig sind, so ist auch, nach meiner Einsicht, jeder andere Unterschied, außer dem oben angegebenen, nur ein zufälliger und nur als solcher zu behandeln.

Hieraus fließt nun für die Schulbehörde der praktische Grundsatz:

> an Orten, wo es gelehrte Schulen (d. h. solche, welche den Schulunterricht bis zu seinem Endpunkte führen) geben kann, müssen keine abgesonderte Bürger- sondern nur Elementarschulen sein;
>
> an Orten hingegen, wo dies nicht möglich ist, kann und muss es Bürgerschulen geben, welche indes dann nur die unteren Klassen der von ihnen abgesonderten gelehrten sind.

Wie es aber Pflicht jedes praktischen Verfahrens ist, dafür zu sorgen, dass die Einheit des Prinzips nicht die wohltätige Mannigfaltigkeit der Wirklichkeit verschlinge, so können in dem ersten Falle Elementarschulen eine solche Ausdehnung erhalten, dass sie den Zögling gewiss weiter bringen als die Bürgerschulen von Einer Klasse des Plans. Nur müssen sie nie alsdenn ins Gebiet der gelehrten Schulen mit Unterricht im Lateinischen eingreifen. Sonst zerreißen sie die Einheit dieses Unterrichts. Auch in Geschichte müssen sie bei Grenzpunkten stehen bleiben. In der Mathematik aber können nur in solchem Fall die Talente des Lehrers und Schülers und die Zeit die Grenzen setzen. Es ist ein abgesondertes Fach, in dem der Begriff der Wissenschaft leichter errungen werden, und daher allgemeiner gewährt werden kann.

Aus gleichen Akkommodationsmaximen muss im zweiten Fall die sogenannte Bürgerschule sich bequemen in Mathematik weiter zu gehen, als sonst die unteren Klassen der gelehrten tun würden, auch mehr bloß historische Kenntnisse aufzunehmen.

Trete ich nunmehr dem vorliegenden Plane näher, so finde ich vorzüglich folgende Hauptwidersprüche mit den hier entwickelten Grundsätzen:

1. die aufgestellte Maxime, dass es nur zu dulden sei, Bürger- und gelehrte Schule in Einer Anstalt zu verbinden, an sich aber das Gegenteil wünschenswert. Sehr bedenklich ist schon in dieser Hinsicht der Grundsatz, dass für jene die Stadt, für diese die Provinz sorgen soll, woraus sogar, nach dem Plan, zwiefache Aufsichtsbehörde entsteht. Hierbei scheint es mir durchaus unmöglich, eine gute gelehrte Schule zu haben. Denn wie genau auch die geistliche Deputation die Städte angehen möge, so kann sie doch für die wahre Güte der Bürgerschulen, und vorzüglich für ihre Angemessenheit zu Vorbereitungsschulen zu den gelehrten nicht mehr einstehen. Mir schiene daher besser

a. entweder die Königlichen *fonds* zwar nur den Städten, wo gelehrte Schulen sind, zu geben, aber da mit den städtischen zusammenzuwerfen und zu machen, was sich nun damit machen lässt; oder

b. die gelehrten Schulen ganz von ihrer untersten Klasse an auf Königliche Kosten zu übernehmen, und die Städte, die dadurch erleichtert werden, dagegen zu nötigen, verhältnismäßig gleichviel, als andre Städte auf Elementar- und Bürgerschulen zugleich wenden, bloß für ihre Elementarschulen zu geben. Ungleichheiten sind das Wesen der

Welt, und dass etwas besser sei, als anderes, ist leicht zu dulden;

2. kommt mir die Klasseneinteilung bei weitem zu dürftig vor. Eine Bürgerschule mit Einer Klasse kann schwerlich mehr, als jede Elementarschule leisten. Für eine Bürgerschule, die Vorbereitungsschule zugleich sein soll, sind noch 2 Klassen zu wenig. Trotz aller Anstrengungen könnten die gelehrten Schulen nichts leisten, wenn ihnen Schüler aus fremden Schulen von 1, oder 2 Klassen zukämen, und sie selbst nur notdürftig 3 hätten. Man würde bald aufs Neue teilen, kombinieren u. s. f. müssen.

Schon bei einer Elementarschule muss selbst Ein Lehrer, wenn er ordentlich unterrichten will, wenigstens manchmal die Stunden teilen. Sehr vollständige und gute Elementarschulen müssten also 2 Klassen haben, obgleich die Regel eine sein könnte.

Sogenannte Bürgerschulen (besser Stadtschulen) müssen unnachlasslich 2 Klassen, oder, wo möglich, drei haben, und doch sehr streng nie Schüler, die im Elementarunterricht nicht ganz fest wären, aufnehmen. Sonst muss eine 3te oder 4te Klasse hinzukommen.

Gelehrte (besser hier Provinzialschulen, die also die Bürgerschule des Plans mit sich vereinigen) können sich mit 5 Klassen begnügen.

3. scheint noch im Plan eine gewisse Tendenz zu liegen, in den Bürgerschulen sich selbst von der Möglichkeit künftiger Wissenschaft zu entfernen, und aufs naheliegende Leben zu denken. Warum soll z. B. Mathematik nach Wirth und nicht nach Euclides, Lorenz oder einem anderen strengen Mathematiker gelehrt werden? Mathematischer Strenge ist jeder an sich dazu geeignete Kopf, und die meisten

sind es, auch ohne vielseitige Bildung fähig, und will man in Ermangelung von Spezialschulen aus Not mehr Anwendungen in den allgemeinen Unterricht mischen, so kann man es gegen das Ende besonders tun. Nur das Reine lasse man rein. Selbst bei den Zahlverhältnissen liebe ich nicht zu häufige Anwendungen auf Carolinen, Dukaten u. s. f. Je tiefer der Mensch, der nicht höher gebildet werden kann, leider ins Leben eintauchen muss, desto sorgfältiger halte man ihn bei dem wenigen Formellen, was er rein zu fassen im Stande ist. Gerade dies hat auf Moralität durch die Strenge des Pflichtbegriffs, der, wo man gar keine andern reinen Begriffe kennt, nur als Zwang erscheint, und auf Religion durch das Abziehen vom sinnlichen Stoff sehr wesentlichen Einfluss.

Dies ist ungefähr, was es mir gut schien, im Ganzen voraus zu erinnern, da es im Zusammenhang überlegt sein will und sich für eine Konferenz mit der Deputation nicht passt. Übrigens, diese bestrittenen Punkte abgerechnet, in denen auch die Sektion, wenn ich auch vielleicht nicht über ihre Meinung hinausginge, irren kann, ist ein trefflicher Geist in dem ganzen Plan; sehr viel Einzelnes stimmt ganz mit dem System der Sektion überein, andre Kleinigkeiten, wie dass die Lehrer noch viel zu sehr mit Lektionen überhäuft bleiben, lassen sich mündlich besprechen.

Gumbinnen, den 27. September 1809

Antrag auf Errichtung der Universität Berlin

An des Königs Majestät

Es wird befremdend scheinen, dass die Sektion des öffentlichen Unterrichts im gegenwärtigen Augenblick einen Plan zur Sprache zu bringen wagt, dessen Ausführung ruhigere und glücklichere Zeiten vorauszusetzen scheint.

Allein Ew. Königl. Majestät haben auf eine so vielfache und einleuchtende Weise gezeigt, dass Sie, auch mitten im Drange beunruhigender Umstände, den wichtigen Punkt der National-Erziehung und Bildung nicht aus den Augen verlieren, dass ihr diese ebenso erhabene als seltene Gesinnung den Mut zu dem folgenden Antrage einflößt.

Ew. Königl. Majestät geruhten durch eine Allerhöchste Kabinetts-Ordre vom 4ten September 1807 die Einrichtung einer allgemeinen und höheren Lehranstalt in Berlin zu genehmigen; seitdem ist bei verschiedenen Einrichtungen und Anstellungen darauf Rücksicht genommen worden; allein es wird zur wirklichen Ausführung noch immer ein zweiter entscheidender Schritt erfordert, und sie hält es aus einem doppelten Grunde für notwendig, diesen im gegenwärtigen Moment zu tun.

Weit entfernt, dass das Vertrauen, welches ganz Deutschland ehemals zu dem Einflusse Preußens auf wahre Aufklärung und höhere Geistesbildung hegte, durch die letzten unglücklichen Ereignisse gesunken sei, so ist es vielmehr gestiegen. Man hat gesehen, welcher Geist in allen neueren Staats-Einrichtungen Ew. Königl. Majestät herrscht, und mit welcher Bereitwilligkeit, auch in großen Bedrängnissen, wissenschaftliche Institute unterstützt und verbessert worden sind. Ew. Königl. Majestät Staaten können und werden daher fortfahren von dieser Seite den ersten Rang in Deutschland zu behaupten und auf seine intellektuelle und moralische Richtung den entschiedensten Einfluss auszuüben.

Sehr viel hat zu jenem Vertrauen der Gedanke der Errichtung einer allgemeinen Lehranstalt in Berlin beigetragen. Nur solche höhere Institute können ihren Einfluss auch über die Grenzen des Staates hinaus erstrecken. Wenn Ew. Königl. Majestät nunmehr diese Einrichtung feierlich bestätigten und die Ausführung sicherten; so würden Sie Sich auf's Neue Alles, was sich in Deutschland für Bildung und Aufklärung interessiert, auf das Festeste verbinden; einen neuen Eifer und neue Wärme für das Wiederaufblühen Ihrer Staaten erregen, und in einem Zeitpunkte, wo ein Teil Deutschlands vom Kriege verheert, ein anderer in fremder Sprache von fremden Gebietern beherrscht wird, der deutschen Wissenschaft eine vielleicht kaum jetzt noch gehoffte Freistatt eröffnen.

Diese zusammentreffenden Umstände machen dann auch, und dies gibt einen zweiten wichtigen Grund ab, gerade jetzt mehr Männer von entschiedenem Talent, als sonst, geneigt, neue Verbindungen einzugehen.

Der erste Gedanke an eine allgemeine und höhere Lehranstalt in Berlin entstand unstreitig aus der Betrachtung, dass es schon jetzt in Berlin außer den beiden Akademien, einer großen Bibliothek, Sternwarte, einem botanischen Garten und vielen Sammlungen eine vollständige medizinische Fakultät wirklich gibt. Man fühlte, dass jede Trennung von Fakultäten der echt wissenschaftlichen Bildung verderblich ist, dass Sammlungen und Institute, wie die oben genannten, nur erst dann recht nützlich werden, wenn vollständiger wissenschaftlicher Unterricht mit ihnen verbunden wird, und dass endlich, um zu diesen Bruchstücken dasjenige hinzuzusetzen, was zu einer allgemeinen Anstalt gehört, nur um einen einzigen Schritt weiter zu gehen nötig war.

Auch die Sektion bleibt diesem Gesichtspunkte getreu. Ihr Wunsch geht dahin

die Akademie der Wissenschaften,
die der Künste,
die wissenschaftlichen Institute,

namentlich die klinischen, anatomischen und medizinischen, überhaupt insofern sie rein wissenschaftlicher Natur sind, die Bibliothek, das Observatorium, den botanischen Garten, und die naturhistorischen und Kunst-Sammlungen

und die allgemeine Lehranstalt selbst dergestalt in Ein organisches Ganzes zu verbinden, dass jeder Teil, indem er eine angemessene Selbständigkeit erhält, doch gemeinschaftlich mit den andern zum allgemeinen Endzweck mitwirkt.

Aus dieser Ansicht der Sache ergibt sich die örtliche Bestimmung, dass nämlich eine solche Anstalt nur in Berlin ihren Sitz haben könne, von selbst. Es würde, wenn nicht unmöglich sein, doch unglaubliche Kosten verursachen, die genannten Institute in einen andern Ort zu verlegen. Auch darf eine Anstalt, die Alles, was zur höhern Wissenschaft und Kunst gehört, wie in einen Brennpunkt vereinigt, sich nirgend anders, als an dem Sitz der Regierung befinden, wenn nicht sie sich der Mitwirkung vieler schätzbarer Männer, und beide sich gegenseitig des Beistandes berauben wollen, den sie einander zu leisten im Stande sind.

Die allgemeine Lehranstalt aber muss die unterzeichnete Sektion Ew. Königl. Majestät ehrfurchtsvoll um Erlaubnis bitten, mit dem alten und hergebrachten Namen einer Universität belegen, und ihr, indem sie übrigens von allen veralteten Missbräuchen gereinigt wird, das Recht einräumen zu dürfen, akademische Würden zu erteilen. In der Tat und Wirklichkeit müsste sie, welchen Titel man ihr auch beilegen möchte, doch alles enthalten, was der Begriff einer Universität mit sich bringt. Sie könnte, von richtigen Ansichten allgemeiner Bildung ausgehend, weder Fächer ausschließen, noch von einem höhern Standpunkt, da die Universitäten schon den höchsten umfassen, beginnen, noch endlich sich bloß auf praktische Übungen beschränken.

Ohne den Namen aber und ohne das Recht der Erteilung akademischer Würden, würde sie immer nur wenig auswärtige Zöglinge zählen. Man würde im Auslande weder einen bestimmten Begriff von ihrer Beschaffenheit, noch eigentliches Vertrauen zu ihr haben, und sie mehr für einen wissenschaftlichen Luxus, als ein ernstes und nützliches Institut halten.

Dagegen würde die Sektion bei Ew. Königl. Majestät alleruntertänigst darauf antragen, Frankfurt und Königsberg bestehen zu lassen, damit jeder In- und Ausländer Freiheit behielte, Berlin entweder zu seiner ganzen, oder, wie es ehemals so häufig mit Göttingen geschah, nur, nachdem er eine andere Universität besucht hatte, bloß zu seiner höhern und letzten Ausbildung zu wählen.

Auch ist außerdem die Beibehaltung Königsbergs wegen

seiner Entfernung, und die von Frankfurt (wenigstens für jetzt) deswegen ratsam, weil es nie gut ist zu zerstören, ehe etwas Anderes völlig an die Seite getreten ist, und weil die ausländischen Besitzungen Frankfurts bei einer Aufhebung der Universität leicht eingezogen werden könnten. Wären indes diese Besitzungen einmal veräußert, und hätte sich Berlin auch als schlichte und einfache Universität bewährt; so könnte durch die Aufhebung Frankfurts alsdann das bewirkt werden, was allerdings das Wünschenswürdigste wäre, dass nämlich Berlin und Königsberg die beiden einzigen Universitäten der Preußischen Staaten blieben. Bis dahin müsste Frankfurt, jedoch nur mit wenig Aufwand, und bloß durch Berufung von immer und überall brauchbaren Männern, nicht durch Anlegung von Instituten verbessert werden.

Die Kosten der Unterhaltung und Vermehrung so vieler ansehnlichen Institute, als hier verbunden werden sollen, können nicht anders als sehr bedeutend sein, und sind es, wenn man die ehemals zersplittert und einzeln gezahlten Summen, welche auf beide Akademien, die Sammlungen und Halle verwendet wurden, berechnet, immer gewesen.

Nach einer zwar nur ungefähren, allein weder zu reichlichen, noch allzu sparsamen Berechnung, lassen sie sich zu 150 000 Thlrn. jährlich anschlagen, wobei für die Akademie der Wissenschaften nur auf einen Zuschuss zu den ihr eigentümlich zugehörenden Einkünften gerechnet ist.

Die Sektion des öffentlichen Unterrichts ist weit entfernt, Ew. Königl. Majestät zu bitten, eine solche Summe auf die Königlichen Kassen anzuweisen. Es wird vielmehr immer für dieselbe ein Hauptgrundsatz bei ihrer Verwaltung sein:

sich zu bemühen, es nach und nach (weil es auf einmal freilich unmöglich ist) dahin zu bringen, dass das gesamte Schul- und Erziehungswesen nicht mehr Ew. Königl. Majestät Kassen zur Last falle, sondern sich durch eignes Vermögen und durch die Beiträge der Nation erhalte.

Die Vorteile dabei sind mannigfaltig. Erziehung und Unterricht, die in stürmischen, wie in ruhigen Zeiten gleich notwendig sind, werden unabhängig von dem Wechsel, den Zahlungen des Staates so leicht durch die politische Lage und zufällige Umstände erfahren. Auch ein unbilliger Feind schont leichter das Eigentum öffentlicher Anstalten. Die Nation endlich nimmt mehr Anteil an dem Schulwesen, wenn es auch in pekuniärer Hinsicht ihr Werk und ihr Eigentum ist, und wird selbst aufgeklärter und gesitteter, wenn sie zur Begründung der Aufklärung und Sittlichkeit in der heranwachsenden Generation tätig mitwirkt.

Es würde daher am zweckmäßigsten sein, wenn die Universität und die mit ihr verbundenen Institute ihr jährliches Einkommen durch Verleihung von Domänen-Gütern erhielten. Die Nachteile, welche man bei der Dotation öffentlicher Anstalten gewöhnlich von schlechter Verwaltung und von der durch die Veränderung der Preise entstehenden Veränderung des Quanti selbst besorgt, sind zwar nicht abzuleugnen, lassen sich aber durch mehrere Mittel vermindern.

Damit jedoch der Staat nicht diese Domänen verliere, so könnte ein gleicher Betrag an katholisch geistlichen Gütern in Schlesien und Westpreußen säkularisiert und zu Domänen gemacht werden. Nur muss die unterzeichnete Sektion Ew. Königl. Majestät alleruntertänigst bitten, sie nicht unmittelbar an diese Güter zu verweisen. Denn außerdem, dass es wünschenswert ist, dass die Berlinischen wissenschaftlichen Institute, die, ihnen durch die Königliche Milde zu verleihenden Güter in der Nähe besitzen, um durch keinen Zufall von ihren Einkünften getrennt zu werden, ist es aus den vorhin ausgeführten Gründen, und bei der Ungewissheit aller Ereignisse in der Tat wichtig, dass dies Eigentum der Nation für ihre höchsten wissenschaftlichen Bedürfnisse sobald als nur immer möglich zugesichert werde. Die Säkularisation jener Güter aber dürfte im gegenwärtigen Augenblick weder in politischer noch finanzieller Rücksicht ratsam sein.

Die Sektion wagt es daher, bei Ew. Königl. Majestät ehrerbietigst darauf anzutragen

1. Die Errichtung einer Universität in Berlin und die Verbindung der in Berlin bereits existierenden wissenschaftlichen Institute und Sammlungen, die medizinischen mit eingeschlossen, und der Akademie der Wissenschaften und Künste mit derselben förmlich zu beschließen und der Sektion des öffentlichen Unterrichts aufzugeben, einen Plan dazu zu entwerfen, und sogleich nach und nach zur Ausführung desselben zu schreiten, als die Disposition über die Einkünfte möglich sein wird;

2. diesen sämtlich unter der alleinigen Direktion der Sektion des öffentlichen Unterrichts zu verbindenden Anstalten so viele Domänen-Güter, als nötig sind, ein sicheres und reichliches Einkommen von jährlichen 150 000 Reichsth. zu bilden, und das Prinz Heinrichssche Palais unter dem Namen des Universitäts-Gebäudes und den Überrest des großen viereckigen Gebäudes, in welchem sich die Akademien jetzt befinden, das ihnen aber jetzt nicht ganz

gehört, zu verleihen, und dabei festzusetzen, dass diese Güter und Gebäude auf ewige Zeiten hinaus Eigentum dieser Anstalten, und wenn dieselben einmal aufhören sollten, ein für die Unterhaltung und Verbesserung des Schulwesens bestimmtes Eigentum der Nation bleiben sollen;

3. den von der Sektion anzufertigenden Verteilungsplan dieser Güter der allerhöchsten Genehmigung vorzubehalten;

4. festzusetzen, dass zwar die Einkünfte dieser Güter vom Tage der Urkunde an zu laufen anfangen, und zugleich Eigentum der Anstalten sein, jedoch bis zur wirklichen sukzessive von Ew. Königl. Majestät allergnädigst nachzugebenden Verwendung als ein dem Staat gemachtes Darlehn zur Disposition des Finanz-Ministerii bleiben sollen;

5. wegen dieser Verwendung, dass für jetzt so viel disponible gemacht werde, als erforderlich ist, die etatsmäßigen Ausgaben der Akademie der Wissenschaften zu leisten, die Mitglieder der Akademie der Künste wieder in ihre nun schon seit so langer Zeit entbehrten Besoldungen einzusetzen, der Königlichen Bibliothek einigen Zuschuss zu den notwendigsten Ausgaben zu verleihen, einige schon für die Universität in Berlin bestimmte und jetzt auf andere Kassen angewiesene Gelehrte auf diesen Etat zu übernehmen, und einige andere, nur etwa drei oder vier, auswärtige vorzüglich wichtige sogleich zu berufen, ehe sie anderweitige Verbindungen eingehen, – der Überrest aber, sobald die Lage des Staats es erlaube, gleichfalls ganz, oder in zwei oder drei Teilen zur Disposition der Sektion gestellt werde;

6. dem Groß-Kanzler und Finanz-Minister aufzugeben, mit dem Ministerium des Innern und der Sektion des öffentlichen Unterrichts in demselben die nötige Rück-

sprache zu nehmen, wie eine solche Domänen-Verleihung auf die sicherste, der Landesverfassung angemessenste und der Universität vorteilhafteste Weise eingeleitet werden könne;

7. endlich die 7000 Thlr. des ehemaligen Schlesischen Jesuiten-Fonds, von denen 5000 Thlr. Halle gehörten, 2000 Thlr. aber neuerlich von Ew. Königl. Majestät zur Verbesserung des Schulfonds bestimmt sind, von jetzt an zur Verbesserung der Universität Frankfurt zu bestimmen, bis vielleicht auch für Frankfurt, Königsberg und die übrigen wissenschaftlichen Anstalten, welche jetzt Zuschüsse aus Königlichen Kassen erhalten, statt dieser Zuschüsse Domänen-Verleihung einzuführen für ratsam erachtet wird.

Königsberg, den 24ten Juli 1809

Über die innere und äußere Organisation der höheren wissenschaftlichen Anstalten in Berlin

Der Begriff der höheren wissenschaftlichen Anstalten, als des Gipfels, in dem alles, was unmittelbar für die moralische Kultur der Nation geschieht, zusammenkommt, beruht darauf, dass dieselben bestimmt sind, die Wissenschaft im tiefsten und weitesten Sinne des Wortes zu bearbeiten, und als einen nicht absichtlich, aber von selbst zweckmäßig vorbereiteten Stoff der geistigen und sittlichen Bildung zu seiner Benutzung hinzugeben.

Ihr Wesen besteht daher darin, innerlich die objektive Wissenschaft mit der subjektiven Bildung, äußerlich den vollendeten Schulunterricht mit dem beginnenden Studium unter eigener Leitung zu verknüpfen, oder vielmehr den Übergang von dem einen zum anderen zu bewirken. Allein der Hauptgesichtspunkt bleibt die Wissenschaft. Denn sowie diese rein dasteht, wird sie von selbst und im Ganzen, wenn auch einzelne Abschweifungen vorkommen, richtig ergriffen.

Da diese Anstalten ihren Zweck indes nur erreichen können, wenn jede, so viel als immer möglich, der reinen Idee der Wissenschaft gegenübersteht, so sind Einsamkeit und Freiheit die in ihrem Kreise vorwaltenden Prinzipien. Da aber auch das geistige Wirken in der Menschheit nur als Zusammenwirken gedeiht, und zwar nicht bloß, damit Einer ersetze, was dem Anderen mangelt, sondern damit die gelingende Tätigkeit des Einen den Anderen begeistere und Allen die allgemeine, ursprüngliche, in den Einzelnen nur einzeln oder abgeleitet hervorstrahlende Kraft sichtbar werde, so muss die innere Organisation dieser Anstalten ein ununterbrochenes, sich immer selbst wieder belebendes, aber ungezwungenes und absichtsloses Zusammenwirken hervorbringen und unterhalten.

Es ist ferner eine Eigentümlichkeit der höheren wissenschaftlichen Anstalten, dass sie die Wissenschaft immer als ein noch nicht ganz aufgelöstes Problem behandeln und daher immer im Forschen bleiben, da die Schule es nur mit fertigen und abgemachten Kenntnissen zu tun hat und lernt. Das Verhältnis zwischen Lehrer und Schüler wird daher durchaus ein anderes als vorher. Der erstere ist nicht für die letzteren, Beide sind für die Wissenschaft da; sein Geschäft hängt mit an ihrer Gegenwart und würde, ohne sie, nicht gleich glücklich vonstattengehen; er würde, wenn sie sich nicht von selbst um ihn versammelten, sie aufsuchen, um seinem Ziele näher zu kommen durch die Verbindung der geübten, aber eben darum auch leichter einseitigen und schon weniger lebhaften Kraft mit der schwächeren und noch parteiloser nach allen Richtungen mutig hinstrebenden.

Was man daher höhere wissenschaftliche Anstalten nennt, ist, von aller Form im Staate losgemacht, nichts Anderes als das geistige Leben der Menschen, die äußere Muße oder inneres Streben zur Wissenschaft und Forschung hinführt. Auch so würde Einer für sich grübeln und sammeln, ein anderer sich mit Männern gleichen Alters verbinden, ein Dritter einen Kreis von Jüngern um sich versammeln. Diesem Bilde muss auch der Staat treu bleiben, wenn er das in sich unbestimmte und gewissermaßen zufällige Wirken in eine festere Form zusammenfassen will. Er muss dahin sehen,

1. die Tätigkeit immer in der regsten und stärksten Lebendigkeit zu erhalten;
2. sie nicht herabsinken zu lassen, die Trennung der höheren Anstalt von der Schule (nicht bloß der allgemeinen theoretischen, sondern auch der mannigfaltigen praktischen besonders) rein und fest zu erhalten.

Er muss sich eben immer bewusst bleiben, dass er nicht eigentlich dies bewirkt noch bewirken kann, ja, dass er vielmehr immer hinderlich ist, sobald er sich hineinmischt, dass die Sache an sich ohne ihn unendlich besser gehen würde, und dass es sich eigentlich nur so damit verhält:

dass, da es nun einmal in der positiven Gesellschaft äußere Formen und Mittel für jedes irgend ausgebreitete Wirken geben muss, er die Pflicht hat, diese auch für die Bearbeitung der Wissenschaft herbeizuschaffen;

dass etwa nicht bloß die Art, wie er diese Formen und Mittel beschafft, dem Wesen der Sache schädlich werden kann, sondern der Umstand selbst, dass es überhaupt solche äußere Formen und Mittel für etwas ganz Fremdes gibt, immer notwendig nachteilig einwirkt und das Geistige und Hohe in die materielle und niedere Wirklichkeit herabzieht;

und dass er daher nur darum vorzüglich wieder das innere Wesen vor Augen haben muss, um gut zu machen, was er selbst, wenngleich ohne seine Schuld, verdirbt oder gehindert hat.

Ist dies auch nichts als eine andere Ansicht desselben Verfahrens, so muss sich doch der Vorteil dann auch im Resultat ausweisen, da der Staat, wenn er die Sache von dieser

Seite betrachtet, immer bescheidener eingreifen wird, und im praktischen Wirken im Staat auch überhaupt eine theoretisch unrichtige Ansicht, was man immer sagen möge, nie ungestraft bleibt, da kein Wirken im Staat bloß mechanisch ist.

Dies vorausgeschickt, sieht man leicht, dass bei der inneren Organisation der höheren wissenschaftlichen Anstalten Alles darauf beruht, das Prinzip zu erhalten, die Wissenschaft als etwas noch nicht ganz Gefundenes und nie ganz Aufzufindendes zu betrachten, und unablässig sie als solche zu suchen.

Sobald man aufhört, eigentlich Wissenschaft zu suchen, oder sich einbildet, sie brauche nicht aus der Tiefe des Geistes heraus geschaffen, sondern könne durch Sammeln extensiv aneinandergereiht werden, so ist Alles unwiederbringlich und auf ewig verloren; verloren für die Wissenschaft, die, wenn dies lange fortgesetzt wird, dergestalt entflieht, dass sie selbst die Sprache wie eine leere Hülse zurücklässt, und verloren für den Staat. Denn nur die Wissenschaft, die aus dem Innern stammt und in's Innere gepflanzt werden kann, bildet auch den Charakter um, und dem Staat ist es ebenso wenig als der Menschheit um Wissen und Reden, sondern um Charakter und Handeln zu tun.

Um nun auf immer diesen Abweg zu verhüten, braucht man nur ein dreifaches Streben des Geistes rege und lebendig zu erhalten:

einmal Alles aus einem ursprünglichen Prinzip abzuleiten (wodurch die Naturerklärungen z. B. von mechanischen zu dynamischen, organischen und endlich psychischen im weitesten Verstande gesteigert werden);

ferner Alles einem Ideal zuzubilden;

endlich jenes Prinzip und dies Ideal in Eine Idee zu verknüpfen.

Allerdings lässt sich das geradezu nicht befördern, es wird aber auch Niemand einfallen, dass unter Deutschen dies erst befördert zu werden brauchte. Der intellektuelle Nationalcharakter der Deutschen hat von selbst diese Tendenz, und man braucht nur zu verhüten, dass sie nicht, sei es mit Gewalt oder durch einen sich freilich auch findenden Antagonismus, unterdrückt werde.

Da jede Einseitigkeit aus den höheren wissenschaftlichen Anstalten verbannt sein muss, so werden natürlich auch viele in denselben tätig sein können, denen dies Streben fremd, einige, denen es zuwider ist; in voller und reiner Kraft kann es überhaupt nur in wenigen sein; und es braucht nur selten und nur hier und da wahrhaft hervorzutreten, um weit umher und lange nachher zu wirken; was aber schlechterdings immer herrschend sein muss, ist Achtung für dasselbe bei denen, die es ahnen, und Scheu bei denen, die es zerstören möchten.

Philosophie und Kunst sind es, in welchen sich ein solches Streben am meisten und abgesondertsten ausspricht. Allein nicht bloß dass sie selbst leicht entarten, so ist auch von ihnen nur wenig zu hoffen, wenn ihr Geist nicht gehörig oder nur auf logisch oder mathematisch formale Art in die anderen Zweige der Erkenntnis und Gattungen der Forschung übergeht.

Wird aber endlich in höheren wissenschaftlichen Anstalten das Prinzip herrschend: Wissenschaft als solche zu suchen, so braucht nicht mehr für irgendetwas Anderes einzeln gesorgt zu werden. Es fehlt alsdann weder an Einheit noch Vollständigkeit, die eine sucht die andere von selbst und beide setzen sich von selbst, worin das Geheimnis jeder guten wissenschaftlichen Methode besteht, in die richtige Wechselwirkung.

Für das Innere ist alsdann jede Forderung befriedigt.

Was nun aber das Äußere des Verhältnisses zum Staat und seine Tätigkeit dabei betrifft, so hat er nur zu sorgen für Reichtum (Stärke und Mannigfaltigkeit) an geistiger Kraft durch die Wahl der zu versammelnden Männer und für Freiheit in ihrer Wirksamkeit. Der Freiheit droht aber nicht bloß Gefahr von ihm, sondern auch von den Anstalten selbst, die, wie sie beginnen, einen gewissen Geist annehmen und gern das Aufkommen eines anderen ersticken. Auch den hieraus möglicherweise entstammenden Nachteilen muss er vorbeugen.

Die Hauptsache beruht auf der Wahl der in Tätigkeit zu setzenden Männer. Bei diesen wird sich ein Korrektiv, eine mangelhafte zu verhüten, erst bei der Einteilung der Gesamtanstalt in ihre einzelnen Teile angeben lassen.

Nach ihr kommt es am meisten auf wenige und einfache, aber tiefer als gewöhnlich eingreifende Organisationsgesetze an, von denen eben wiederum nur bei den einzelnen Teilen die Rede sein kann.

Endlich müssen die Hilfsmittel in Betracht gezogen werden, wobei nur im Allgemeinen zu bemerken ist, dass ja nicht die Anhäufung toter Sammlungen für die Hauptsache zu halten, vielmehr ja nicht zu vergessen ist, dass sie sogar leicht beitragen, den Geist abzustumpfen und herabzuziehen, weshalb auch ganz und gar nicht die reichsten Akademien und Universitäten immer diejenigen gewesen sind, wo die Wissenschaften sich der tiefsten und geistvollsten Behandlung erfreuten. Was aber in Absicht der Tätigkeit des Staates von den höheren wissenschaftlichen Anstalten auch in ihrer Gesamtheit gesagt werden kann, betrifft ihr Verhältnis als höhere Anstalten zur Schule und als wissenschaftliche zum praktischen Leben.

Der Staat muss seine Universitäten weder als Gymnasien noch als Spezialschulen behandeln, und sich seiner Akademie nicht als einer technischen oder wissenschaftlichen Deputation bedienen. Er muss im Ganzen (denn welche einzelnen Ausnahmen hiervon bei den Universitäten stattfinden müssen, kommt weiter unten vor) von ihnen nichts fordern, was sich unmittelbar und geradezu auf ihn bezieht, sondern die innere Überzeugung hegen, dass, wenn sie ihren Endzweck erreichen, sie auch seine Zwecke und zwar von einem viel höheren Gesichtspunkte aus erfüllen, von einem, von dem sich viel mehr zusammenfassen lässt und ganz andere Kräfte und Hebel angebracht werden können, als er in Bewegung zu setzen vermag.

Auf der anderen Seite aber ist es hauptsächlich Pflicht des Staates, seine Schulen so anzuordnen, dass sie den höheren wissenschaftlichen Anstalten gehörig in die Hände arbeiten. Dies beruht vorzüglich auf einer richtigen Einsicht ihres Verhältnisses zu denselben und der fruchtbar werdenden Überzeugung, dass nicht sie als Schulen berufen sind, schon den Unterricht der Universitäten zu antizipieren, noch die Universitäten ein bloßes, übrigens gleichartiges Komplement zu ihnen, nur eine höhere Schulklasse sind, sondern dass der Übertritt von der Schule zur Universität ein Abschnitt im jugendlichen Leben ist, auf den die Schule im Falle des Gelingens den Zögling so rein hinstellt, dass er physisch, sittlich und intellektuell der Freiheit und Selbsttätigkeit überlassen werden kann und, vom Zwange entbunden, nicht zu Müßiggang oder zum praktischen Leben übergehen, sondern eine Sehnsucht in sich tragen wird, sich zur Wissenschaft zu erheben, die ihm bis dahin nur gleichsam von fern gezeigt war.

Ihr Weg, dahin zu gelangen, ist einfach und sicher. Sie muss nur auf harmonische Ausbildung aller Fähigkeiten in ihren Zöglingen sinnen; nur seine Kraft in einer möglichst geringen Anzahl von Gegenständen an, so viel möglich, allen Seiten üben und alle Kenntnisse dem Gemüt nur so einpflanzen, dass das Verstehen, Wissen und geistige Schaffen nicht durch äußere Umstände, sondern durch seine innere Präzision, Harmonie und Schönheit Reiz gewinnt. Dazu und zur Vorübung des Kopfes zur reinen Wissenschaft muss vorzüglich die Mathematik und zwar von den ersten Übungen des Denkvermögens an gebraucht werden.

Ein so vorbereitetes Gemüt nun ergreift die Wissenschaft von selbst, da gleicher Fleiß und gleiches Talent bei anderer Vorbereitung sich entweder augenblicklich oder vor vollendeter Bildung in praktisches Treiben vergraben und sich dadurch auch für dieses unbrauchbar machen, oder sich, ohne das höhere wissenschaftliche Streben, mit einzelnen Kenntnissen zerstreuen.

Von dem Einteilungsgrunde der höheren wissenschaftlichen Anstalten und den verschiedenen Arten derselben

Gewöhnlich versteht man unter höheren wissenschaftlichen Anstalten die Universitäten und Akademien der Wissenschaften und Künste. Es ist nicht schwer, diese zufällig entstandenen Institute wie aus der Idee entstanden abzuleiten; allein teils bleibt in solchen seit Kant sehr beliebten Ableitungen immer etwas Schiefes zurück, teils ist das Unternehmen selbst unnütz.

Sehr wichtig dagegen ist die Frage: ob es wirklich noch der Mühe wert ist, neben einer Universität eine Akademie zu errichten oder zu erhalten? und welchen Wirkungskreis man jeder abgesondert und beiden gemeinschaftlich anweisen muss, um jede auf eine, nur ihr mögliche Art in Tätigkeit zu setzen?

Wenn man die Universität nur dem Unterricht und der Verbreitung der Wissenschaft, die Akademie aber ihrer Erweiterung bestimmt erklärt, so tut man der ersteren offenbar Unrecht. Die Wissenschaften sind gewiss ebenso sehr und in Deutschland mehr durch die Universitätslehrer, als durch die Akademiker erweitert worden, und diese Männer sind gerade durch ihr Lehramt zu diesen Fortschritten in ihren Fächern gekommen. Denn der freie mündliche Vortrag vor Zuhörern, unter denen doch immer eine bedeutende Zahl selbst mitdenkender Köpfe ist, feuert denjenigen, der einmal an diese Art des Studiums gewöhnt ist, sicherlich ebenso sehr an, als die einsame Muße des Schriftstellerlebens oder die lose Verbindung einer akademischen Genossenschaft. Der Gang der Wissenschaft ist offenbar auf einer Universität, wo sie immerfort in einer großen Menge und zwar kräftiger, rüstiger und jugendlicher Köpfe herumgewälzt wird, rascher und lebendiger. Überhaupt lässt sich die Wissenschaft als Wissenschaft nicht wahrhaft vortragen, ohne sie jedes Mal wieder selbsttätig aufzufassen, und es wäre unbegreiflich, wenn man nicht hier, sogar oft, auf Entdeckungen stoßen sollte. Das Universitätslehren ist ferner kein so mühevolles Geschäft, dass es als eine Unterbrechung der Muße zum Studium und nicht vielmehr als ein Hilfsmittel zu demselben gelten müsste. Auch gibt es auf jeder großen Universität immer Männer, die, indem sie wenig oder gar nicht lesen, nur einsam für sich studieren und forschen. Sicherlich könnte man daher die Erweiterung der Wissenschaften den bloßen Universitäten, wenn diese nur gehörig angeordnet wären, anvertrauen, und zu diesem Endzweck der Akademien entraten.

Der gesellschaftliche Verein, der allerdings unter Universitätslehrern als solchen nicht notwendig gleich regelmäßig vorhanden ist, dürfte auch schwerlich ein hinreichender Grund sein, so kostbare Institute zu gründen. Denn einesteils ist dieser Verein auch auf den Akademien selbst locker genug, andernteils dient er nur vorzüglich in denjenigen Beobachtungs- und Experimentalwissenschaften, wo schnelle Mitteilung einzelner Tatsachen nützlich ist. Endlich entstehen in diesen Fächern, ohne Schwierigkeit, immer auch ohne Zutun des Staats Privatgesellschaften.

Geht man der Sache genauer nach, so haben Akademien vorzüglich im Auslande geblüht, wo man die Wohltat deutscher Universitäten noch jetzt entbehrt, und kaum nur anerkennt, in Deutschland aber vorzugsweise an Orten, denen Universitäten mangelten, und in Zeiten, wo es diesen noch an einem liberaleren und vielseitigeren Geist fehlte. In neueren Zeiten hat sich keine sonderlich ausgezeichnet, und an dem eigentlichen Emporkommen deutscher Wissenschaft und Kunst haben die Akademien wenig oder gar keinen Anteil gehabt.

Um daher beide Institute in lebendiger Tätigkeit zu erhalten, ist es notwendig, sie dergestalt mit einander zu verbinden, dass, obgleich ihre Tätigkeit abgesondert bleibt, doch die einzelnen Mitglieder nicht immer bloß ausschließend der einen oder andern gehören. In dieser Verbindung lässt sich nun das abgesonderte Bestehen beider auf eine neue und treffliche Art benutzen.

Dieser Nutzen beruht aber alsdann viel weniger auf der Eigentümlichkeit der Tätigkeit beider Institute (denn in der Tat kann durch Universitätslehrer, ohne Einrichtung einer eigenen Akademie, vollkommen erreicht werden, was man durch diese bezweckt, vorzüglich da, was noch immer sehr verschieden von einer eigentlichen Akademie ist, diese letzteren wieder, wie in Göttingen, eine eigne gelehrte Gesellschaft bilden können), sondern auf der Eigentümlichkeit ihrer Form und ihrem Verhältnis zum Staate.

Die Universität nämlich steht immer in engerer Beziehung auf das praktische Leben und die Bedürfnisse des Staats, da sie sich immer praktischen Geschäften für ihn, der Leitung der Jugend, unterzieht; die Akademie aber hat es rein nur mit der Wissenschaft an sich zu tun. Die Lehrer der Universität stehen unter einander in bloß allgemeiner Verbindung über Punkte der äußeren und inneren Ordnung der Disziplin; allein über ihr eigentliches Geschäft teilen sie sich gegenseitig nur insofern sie eigene Neigung dazu führet, mit; indem sonst jeder seinen eigenen Weg geht. Die Akademie dagegen ist eine Gesellschaft, wahrhaft dazu bestimmt, die Arbeit eines Jeden der Beurteilung Aller zu unterwerfen.

Auf diese Weise muss die Idee einer Akademie als die höchste und letzte Freistätte der Wissenschaft und die vom Staat am meisten unabhängige Korporation festgehalten werden, und man muss es einmal auf die Gefahr ankommen lassen, ob eine solche Korporation durch zu geringe oder einseitige Tätigkeit beweisen wird, dass das Rechte nicht immer am leichtesten unter den günstigsten äußeren Bedingungen zu Stande kommt oder nicht. Ich sage, man muss es darauf ankommen lassen, weil die Idee in sich schön und wohlthätig ist, und immer ein Augenblick eintreten kann, wo sie auch auf eine würdige Weise ausgefüllt wird.

Dabei entsteht nunmehr zwischen der Universität und Akademie ein Wetteifer und Antagonismus und eine solche Wechselwirkung, dass, wenn man in ihnen einen Exzess und einen Mangel an Tätigkeit besorgen muss, sie sich gegenseitig von selbst in's Gleichgewicht bringen werden.

Zuerst bezieht sich dieser Antagonismus auf die Wahl der Mitglieder beider Korporationen. Jeder Akademiker muss nämlich das Recht haben, auch ohne weitere Habilitation Vorlesungen zu halten, ohne jedoch dadurch Mitglied der Universität zu werden. Mehrere Gelehrte müssen füglich Universitätslehrer und Akademiker sein, aber beide Institute müssen auch andere besitzen, die nur jedem allein angehören.

Die Ernennung der Universitätslehrer muss dem Staat ausschließlich vorbehalten bleiben, und es ist gewiss keine gute Einrichtung, den Fakultäten darauf mehr Einfluss zu verstatten, als ein verständiges und billiges Kuratorium von selbst tun wird. Denn auf der Universität ist Antagonismus und Reibung heilsam und notwendig, und die Kollision, die zwischen den Lehrern durch ihr Geschäft selbst entsteht, kann auch unwillkürlich ihren Gesichtspunkt verrücken. Auch ist die Beschaffenheit der Universitäten zu eng mit dem unmittelbaren Interesse des Staats verbunden.

Die Wahl der Mitglieder der Akademie aber muss ihr selbst überlassen und nur an die Bestätigung des Königs gebunden sein, die nicht leicht entsteht. Denn die Akademie ist eine Gesellschaft, in der das Prinzip der Einheit bei weitem wichtiger ist, und ihr rein wissenschaftlicher Zweck liegt dem Staat als Staat weniger nahe.

Hieraus entsteht nun aber das oben erwähnte Korrektiv bei den Wahlen zu den höheren wissenschaftlichen Anstalten. Denn da der Staat und die Akademie ungefähr gleichen Anteil daran nehmen, so wird sich bald der Geist zeigen, in welchem beide handeln, und die öffentliche Meinung selbst wird beide, wo sie sich verirren sollten, auf der Stelle unparteiisch richten. Da aber nicht leicht beide zugleich, wenigstens nicht auf dieselbe Weise fehlen werden, so droht wenigstens nicht allen Wahlen zugleich Gefahr, und das Gesamtinstitut ist vor Einseitigkeit sicher.

Vielmehr muss die Mannigfaltigkeit der bei demselben in Tätigkeit kommenden Kräfte groß sein, da zu den beiden Klassen der vom Staate Ernannten und der von der Akademie Gewählten, noch die Privatdozenten hinzukommen, welche wenigstens Anfangs bloß der Beifall ihrer Zuhörer hebt und trägt.

Eine ihr ganz eigentümliche Tätigkeit außer ihren akademischen Arbeiten aber kann die Akademie auch durch Beobachtungen und Versuche gewinnen, welche sie in systematischer Reihe anstellt. Von diesen müssten einige ihr freigestellt sein, andere aber ihr aufgetragen werden, und auf diese aufgetragenen müsste wiederum die Universität Einfluss ausüben, so dass dadurch eine neue Wechselwirkung entstände.

Außer der Akademie und der Universität gehören zu den höheren wissenschaftlichen Anstalten noch die leblosen Institute.

Diese müssen abgesondert zwischen beiden, unmittelbar unter Aufsicht des Staates stehen. Allein beide, Akademie und Universität, müssen nicht bloß, nur unter gewissen Modifikationen, die Benutzung, sondern auch die Kontrolle darüber haben.

Jedoch können sie die letztern nur dergestalt üben, dass sie ihre Erinnerungen und ihre Verbesserungsvorschläge nicht unmittelbar, sondern beim Staate anbringen.

Die Akademie gewinnt bei den Instituten durch die Universität, dass sie nun auch solche benutzen kann, die, wie das anatomische und zootomische Theater, sonst mit keiner Akademie verbunden waren, weil man dieselben von dem beschränkten Gesichtspunkte der Medizin und nicht von dem weiteren der Naturwissenschaft aus ansah.

Akademie, Universität und Hilfsinstitute sind also drei gleich unabhängige und integrante Teile der Gesamtanstalt.

Alle stehen, allein die beiden letzteren mehr, die erstern weniger, unter Leitung und Oberaufsicht des Staates.

Akademie und Universität sind beide gleich selbständig; allein insofern verbunden, dass sie gemeinsame Mitglieder haben, dass die Universität alle Akademiker zu dem Recht Vorlesungen zu halten zulässt, und die Akademie diejenigen Reihen von Beobachtungen und Versuchen veranstaltet, welche die Universität in Vorschlag bringt.

Die Hilfsinstitute benutzen und beaufsichtigen beide, jedoch das letztere, wo es auf die Ausübung ankommt, nur mittelbar durch den Staat.

Bericht der Sektion des Kultus und Unterrichts

Durch die Reise, die ich mich, wider meinen Willen, zu unternehmen genötigt sehe, verhindert, Ew. Königl. Majestät beim Ende des Jahres nahe zu sein, wage ich es, Allerhöchstdieselben ehrfurchtsvoll um die Erlaubnis zu bitten, den General-Bericht über die Geschäftsführung der mir anvertrauten Sektion schon gegenwärtig abstatten zu dürfen.

Es ist jetzt etwa ein Jahr, dass die Sektion des Kultus und öffentlichen Unterrichts ihre Tätigkeit begonnen hat, und ungefähr neun Monate, dass Ew. Königl. Majestät mir die Leitung derselben anzuvertrauen huldreichst geruhet haben.

Die Notwendigkeit, eine neue, nur erst entworfene Organisation durchzuführen, vieles zu ändern, was nur die Form des Geschäftsganges betrifft, und endlich die durch den Krieg verstopften Hilfsquellen fast aller wissenschaftlichen Anstalten wieder zu eröffnen, hat die Sektion einen großen Teil dieser Zeit über auf eine Weise beschäftigt, die in diesem Bericht nicht erwähnt zu werden verdient. Schwierigkeiten, die aus der Neuheit der Verfassung und der geteilten Lage zwischen Königsberg und Berlin entstanden, haben sie anderes auszuführen verhindert. Indes hat sie den ihr vorgeschriebenen Zweck nie aus den Augen verloren und schon jetzt für denselben zu tun versucht, was nur irgend möglich war, und nur hiervon glaubt sie Ew. Königlichen Majestät Rechenschaft ablegen zu müssen, wenn sie sich genötigt sehen sollte, mehr von ihrem Willen und den Grundsätzen zu reden, die sie sich zur

Richtschnur genommen, als von dem Wenigen, was sie bisher auszuführen im Stande gewesen ist.

Der Wirkungskreis der Sektion des Kultus und öffentlichen Unterrichts ist von einem ungemein großen Umfang; er umfasst zugleich die sittliche Bildung der Nation, die Erziehung des Volks, den Unterricht, der zu den verschiedenen Gewerben des Landes geschickt macht, die Verfeinerung, welcher die höheren Stände bedürfen, den Anbau der Gelehrsamkeit auf Universitäten und Akademien. Ich würde geglaubt haben, die Tätigkeit der Sektion nur auf eine nachteilige Weise zu zerstreuen, wenn ich sie nach und nach auf alle diese Gegenstände einzeln gerichtet und nicht darüber gewacht hätte, immer mit derselben dasjenige im Auge zu behalten, wodurch alle jene einzelne Gegenstände von selbst gedeihen. Mein hauptsächlichstes Streben ist also nur, einfache Grundsätze aufzustellen, streng nach diesen zu handeln, nicht auf zu vielerlei Weise, aber bestimmt und kraftvoll zu wirken und das Übrige der Natur zu überlassen, die nur eines Anstoßes und einer ersten Richtung bedarf.

Die schwierige Aufgabe ist, die Nation geneigt zu machen und bei der Geneigtheit zu erhalten, den Gesetzen zu gehorchen, dem Landesherrn mit unverbrüchlich treuer Liebe anzuhängen, im Privatleben mäßig, sittlich, religiös, zu Berufsgeschäften tätig zu sein und endlich sich gern, mit Verachtung kleinlicher und frivoler Vergnügungen, ernsthaften Beschäftigungen zu widmen.

Dahin aber gelangt die Nation nur dann, wenn sie auf der einen Seite klare und bestimmte Begriffe über ihre Pflichten hat und diese Begriffe, vorzüglich durch Religiosität, in Gefühl übergegangen sind. Aus dieser Grundlage, die auch dem gemeinsten Volke unentbehrlich ist, entwickelt sich hiernach zugleich das Höchste in Wissenschaft und Kunst, das, auf einem andern Wege befördert, leicht in unfruchtbare Gelehrsamkeit oder schwärmerische Träumerei ausartet.

Das hauptsächlichste Bemühen muss daher dahin gehen, durch die ganze Nation, nur nach Maßgabe der Fassungskraft der verschiedenen Stände, die Empfindung nur auf klaren und bestimmten Begriffen beruhen zu lassen und die Begriffe so tief einzupflanzen, dass sie im Handeln und dem Charakter sichtbar werden, und nie zu vergessen, dass religiöse Gefühle dazu das sicherste und beste Bindungsmittel an die Hand geben.

Die wohltätigen Folgen aufgeklärter Religiosität und gut geordneter Erziehung recht eng zu verbinden, hat die Sektion auch noch eine andere dringende Veranlassung in der Langsamkeit gefunden, in der sonst die Erziehung allein mehr für die künftige als die jetzige Generation wirkt. Es ist durchaus ein Irrtum, wenn man glaubt, auch der beste Unterricht könne auf die Jugend seine wahrhaft heilsamen Folgen ausüben, wenn Moralität und Religiosität der Erwachsenen vernachlässigt bleiben.

Soll das Verbesserungsgeschäft der Nation mit Erfolg angegriffen werden, muss man es zugleich von allen Seiten beginnen, und nicht glauben, die jüngere Hälfte dem Vorderteil der ältern entreißen zu können. Wie also die Erziehung auf die Jugend, muss der Gottesdienst auf die Erwachsenen wirken, und nur wenn beide sich vollkommen unterstützen, ist der Erfolg erst wahrhaft segensreich. Denn es ist unleugbar, dass jetzt auf dem Lande die geringe Sorgfalt für die Erziehung der Kinder nachteilig auf die Moralität erst der soeben der Schule entgangenen jungen Leute und dann auch der vollkommen Erwachsenen wirkt, und dass von wirklich streng und sittlich erzogenen Kindern von selbst eine moralische Scheu erst auf die noch nicht verdorbenen, nur gleichgültigen Eltern und dann auch auf die andern übergehen würde.

Auf diese Weise glaube ich Ew. Königl. Majestät versichern zu können, dass die Sektion zunächst und zuerst auf dasjenige ausgeht, was die Grundfeste aller Staaten ausmacht, und dass sie sich überall der einfachsten und natürlichsten Mittel, mit Übergehung aller künstlichen, bedient, dass sie nirgend einseitig Gelehrsamkeit oder Verfeinerung, sondern die Verbesserung des Charakters und der Gesinnungen, nirgend einzelne Teile der Nation, sondern ihre ganze ungetrennte Masse vor Augen hat.

Die Abteilung der Sektion für den Kultus ist am wenigsten bis jetzt im Stande gewesen, etwas zu tun, das einzeln aufgezählt werden könnte. Einen großen Nachteil hat sie in dem Mangel aller geistlichen Mitglieder bei ihrem Aufenthalte in Königsberg erfahren. Allein es ist überhaupt auch schwer, Religiosität durch einzelne geflissentliche Anstalten geradezu zu befördern.

Man hat mannigfaltige Vorschläge dazu gemacht, dem Gottesdienst mit Veränderung der bisherigen Liturgie mehr Feierlichkeit zu geben, den Geistlichen mehr äußere Ehre zu erteilen, ja endlich wohl gar, zwar nicht durch eigentlichen Zwang, aber wenigstens durch eine an indirekte Nötigung grenzende dringende Empfehlung zum Besuch des Gottesdiensts dem Übel abhelfen zu wollen. Allein der protestantische Gottesdienst ist in seiner Einfachheit so ehrwürdig, dass der von dieser Einfachheit durchdrungene Zuhörer nur durch eine ihm gewissermaßen fremd angehängte Sinnlichkeit in seiner Rührung und Erbauung gestört werden würde; der Geistliche, der eine andere Achtung suchen kann, als die unmittelbar aus der Würde seines Amtes herfließt, zeigt schon dadurch, dass er seinen hohen Beruf verkennt, und alles endlich, was die Freiheit in Religionssachen im mindesten beschränkt, ist nicht nur Ew. Königl. Majestät billigen und toleranten Gesinnungen durchaus zuwider, sondern befördert auch unausbleiblich mehr oder minder versteckte Heuchelei und führt zu dem, alle echte Religiosität untergrabenden Grundsatz, dass man nur erst den äußern Schein gewinnen müsse, um nach und nach auch zur innern Wahrheit zu gelangen.

Religiöse Gesinnungen allgemein zu verbreiten und in ihrer Reinheit zu erhalten, muss in einer Nation Vieles zusammenkommen, und die wichtigste Wirkung muss man von der Erziehung und der allgemeinen Bildung, vorzüglich von dem weiter oben erwähnten Bemühen, klare und bestimmte Begriffe so tief einzupflanzen, dass sie zugleich als Gefühle Triebfedern und als Grundsätze Richtschnur des Handelns werden, erwarten.

Denn ein natürliches, gesundes und sittlich reines Gefühl wird von selbst zu einem religiösen, und was der Religiosität entgegensteht, ist aus Verderbtheit des Herzens oder bloßen Mangel an Ernst entspringende Unfähigkeit, sich zu höhern Ideen zu erheben, gleichgültige Gefühllosigkeit oder einseitige geistige philosophische oder gelehrte Bildung.

Geht eine solche Vorbereitung vorher, so muss allerdings nur wirkliche und unmittelbare Beförderung der Religiosität hinzutreten, und hier muss vorzüglich die Sektion für den Kultus geschäftig sein.

Allein hier ist, meiner Überzeugung nach, auch wieder, wenn nicht das Einzige, doch das Wichtigste, was sie tun kann, den geistlichen Stand in sich würdiger und auf seinem Standpunkt im Staat und in der Gesellschaft freier und angesehener zu machen. Der Erfolg hiervon wird selbst nicht einmal so langsam sein, als es vielleicht scheinen könnte, da, sobald ein besserer Geist sich in einem Stande auch nur zu zeigen anfängt, er leicht und schnell sich allgemein verbreitet und die Verbesserung durch die Regierungen in allen Provinzen zugleich und durch Behörden, deren Aufmerksamkeit auf ein einzelnes, ihnen durchaus bekanntes Departement gerichtet ist, geschieht.

Man kann nicht leugnen, dass sich in die Besetzung der geistlichen Stellen und in den Gang der Konsistorial-Geschäfte überhaupt eine Lauigkeit und eine oft sträfliche Nachsicht eingeschlichen hatte, welche das Geistliche Departement nicht durchaus zu hindern im Stande war. Es war genötigt, sich zu seinen Werkzeugen der so unzweckmäßig mit den Justiz-Kollegien verbundenen Konsistorien zu bedienen, und konnte schon darum nicht immer wirksam handeln. Die bloße Verfassung hat hierin schon sehr viel abgeändert.

Die geistlichen und Schul-Deputationen sind dergestalt mit Geistlichen und wissenschaftlichen Männern als Schulräten besetzt, dass ihre Bemühungen notwendig auf das Wesen der religiösen Verfassung hingehen müssen, da die alten Konsistorien sich immer fast nur auf das Äußerliche beschränkten. Ihr Wirkungskreis umfasst außerdem zugleich überall die Schulsachen und gibt ihnen dadurch ein wichtiges Mittel in die Hand, den Zweck auch von dieser Seite zu befördern; sie stehen endlich als Teile desselben Collegii unter demselben Präsidio mit den Finanz- und Polizeibehörden und können sich überall, statt die ehemals so oft schädliche Eifersucht zwischen Kammer- und Justiz-Kollegien fürchten zu müssen, einer schnellen Mitwirkung erfreuen. Was aber am meisten wirkt, ist, dass diese Deputationen in Besetzung der geistlichen Stellen durchaus freie Hand haben und dass sie für dieselben allein verantwortlich sind. Vertraut mit den Bedürfnissen ihrer Provinz und bekannt mit den Kandidaten in derselben, dürfen sie jetzt nur mit Eifer und Unparteilichkeit handeln, um des Erfolges gewiss zu sein. In den geistlichen Deputationen wird den Geistlichen, die sogar zum Teil Mit-Direktoren sind, und in den Regierungen selbst den Deputationen auf alle Weise ihr Einfluss und ihr Ansehen von den Ober-Behörden erhalten, und noch neulich hat das Ministerium des Innern hiervon durch eine nachdrückliche Verfügung gegen den Missbrauch, dass das Plenum der Regierungen sich einen unmittelbaren Einfluss auf die Predigerwahlen anmaßen wollte, einen überzeugenden Beweis gegeben.

Auch werden bereits jetzt die Folgen dieser Einrichtungen sichtbar. Wenn ich Ew. Königl. Majestät in dieser Absicht die Geistlichen und Schul-Deputationen der Litauischen und Kurmärkischen Regierungen mit Auszeichnung nennen muss, so hebe ich nur die heraus, die sich vorzüglich tätig beweisen, ohne dem Eifer der übrigen, bis jetzt organisierten zu nahe zu treten. Die der Litauischen Regierung ist auf eine musterhafte Weise um die Beförderung der Religiosität und die Verbesserung des Schulwesens bemüht. Sie hat jetzt ohne Aufforderung eine Ermahnung an die Geistlichkeit ihres Departements erlassen, die ich der Wichtigkeit ihres Inhalts und der Würde und Zweckmäßigkeit der Fassung wegen abschriftlich diesem alleruntertänigsten Bericht beizulegen wage.

Die Deputation der Kurmärkischen Regierung, nur erst so wenige Monate organisiert, zeigt schon jetzt einen Ernst bei Beurteilung der Amtsführung und des sittlichen Betragens der Geistlichen und eine Strenge bei der Auswahl von Subjekten zu neuen Besetzungen, welche die heilsamsten Folgen mit Gewissheit versprechen.

Es wird nunmehr die Bemühung der Sektion für den Kultus sein, den einzelnen Regierungen hierin durch allgemeine Verfügungen zu Hilfe zu kommen, und sie wird vorzüglich suchen, die Prüfungen der Kandidaten zweckmäßiger zu machen und ihnen, ehe ihnen ein Amt anvertraut wird, eine Lage anzuweisen, die eigentlich und mit Recht ein Vorbereitungszustand zu ihrem künftigen Beruf genannt werden kann. Allein sie ehrt zu sehr das Urteil der Geistlichen selbst über Gegenstände dieser Art, als dass sie hierunter hätte eher vorschreiten mögen, als sie mit ihren geistlichen Mitgliedern verbunden ist.

Außer denjenigen Veränderungen, welche allein eine Folge der neuen Verfassung waren, wie die Auflösung vieler einzelnen, der Freiheit der Verwaltung hinderlichen Behörden, ist die wichtigste diejenige, welche mit den Feldpredigern vorgenommen ist. Es ist offenbar äußerst zweckmäßig gewesen, dieselben der gleichen Aufsicht mit den Zivil-Geistlichen zu unterwerfen, sie zu hindern, Eingriffe in die Gerechtsame dieser zu machen und ihnen in dem den Porte d'épée-Fähnrichen zu erteilenden Unterricht und der Aufsicht auf alle militärische Erziehungsanstalten überhaupt eine neue interessante Beschäftigung zu geben. Diese ganze Organisation ist nunmehr vollendet.

Ein äußerst dringendes Bedürfnis bleibt noch immer die Einrichtung der katholischen geistlichen Angelegenheiten Westpreußens, da der Tilsitsche Friede in dieser Provinz alle Diözesangrenzen verändert hat. Weder die politische Lage zum Herzogtum Warschau noch die des Römischen Stuhls selbst haben erlaubt, hierin etwas Entscheidendes und Durchgreifendes zu tun; allein es sind wenigstens interimistisch solche Anordnungen getroffen, dass ich es glaube wagen zu können, Ew. Königl. Majestät zu versichern, dass der Einfluss auswärtiger Geistlichen jetzt keinen irgend bedeutenden Nachteil hervorbringen kann. Auch ist für eine neue Diözesan-Einrichtung in der Zukunft so viel vorbereitet, als jetzt möglich war. Der Staatsrat Schmedding, dessen Tätigkeit, Einsichten und aufgeklärten Unparteilichkeit ich nicht genug Gerechtigkeit widerfahren lassen kann, hat hierin die wesentlichsten Dienste geleistet.

Die Sektion des öffentlichen Unterrichts hat die Grundsätze, die ihr zur Richtschnur bei ihrer Geschäftsführung gedient haben, und die sie mehr praktisch bis jetzt befolgt als nachdrücklich ausgesprochen hat, auf die im Eingang dieses Berichts entwickelten Ideen gegründet.

Sie berechnet ihren allgemeinen Schulplan auf die ganze Masse der Nation und sucht diejenige Entwickelung der menschlichen Kräfte zu befördern, welche allen Ständen gleich notwendig ist und an welche die zu jedem einzelnen Beruf nötigen Fertigkeiten und Kenntnisse leicht angeknüpft werden können. Ihr Bemühen ist daher, den stufenartig verschiedenen Schulen eine solche Einrichtung zu geben, dass jeder Untertan Ew. Königl. Majestät darin zum sittlichen Menschen und guten Bürger gebildet werden könne, wie es ihm seine Verhältnisse erlauben, allein keiner den Unterricht, dem er sich widmet, auf eine Weise empfange, die ihm für sein übriges Leben unfruchtbar und unnötig werde; welches dadurch zu erreichen steht, dass man bei der Methode des Unterrichts nicht sowohl darauf sehe, dass dieses oder jenes gelernt, sondern in dem Lernen das Gedächtnis geübt, der Verstand geschärft, das Urteil berichtigt, das sittliche Gefühl verfeinert werde.

Auf diese Weise ist nun die Sektion zu einem viel einfachern Plan gelangt, als neuerlich in einigen deutschen Ländern beliebt worden ist. In diesen, namentlich in Bayern und Östreich, hat man fast für jeden einzelnen Stand besonders zu sorgen gesucht. Meiner Überzeugung nach ist dies aber durchaus unrichtig und verfehlt selbst den Endzweck, den man dabei im Auge hat.

Es gibt schlechterdings gewisse Kenntnisse, die allgemein sein müssen, und noch mehr eine gewisse Bildung der Gesinnungen und des Charakters, die keinem fehlen darf. Jeder ist offenbar nur dann ein guter Handwerker, Kaufmann, Soldat und Geschäftsmann, wenn er an sich und ohne Hinsicht auf seinen besondern Beruf ein guter, anständiger, seinem Stande nach aufgeklärter Mensch und Bürger ist. Gibt ihm der Schulunterricht, was hierzu erforderlich ist, so erwirbt er die besondere Fähigkeit seines Berufs nachher sehr leicht und behält immer die Freiheit, wie im Leben so oft geschieht, von einem zum andern überzugehen.

Fängt man aber von dem besondern Berufe an, so macht man ihn einseitig, und er erlangt nie die Geschicklichkeit und Freiheit, die notwendig ist, um auch in seinem Berufe allein nicht bloß mechanisch, was Andere vor ihm getan, nachzuahmen, sondern selbst Erweiterungen und Verbesserungen vorzunehmen. Der Mensch verliert dadurch an Kraft und Selbständigkeit, und da mehrere Berufe, wie der des Soldaten und Geschäftsmannes, vom Staate abhängen, so ladet sich der Staat, wenn er Menschen ausschließend zu diesen erzieht, die Last auf, diese auch dazu gebrauchen und versorgen zu müssen. Der Geschäftsdienst aber würde viel besser und Ew. Königl. Majestät weit ersprießlicher werden, wenn er gar nicht als eine Versorgung angesehen würde, wenn ihn jeder mehr aus Neigung zu einer wichtigern Tätigkeit als des Unterhalts wegen übernähme, und der Staat nicht, wenn er einen Menschen gern von seinem Posten entfernte, immer den leidigen Gedanken haben müsste, ihn um sein Brot zu bringen, sondern sich darauf verlassen könnte, dass ihm bei seinem Abgange ein anderer Erwerbszweig nicht fehlen würde.

Es tritt endlich die Schwierigkeit ein, dass sich der künftige Beruf oft nur sehr spät richtig bei einem Kind oder jungen Menschen bestimmen lässt und dass sein natürliches Talent, das ihn vielleicht einem andern widmen würde, bald nicht erkannt, bald erstickt wird.

Die Sektion des öffentlichen Unterrichts lässt daher, so weit ihre Wirksamkeit reicht, die Spezial-Schulen für Handwerker, Kaufleute, Künstler u. s. f. überall dem allgemeinen Unterricht nachfolgen und hütet sich, die Berufsbildung mit der allgemeinen zu vermischen. Die allgemeinen Schulanstalten sieht sie als allein sich anvertraut an, über die Spezial-Schulen tritt sie mit den sich auf sie beziehenden andern Staatsbehörden in Verbindung.

Dem Plan der Sektion nach soll es daher auch in den Städten nur

Elementar- und gelehrte Schulen

geben. In den Elementar-Schulen soll nur gelehrt werden, was jeder als Mensch und Bürger notwendig wissen muss; in den gelehrten sollen stufenweise diejenigen Kenntnisse beigebracht werden, die zu jedem, auch dem höchsten Berufe notwendig sind, und der Grad der Ausbildung, den jeder erlangt, muss nur von der Zeit abhängen, die er in der Schule zubringt, und der Klasse, die er darin erreicht. Da aber nicht alle Schüler einer Stadt gleich sein können noch gleich sein sollen, so wird es Elementar-Schulen geben, die, weil reichere Leute in derselben ein höheres Schulgeld für ihre Kinder bezahlen, dem Unterricht mehr Ausdehnung und Vollständigkeit geben können. Auf der andern Seite werden kleinere Städte, die nicht große bis zur Universität führende gelehrte Schulen haben können, Anstalten besitzen, auf denen nur ein Teil des Unterrichts der eigentlich gelehrten Schulen erteilt wird.

Auf diese Weise wird es auch an denjenigen Schulen nicht fehlen, die man sonst Mittel- und Bürgerschulen zu nennen pflegt, und keinem Stand wird es an einer zu seiner Ausbildung bestimmten Unterrichtsanstalt mangeln. Nun wird überall Einheit des Plans sein, so dass der Übergang von einer Schule zur andern ohne Lücke geschehen kann.

Die gelehrten Schulen hatten bisher den Fehler, dass die gelehrten Sprachen zu ausschließend auf denselben getrieben und auf eine Weise behandelt wurden, dass, wenn der Unterricht nicht bis zu Ende verfolgt wurde, die darauf gewandte Zeit fast gänzlich verloren war.

Beidem kann und wird die Sektion abhelfen. Sie wird auf jeder gelehrten Schule, und hat hierzu schon den Anfang gemacht, den mathematischen und historischen Unterricht gleich gut mit dem in den alten Sprachen einrichten, so dass jeder Schüler, ohne dass ihm gestattet werde, einen von diesen darin ganz zu vernachlässigen, sich nach seinem Talent einem wird vorzugsweise widmen können.

Bei dem Sprachunterricht aber wird die Sektion diejenige Methode immer allgemeiner machen, welche, wenn man auch die Sprache selbst wieder vergisst, doch ihre angefangene Erlernung, und nicht bloß als Gedächtnisübung, sondern auch zur Schärfung des Verstandes, zur Prüfung des Urteils und zur Gewinnung allgemeiner Ansichten immer und auf die ganze Lebenszeit nützlich und schätzbar macht.

Ein besonderes Augenmerk richtet die Sektion darauf, dass Niemand von einer niedrigern Schule zu einer höhern und in dieser von einer Klasse zur andern übergehe, ehe seine Fähigkeit zu diesem Übergange gehörig geprüft ist und der bisherige Lehrer den Schüler dem folgenden mit der lebendigen Überzeugung übergeben kann, dass er die bisherige Stufe erreicht hat und nun zur nächsten reif ist. Der Übergang zur Universität soll schlechterdings nie vor vollendetem 18. Jahre erlaubt sein.

Die Unterhaltung und Verbesserung des städtischen Schulwesens wünscht die Sektion mit Beibehaltung der jetzt durch Ew. Königl. Majestät Huld aus Staatskassen bewilligten Summen vorzüglich den städtischen Kommunen zu übertragen. Obgleich ein erster Versuch hierin hieselbst misslungen ist, muss ich Ew. Königl. Majestät dringend bitten, die Sache im Allgemeinen nicht aufzugeben. Sie ist nicht nur den Schulen notwendig, denen sonst nicht zu helfen steht, sondern auch den Bürgern heilsam, die mehr Bürgersinn gewinnen, wenn sie Schulverbesserung als ihr Werk ansehen, mehr Interesse am Unterricht selbst nehmen, die gewiss bessere öffentliche Erziehung der Privat-Erziehung vorziehen, wenn ihre öffentlichen Schulen ihnen selbst einige, wenn gleich mäßige, Kosten machen, und endlich moralischer werden, wenn sie für die Moralität ihrer Kinder mit einiger Aufopferung Sorge tragen. Auch darf man bei hier und dort vielleicht entstehendem Widerspruch nicht übersehen, dass, ehe sich wirklicher Gemeingeist gebildet hat, was von der gewiss trefflichen Städteordnung in so kurzer Zeit mit Recht noch nicht erwartet werden kann, Korporationen oft widersprechen, wo die einzelnen Mitglieder ihre Einstimmung geben würden, und dass unter diesen die Gutgesinnten sich freuen, wenn den andern abgenötigt wird, wozu sie auch durch die überzeugendsten Gründe nicht bewogen werden können.

Für das Elementar-Schulwesen, vorzüglich auf dem Lande, hat die Sektion für den öffentlichen Unterricht vor meinem Antritte meines Amtes, als der Staatsrat Nicolovius der Sektion unter der unmittelbaren Leitung des Ministers des Innern vorstand, eine Veranstaltung getroffen, die meiner innersten Überzeugung nach überaus wohltätige Früchte verspricht; ich meine die Berufung des Regierungsrats Zeller, die Stiftung des Normal-Instituts im hiesigen Waisenhause und die planmäßige Verbreitung einer bessern Unterrichts-Methode über das ganze Land. Obgleich der Regierungsrat Zeller einige bedeutende Verbesserungen in der Pestalozzischen Methode vorgenommen hat, so ist auch seine Lehrart doch dem Wesentlichen nach Pestalozzisch.

Da ich nun aus eigener Erfahrung weiß, wie schwer es ist, sich von dieser Methode einen bestimmten und deutlichen Begriff zu machen, so verzeihen mir Ew. Königl. Majestät vielleicht, wenn ich es wage, in wenigen Worten die Eigentümlichkeiten der Zellerschen Erziehungs- und Lehrweise anzugeben, dieselbe sei nun Pestalozzisch oder nicht. Denn die Sektion und ich dürfen gewiss zu Ew. Königl. Majestät das sichere Vertrauen hegen, dass Sie nicht glauben werden, dass wir eine neue Methode als solche, gleichsam versuchsweise, in Allerhöchstihre Staaten einzuführen gesonnen wären, sondern dass wir zwar denjenigen, der eine neue Verbesserung unternimmt, mit nötiger Freiheit handeln lassen, allein schrittweise sein Verfahren prüfen und ihm nur so weit vorzuschreiten gestatten, als wir es unserer innersten Überzeugung nach zu billigen im Stande sind.

Die Eigentümlichkeiten des Zellerschen Instituts lassen sich in Absicht auf die Erziehung der Zöglinge, ihren Unterricht und endlich die Absicht, diese Erziehung und diesen Unterricht weiter zu verbreiten, beurteilen.

In Betracht der Erziehung zeichnet sich das Institut dadurch aus, dass

1. Erziehung und Unterricht durchaus und schlechterdings immer mit einander verbunden sind. Es werden keine eigentliche Lehrstunden gegeben, auf welche nun Freistunden, wie in andern Schulen, folgen.

Die Kinder sind den ganzen Tag beschäftiget, immer unter den Augen eines Lehrers, immer so, dass sie deutlich wissen, was sie tun wollen und auf welche Weise sie es anfangen müssen. Der Unterricht ist also fortdauernd in ihr ganzes Leben verwebt.

2. Die Erziehung wird unmittelbar auf religiöse Gefühle gegründet, auf Furcht und Liebe zu einem immer allgegenwärtigen höhern Wesen.

Belohnungen und Bestrafungen werden dadurch fast unnütz, körperliche Strafen werden durchaus nicht geduldet. Das gemeinsame, regelmäßige, durch Wohlwollen und Liebe geleitete Leben, verbunden mit einem Gottesdienst und Religionsunterricht, der ihnen nur die einfachsten Vorschriften der Religion, die zehn Gebote und die ersten Lehren des Christentums, vorlegt, übrigens aber auf das Herz wirkt, bringt die Kinder meistenteils von selbst zum Selbstbekenntnis, zur Reue und Besserung.

3. Die Kinder erziehen sich unter einander selbst und führen gegenseitig die Aufsicht eins über das andere.

Es gibt mehrere von ihnen besorgte Ämter; sie wechseln darin mit einander ab und wählen sich selbst dazu, und dies ist so wenig ein Spielwerk, dass es ohne diese Einrichtung wohl schwer sein dürfte, 30 Kinder allein von zwei Lehrern unterrichten und in Aufsicht halten zu lassen. Durch die Rechte und Pflichten eines Amtes gewöhnen sich die Kinder an Ordnung, Strenge und Gerechtigkeit.

4. Zu gleicher Zeit flößt eine andere Einrichtung ihnen gegenseitige Liebe ein. Die ältern nämlich oder verständigern sind Lehrer und Vormünder der jüngern und schwächern. Sie kommen ihnen nicht von der Seite, sie sorgen in jeder Art für sie, und es entstehen auf diese Weise früh Bande auf Sorge und Dankbarkeit gegründeter Zuneigung, wie sie sonst nur spät das wirkliche Leben bildet.

5. Es herrscht im ganzen Hause ein durchgängiger ununterbrochener Ernst, alles, mancher neuern Erziehungs-Methode eigne, Spielende und Tändelnde ist verbannt, al-

lein der Ernst kann nie zurückschreckend sein, da überall Wohlwollen herrscht und Furcht verscheucht ist und jedes Kind der Freiheit genießt, die unter Beobachtung des allgemeinen Gesetzes möglich ist:

Bei dem Unterricht geht

1. der Gesichtspunkt nicht, wie bisher gewöhnlich, davon aus, dass das Kind nur lesen, schreiben, rechnen u. s. f. lernen, sondern dass alle Hauptfähigkeiten seines Körpers und seiner Seele in möglichster Zusammenstimmung entwickelt und geübt werden, wodurch denn jene Fertigkeiten von selbst entstehen.

Dies macht den Unterschied, dass man bei der bisherigen Methode nur kurz und oft ohne Anführung selbst der unmittelbarsten Gründe die Art angibt, wie z. B. diese oder jene Rechnung gemacht werden soll, bei der neuen hingegen das Kind übt, die Zahlenverhältnisse überhaupt, durch welche hernach fast alle Rechnungen möglich sind, schnell und sicher aufzusuchen.

Bei jener Methode hat also der Schüler nur die wirklich erlernte Rechnung inne, kann sich, wenn ein etwas veränderter Fall kommt, nicht mehr helfen und vergisst ohne Übung auch das Erlernte, hat überdies, ohne dass sein Verstand weiter an Kraft gewonnen hat, nur eine einzelne Fertigkeit erlangt. Der Schüler der neuen Lehrart hingegen weiß sich überall zu helfen und kann nie vergessen, weil er nichts eigentlich auswendig gelernt, sondern die Kraft erlangt hat, die wirklichen Zahlenverhältnisse einzusehen.

2. Hierdurch bestimmen sich nun auch die Gegenstände des Unterrichts: der Körper wird durch Leibesübungen gestärkt und entwickelt, Auge und Ohr durch Zeichnen und Musik zur Richtigkeit und Freiheit gewöhnt, der Kopf

durch die Zahlenverhältnisse (von denen das Rechnen ein Teil ist), durch die Größenverhältnisse (wobei die Elemente der Mathematik vorkommen), durch eine richtige Kenntnis der Muttersprache. die vorzüglich darauf hingeht, dass das Kind bei jedem Wort einen bestimmten und klaren Begriff habe, Kopf und Herz endlich durch Religionsunterricht und die Entwickelung der natürlichsten sittlichen Gefühle gebildet. Lesen und Schreiben sind dann eine natürliche Zugabe teils zum Sprach-, teils zum Zeichenunterricht, und mit den Leibesübungen sind Arbeiten, Anweisungen zu einigen der notwendigsten Handwerke, Schneidern, Schuhmachen, Weben u. s. w., zum Garten- und Ackerbau verbunden. So lernt auch der Bauer und niedrige Städter schlechterdings nichts, was über seinen Kreis hinausginge. Denn wollte man auch jede andere Rücksicht vergessen, so sind die Grundbegriffe der Mathematik dem künftigen Landmann, Handwerker und Soldaten äußerst nützlich, ebenso das Zeichnen, und ein richtiger Gesang dient zur erbaulichen Abwartung des öffentlichen Gottesdiensts.

3. Um in jedem dieser Gegenstände den beabsichtigten Zweck zu erreichen, muss alles nur irgend Mechanische entfernt werden, und es ist also der Hauptgrundsatz der ganzen Methode, dass das Kind immer das volle und deutliche Bewusstsein haben muss, was es in jedem Augenblick hört, sagt und tut, und warum so und nicht anders gehandelt wird.

Indem es so gezwungen und gewöhnt wird, von jeder, auch der kleinsten Sache Rechenschaft zu geben, lernt es zu gleicher Zeit klar denken, bestimmt w o l l e n und vernehmlich sprechen.

Es entwickelt alle Begriffe aus sich selbst und erfindet sie gleichsam unter der Anleitung des Lehrers. Es lernt nichts auswendig und bedarf daher auch fast keiner Bücher und Unterrichtsmittel.

4. Es kommt also alles darauf an, mit mathematischer Genauigkeit und Gewissheit angeben zu können, was das Kind wirklich gefasst hat und zum Begreifen von was es noch nicht gelangt ist. Drum ist der ganze Unterricht jedes Gegenstandes in gewisse Stufen verteilt, und der Lehrer geht nie zu einer folgenden über, wann er nicht unumstößlich aller vorigen bei dem Lehrling gewiss ist.

5. Dadurch endlich, dass, wie im Vorigen bemerkt worden, die weiter vorgerückten Kinder die schwächern selbst unterrichten, werden sie jedes Lehrgegenstandes mächtiger, da sie, um sich ihren kleinen Lehrlingen verständlich zu machen, oft das auf verschiedene Art selbst Gelernte anders und anders herumdrehen müssen.

Eine solche klare, bestimmte und selbsttätige Unterrichts-Methode wirkt auch im Charakter wieder notwendig auf deutlich erkanntes, bestimmtes und entschiedenes Handeln zurück.

So beschaffen, bietet nun diese Methode weit mehr als jede andere eine große Leichtigkeit dar, ähnlich eingerichtete Schulen auch in kurzer Zeit allgemeiner zu verbreiten. Denn

1. macht die Festigkeit der Art und Weise, in welcher der Unterricht erteilt wird, und sein Fortschreiten in bestimmter Stufenfolge das Gelingen desselben weit weniger von den besondern Fähigkeiten des Lehrers abhängig.

Fleiß und angestrengte Übung, verbunden mit nur irgend gesundem Verstand und nur einigen natürlichen Anlagen, bringen sogar in kurzer Zeit dahin, wie man selbst gelehrt worden ist, wieder weiter zu unterrichten.

2. Die Landschullehrer-Stellen können, ihrer Natur nach, nicht einträglich sein, und daher ist das Zellersche Institut darauf berechnet, einmal die Kinder an genügsame Lebensweise und Entbehrungen zu gewöhnen, und darin, sie zu lehren, sich ihre Bedürfnisse zum Teil selbst zu verschaffen und ihre Einkünfte durch echt landwirtschaftliche Benutzung ihres Gartens und Ackers, so viel möglich, zu vermehren. Die ganze Richtung des Instituts geht dahin, die Kinder so zu bilden, dass sie künftig ein Lehreramt auch unter ungünstigen Bedingungen gern annehmen, und auch in einer drückenden Lage mit Liebe darin verharren.

3. Da eine große Schwierigkeit beim Landschulwesen darin besteht, dass es fast unmöglich ist, allen dürftigen Kindern Lehrmittel in die Hände zu geben, so ist bei dieser Methode darauf gesehen, dieselben entbehrlich zu machen. Eine Schiefertafel ist fast das Einzige, was die Kinder in die Hände bekommen. Bücher werden so gut als gar nicht, Papier, Feder und Tinte, genau genommen, schlechterdings nicht gebraucht.

Die Sektion glaubt mit Recht behaupten zu können, dass das Zellersche Normal-Institut der hier entworfenen kurzen Schilderung einer solchen Erziehungsanstalt zu entsprechen anfängt.

Gegen Ostern wird es nun seinen Nutzen weiter auch in der Provinz verbreiten.

Es werden zuerst drei Räte der Preußischen Regierungen, dann 24 Superintendenten und Prediger, die freiwillig die Methode zu erlernen und zu prüfen Lust haben, und endlich 24 Landschullehrer einberufen und hier unterrichtet werden. Die Prediger vorzüglich werden sodann, jeder in seinem Pfarrdorf seine Schule in Absicht des Unterrichts auf ähnliche Weise einrichten, und in diese so eingerichteten Schulen werden die Landschullehrer aus der Nachbarschaft zu fernerm Unterricht berufen werden. Findet sich bei den einzuberufenden Predigern nur einigermaßen Eifer und Talent, so können in Zeit eines Jahres 600 bis 1000 Schulmeister gebildet sein, die zwar notwendig sehr ungleich an Fähigkeiten sein werden, allein alle eine Methode inne haben, die, an sich gut und zweckmäßig, auch noch den Vorteil gewährt, dass selbst der Mittelmäßige weniger darin irren kann.

Hat der Regierungsrat Zeller das hiesige Institut und die Verbreitung der in ihm angenommenen Methode in dieser Provinz so weit gebracht, dass beide seiner Gegenwart nicht mehr bedürfen, so ist der Plan der Sektion, ihn in einem andern Ober-Präsidialdepartement in Tätigkeit zu setzen.

Um die neue verbesserte Methode des Volksunterrichts aber auch von allen Seiten zu prüfen und jede Erfahrung zu benutzen, welche der heutige Zustand der Erziehungswissenschaft darbietet, sind noch 6 junge Leute zu Pestalozzi selbst gesandt, um einige Jahre dort zu verbleiben. Man wird daher bei ihrer Zurückkunft wieder vorzüglich brauchbare Subjekte haben, um auf dem im Lande indes angefangenen Wege weiter fortzugehen.

Auch ein in Berlin schon vorhandenes Lehr-Institut nach Pestalozzischer Methode, das des Doktor Plamann, ist dadurch unterstützt worden, dass man dem Vorsteher zwei junge Leute, welche die Methode bei ihm studieren sollen, zugeordnet hat.

Für die übrigen, noch auf altem Fuß eingerichteten Landschulen wird die Sektion gleichfalls so viel als möglich Sorge tragen, da es natürlich ihr Grundsatz sein muss, keine mögliche Verbesserung erst auf die Vollendung einer andern, wenn gleich noch bedeutendern, warten zu lassen, sondern in allen Teilen und zu gleicher Zeit die möglichste Tätigkeit zu wecken. Allein es müssten hierzu die vollständigste Organisation der Regierungen abgewartet werden, welche teils noch jetzt nicht, teils erst seit wenigen Monaten zu Stande gekommen ist.

Um Ew. Königl. Majestät indes zu zeigen, in welchem verwahrlosten Zustande sich das Landschulwesen in einigen Teilen der Monarchie befand, muss ich anführen, dass in einigen Orten Pommerns, wo es keine Schulhäuser gibt, nur für den Winter vorübergehend ein Schulmeister angenommen und unter mehreren durch eine Art von Lizitation der wenigst Fordernde gewählt wurde. Diesen fürchterlichen Missbrauch hat die Sektion natürlich sogleich abgestellt und auch zu Erbauung von Schulhäusern an diesen Orten Maßregeln ergriffen.

Für die höhern oder sogenannten gelehrten Schulen hat die Sektion auch jetzt schon wirksamer sein können.

Ihr erstes Augenmerk ist dahin gegangen, das Eindrängen und Vorkommen mittelmäßiger und schlechter Schullehrer oder wenigstens solcher, die, bei anderweitigem Verdienst, sich doch für diesen Beruf nicht schicken, zu verhindern und bessere an ihre Stelle zu setzen. Aus diesem Grunde hat sie geglaubt, bei Ew. Königl. Majestät auf die Kassation der Wahl des Professors Schummel am Elisabethanischen Gymnasium antragen zu müssen, und wird es für ihre Pflicht halten, auch künftig mit gleicher Strenge fortzufahren.

Von dem gleichen Gesichtspunkte ausgehend, hat sie verfügt, dass kein Schullehrer ohne eine neue Prüfung von einer Schule zu einer andern oder bei derselben von einem geringern Posten zu einem höhern übergehen soll, da es fast zu einem allgemeinen Missbrauch geworden war, beinahe ohne alle andere Rücksicht als die äußere Lage der vorher schlechter gesetzten Lehrer durch Vorrücken zu verbessern, an die Stelle des abgegangenen den ihm zunächst stehenden einrücken zu lassen.

Da Ew. Königl. Majestät nun auch die Errichtung der wissenschaftlichen Deputation huldreichst zu genehmigen geruhet haben, können auch diejenigen, welche sich erst dem Schulfache widmen, strengen Prüfungen unterworfen werden, und wenn, wie es geschehen soll, den Magisträten und andern Schul-Patronen alsdann zur Pflicht gemacht wird, nur solche Subjekte zu wählen, welche mit beifälligen Zeugnissen von der Deputation versehen sind, so werden die jetzt noch oft stattfindenden üblen Folgen der Patronats-Rechte gar sehr vermindert werden.

Vorzügliche Aufmerksamkeit hat die Sektion auf die eingesandten Lektions-Pläne und die Prüfungen gewandt, welchen die zur Universität abgehenden Schüler in der Absicht unterworfen werden, um ihre Reife zum akademischen Studium zu beurteilen. In jene, welche meistenteils den Fehler haben, zum Nachteil wahrer Gründlichkeit zu viele Lehrgegenstände auf einander zu häufen, hat sie zweckmäßigere Einfachheit und Ordnung zu bringen gesucht; bei diesen, die zum Teils mit großer Sorglosigkeit gehalten wurden, hat sie unerlässlich auf Strenge gedrungen.

Schulen, welche sich, wie z. B. die in Angerburg, gelehrte nannten, ohne nur einmal der Anzahl ihrer Lehrer nach auf diesen Namen Anspruch machen zu können, hat die Sektion das Recht genommen, Schüler zur Universität zu entlassen, da bisher der doppelte Missbrauch entstand, dass sehr unwissende junge Leute der Universität als reif zugesandt wurden, und dass durch die Lehrer die Erziehung des größern Teils der Schüler zu nützlichen Bürgern dem Bemühen aufgeopfert wurde, einige wenige Halbgelehrte zu bilden.

Einige dieser Provinzialschulen befanden sich noch vor kurzem, und befinden sich zum Teil noch in einem solchen Zustande, dass z. B. zwei und drei Klassen zu gleicher Zeit bloß in verschiedenen Winkeln desselben Zimmers unterrichtet werden. So wie jetzt aber die Geistliche und Schul-Deputation einer Regierung gehörig organisiert ist, wird auch das Schulwesen der ganzen Provinz einer gänzlichen Reform unterworfen. Die Litauische Regierung hat sich auch hierin vorzugsweise tätig bewiesen, und der von ihr entworfene Plan, welchen ich auf meiner neulichen Reise mit der Schul-Deputation ausführlich durchgegangen bin, bereitet dem Schulwesen der Provinz eine höchst zweckmäßige Verbesserung vor, die doch weder den Staatskassen noch den städtischen Gemeinen lästig werden wird.

Von einigen wichtigen Schulanstalten hat die Sektion für folgende tätig sein zu können vorzüglich Gelegenheit gehabt.

In Berlin hat das Joachimsthalsche Gymnasium, bei welchem mehrere Lehrerstellen unbesetzt geblieben waren, durch die, wenn gleich jetzt nur interimistische Anstellung des Doktors Schneider, eines ganz vorzüglichen Schulmannes, und Professors Ideler eine ansehnliche Verbesserung erhalten, indem zugleich auch der Lektionsplan desselben zweckmäßig abgeändert ist. Diese ganze Reform ist vorzüglich das Verdienst des als Visitator des Gymnasii angestellten Geheimen Rats Wolf. Zugleich gewährt die Aufhebung des Schul-Directorii der Kasse der Anstalt eine bedeutende Erleichterung, und die Übertragung der Administration der Güter derselben an die Kurmärkische Regierung führt eine bisher nicht übliche, aber höchst angemessene Güterverwaltung milder Stiftungen ein.

In Königsberg hofft die Sektion nunmehr, wenn nicht einen so vollständigen und ganz durchgreifenden Verbesserungsplan, als sie anfangs im Sinne hatte, doch immer eine höchst bedeutende Reform zu Stande zu bringen. Sie hat von ihrer Seite alles dazu vorbereitet, und es kommt nur darauf an, dass sie durch Ew. Königl. Majestät allergnädigste Genehmigung mit den nötigen Hilfsmitteln versehen werde.

In Liegnitz war die Ritter-Akademie in einen solchen Verfall geraten, dass sie nur äußerst wenige Zöglinge zählte, die gröbsten Missbräuche darin herrschten und das Vertrauen der Provinz zu der Anstalt fast gänzlich gesunken war. Die Sektion hat die spezielle Aufsicht über dieselbe der Liegnitzschen Regierung übergeben, das Studien-Direktorat interimistisch dem Regierungsrat Wolfram, der schon in Posen mit glücklichem Erfolge ein Gymnasium dirigiert hatte, übertragen, die Grundzüge zu einer neuen Verfassung der Akademie, nach welcher sie zu einer Erziehungsanstalt für junge Leute der höhern Stände entweder zum Übergang zur Universität oder zu andern Beschäftigungen bestimmt ist, entworfen, die sonderbare Unregelmäßigkeit, dass dies Institut auf höchst zweckwidrige Weise ein Mitteldding zwischen einem Gymnasium und einer Militär-Akademie war, so viel möglich aufgehoben, dem Missbrauch, dass dem Unterricht im Reiten ganz unverhältnismäßig viel Kosten und Zeit gewidmet war, gesteuert und den Lektionsplan zweckmäßiger eingerichtet.

Diese Veränderungen haben bis jetzt schon die heilsame Folge gehabt, dass die Zahl der Zöglinge sich bis auf das dreifache vermehrt hat, Fleiß und Ordnung unter denselben herrscht und das Zutrauen der Provinz zu dem Institute von neuem zu wachsen anfängt.

Die Erziehungsanstalten in Züllichau und das Waisenhaus in Bunzlau bedürfen nach der Kenntnis, welche die Sektion von ihnen hat, einer Reform in ihrem Innern. Um diese mit gehöriger Sachkunde vornehmen zu können, hat sie der Neumärkschen und Liegnitzschen Regierung aufgetragen, eine Revision derselben anstellen zu lassen und ausführlichen Bericht darüber zu erstatten.

Das Taubstummen- und Blinden-Institut in Berlin hatten durch den Krieg ungemein gelitten. Das letztere ist nicht nur ganz wiederhergestellt, sondern so organisiert worden, dass sein Nutzen sich auf eine größere Anzahl von Unglücklichen ausdehnt. Eine ähnliche Einrichtung auch dem erstern zu geben, ist, nach dem Auftrage der Sektion, die Geistliche und Schul-Deputation der Kurmärkischen Regierung beschäftigt.

In keiner Provinz liegt das höhere Schulwesen so darnieder als in Westpreußen. Außer den Verheerungen des Krieges ist daran zum Teil der Verlust des Altschottländischen Instituts Schuld, wo der größte Teil der jungen Geistlichkeit der Provinz gebildet wurde. So nachteilig dies indes für den Augenblick ist, so darf man Alt-Schottland nicht bedauern. Der Geist, welcher zuletzt dort herrschte, war nicht der, welchen die Sektion wünschen muss, und mit den jetzt dort befindlichen Lehrern wäre ein besserer nicht zu bewirken gewesen. Die Sektion hat sich bereits mit einem vollständigen Plan für das gesamte Schulwesen dieser Provinz beschäftigt, und obgleich die Ausführung noch von den Fonds abhängt, deren man sich wird bedienen können und bei denen vorzüglich auf die Kompetenzen der auswärtigen Bischöfe wird gerechnet werden müssen, wenn die Frage: ob diese wirklich nicht ausgezahlt zu werden brauchen? vollständig entschieden sein wird, so soll dennoch mit Ostern in Conitz ein neues Gymnasium gestiftet werden, und die Sektion hat schon jetzt die Regierung beauftragt, die vorläufigen Anstalten zur Einrichtung des Schulgebäudes zu machen. Auf diesem Gymnasium sollen aber nicht, wie auf andern katholischen Gymnasien der Fall zu sein pflegt, eigentliche Universitäts-Studien getrieben werden. Die Theologie Studierenden werden nach Breslau von der Sektion hingewiesen werden, wo sie unter mehreren aufgeklärten und gelehrten Lehrern eine bessere und von Vorurteilen mehr gereinigte Bildung erhalten können.

Nur wird es nötig sein, da die meisten angehenden katholischen Geistlichen sehr dürftig sind, aus dem Westpreußischen Schul-Fonds Stipendien in Breslau zu stiften.

Bei den beiden Universitäten Königsberg und Frankfurt waren bedeutende Lücken auszufüllen und ansehnliche Verbesserungen zu machen. Beiden haben Ew. Königl. Majestät, der erstern schon vor einiger Zeit, der letztern vor kurzem, Zuschüsse zu ihren bisherigen Einkünften zu erteilen geruhet.

Königsberg hat durch die Professoren Vater, Renner, Herbart und Schweigger überaus brauchbare Männer für

Theologie, Medizin, Philosophie und Naturgeschichte erhalten und erwartet für Philologie und Statistik noch die schon berufnen Erfurdt, Gotthold und Gaspari. Für die Astronomie ist man mit Bessel in Lilienthal, für Anatomie und Chirurgie mit Jörg in Leipzig in Unterhandlung. Eine klinische Anstalt ist bereits seit einigen Wochen in voller Tätigkeit; der botanische Garten ist beträchtlich erweitert worden, und seine Anlage wird im künftigen Frühjahr vollendet sein. Die verschiedenen Bibliotheken dieser Stadt sollen in einem eigenen Gebäude vereinigt werden, und es ist ein Fonds zu ihrer Vermehrung ausgesetzt.

Das Observatorium soll im künftigen Jahre gebaut und das schon in Verfall geratene anatomische Theater wiederhergestellt werden. Ein theologisches, philologisches und pädagogisches Seminarium werden den Studierenden, außer den gewöhnlichen Vorlesungen, noch besondere Gelegenheiten zu ihrer Ausbildung darbieten.

Frankfurt, wo sich die juristische Fakultät schon in gutem Zustand befand, hat durch die Professoren Bredow, Schulz und Spieker für Geschichte und Theologie gewonnen.

Da aber die Kasse der Universität durch den Krieg in Umstände geraten ist, welche sie Schulden zu machen genötigt haben, so werden die Zuschüsse nicht bloß zu neuen Verbesserungen verwandt werden können.

Von der Errichtung einer Universität in Berlin und der Verbindung beider Akademien damit lässt sich mit Recht etwas Glänzendes erwarten. Die Erhaltung des Geheimen Rats Wolf für Berlin ist, da sich in philologischer Gelehrsamkeit Niemand mit ihm messen kann, von sehr großer Bedeutung. Ich werde darauf bedacht sein, auch für jedes der drei Fächer Theologie, Jurisprudenz und Medizin sogleich tüchtige Männer zu berufen, und alsdann wird mit ihrer Zuziehung die Wahl der übrigen Lehrer und die Entwerfung des Universitäts-Statuts geschehen können.

Im Prinz Heinrichschen Palais werden schon jetzt Vorlesungen gehalten, und die bedeutende Zahl von Zuhörern, welche Wolf bei einem lateinischen Collegio über einen griechischen Schriftsteller schon jetzt, wo noch keine Studierende da sind, hat, beweiset, dass es keineswegs an Lust auch zu ernsthaften und bloß gelehrten Studien fehlt.

Dies ist es, was für die Universitäten bis jetzt geleistet worden ist und noch künftig getan werden soll. Da die meisten deutschen Universitäten jetzt in Verfall geraten und doch nur durch die Universitäten der tiefe und gründliche Geist, welcher die deutsche Nation in Wissenschaft und Kunst vor andern auszeichnet, erhalten werden kann, so erwerben Sich Ew. Königl. Majestät durch die Vollendung der in Berlin beschlossenen Universität ein weit über die Grenze Allerhöchstihrer Staaten hinausgehendes Verdienst.

Wenn bis jetzt auch für Königsberg und Frankfurt nicht noch mehr neue Lehrer berufen sind, so lag es größtenteils daran, dass bei der Ungewissheit der politischen Lage, ehe der Friede geschlossen war, nur wenige geneigt waren, neue Verbindungen einzugehen. Einige abgelehnte Berufungen haben mich hiervon deutlich überzeugt.

Die Sektion darf mit Grunde hoffen, dass in kurzem der Zeitpunkt gekommen sein wird, wo das Studieren auf auswärtigen Universitäten nicht wird mehr aus dem Grunde der Unzulänglichkeit der inländischen erlaubt werden dürfen. Allein ich muss diese Gelegenheit benutzen, um Ew. Königl. Majestät zu äußern, dass ich dringend wünschte, dass, wenn die Universität in Berlin vollständig organisiert sein wird, also in dem Augenblick, wo man mit vollem Vertrauen Ausländer zu sich einladen kann, ein Verbot förmlich aufgehoben würde, was mit der Liberalität streitet, die in allen wissenschaftlichen Dingen herrschen sollte, die deutschen Staaten, die in Rücksicht auf Geistesbildung und Gelehrsamkeit nur Ein Ganzes ausmachen sollten, auf eine höchst nachteilige Weise von einander absondert und gewöhnlich demjenigen Staate am meisten schadet, der es am strengsten bewachet, indem es durchaus zweckwidrig ist, dem Hange, durch Besuchen des Auslandes eine vielseitigere Bildung zu gewinnen, durch Verbote, die überdies beständig überschritten werden, entgegenzuarbeiten.

Wenn durch die Universitäten vorzüglich für die Verbreitung wissenschaftlicher Kenntnisse gesorgt wird, so darf die Erweiterung der Wissenschaft selbst sich von der Verbindung der Akademien und der wissenschaftlichen Institute mit der Universität in Berlin wichtige Vorteile versprechen.

Für die innere Verbesserung beider Akademien hat indes bis jetzt noch nichts geschehen können, und ich kann Ew. Königl. Majestät nicht bergen, dass beide sich in einem Zustande befinden, der eine durchgreifende Verbesserung notwendig macht, wenn die Summen, welche auf sie verwandt werden, nicht bloß als Pensionen betrachtet werden sollen.

Über die Akademie der Wissenschaften, welche einen Plan zu einem neuen Reglement entworfen hat und einer Umänderung ihrer Organisation bedarf, werde ich im Fall sein, Ew. Königl. Majestät sogleich nach meiner Rückkunft einen ausführlichen Bericht abzustatten. Eine große Umformung derselben auch in Absicht der Mitglieder wird beinah unvermeidlich sein. Mehrere, man muss es frei gestehen, hätten nie zu Mitgliedern gewählt werden sollen, einige hat das Alter verhindert, mit ihrer Wissenschaft gleichen Schritt zu halten; diejenigen, auf welche man, ihrem Talent und ihrer Gelehrsamkeit nach, am meisten rechnen könnte, sind teils am schlechtesten, teils gar nicht besoldet und, was das Schlimmste ist, durch die Andern, welche kein gleich guter Geist beseelt, überstimmt und gehemmt. Nirgends aber ist es so wichtig, dass überall und immer nur wahrhaft würdige den Zutritt erhalten, als in einer Akademie, welche die höchste und ehrenvollste Verbindung bloß der Wissenschaft lebender Männer sein soll. Es liegt daher nicht sowohl allein daran, dass die Akademie nicht hinlänglich dotiert wäre, sie besitzt vielleicht mehr Einkünfte als manche andere ähnliche Anstalt in andern Ländern, sondern allein daran, dass man die ihr zugewiesene Summe nicht zweckmäßig verwandt hat, was auch jetzt, solange die jetzt Besoldeten leben, nicht auf e i n m a l zu ändern ist, und dann, dass die Kuratoren der Akademie, so unangenehm es ist dies auszusprechen, in keiner Zeit nach Grundsätzen gehandelt haben, welche bewiesen, dass sie lebhaft von dem Gedanken durchdrungen waren, was eine Akademie eigentlich sein sollte und sein könnte. Die Ideen, nach welchen ich es wagen werde, Ew. Königl. Majestät Vorschläge zu einer neuen Organisation der Akademie zu machen, sind größtenteils von meinem Bruder, noch ehe er Berlin zum letzten Mal verließ, entworfen.

Auch die Akademie der Künste ist viel zu sehr als Versorgungsanstalt betrachtet worden.

Wie Besoldungen eingehen, wird die Sektion auf zweckmäßigere Verwendung bedacht sein. Schon jetzt ist sie für die Verbesserung des Unterrichts tätig gewesen und hat unter andern die seit längerer Zeit erledigte Professur der Perspektive wieder mit einem geschickten Künstler, Hummel, besetzt. Auch ist die Bau-Akademie mit der Kunst-Akademie vereinigt und der letztern eine Professur der Musik zugeordnet worden.

In Absicht der Zensur hat die Sektion gesucht, den möglichst hohen Grad der Liberalität mit den Rücksichten zu verbinden, welche vorzüglich die Sicherheit des Staats erfordert. Auch hat sich glücklicherweise kein wichtiger Fall ereignet, wo sie entweder hätte die Freiheit der Schriftsteller beschränken oder diese gegen die bestellten Zensoren in Schutz nehmen müssen. Am zuträglichsten und auch dem Beispiele, das neulich ein benachbarter Staat gegeben hat, angemessen würde ich es halten, wenn das jetzige Zensur-Edikt ganz abgeschafft, die Zensur für wissenschaftliche Werke und eigentliche Bücher ganz aufgehoben und bloß auf Zeitungen und diejenigen periodischen Schriften, die darauf berechnet sind, auf das Volk zu wirken, beschränkt würde. Ich habe nur in jeder Rücksicht ruhige Zeiten abwarten wollen, um einen Vorschlag zu wagen, welcher sich von Ew. Königl. Majestät gerechten, billigen und jeder gesetzmäßigen Freiheit so günstigen Gesinnungen mit Recht eine huldreiche Aufnahme versprechen darf.

Dies wäre nunmehr ein kurzer Abriss dessen, was die Sektion des Kultus und öffentlichen Unterrichts in dem ihr angewiesenen Wirkungskreis teils wirklich geleistet hat, teils zu leisten gewünscht hätte. Es hat mir notwendig geschienen, die Absichten und Plane derselben ausführlicher anzudeuten, damit Ew. Königl. Majestät genau von den Grundsätzen unterrichtet sind, nach welchen Angelegenheiten, die durch ihren wichtigen Einfluss auf das Glück und den Wert der Nation Ihrem Herzen teuer sind, verwaltet werden. Die Sektion erwartet jetzt, um in denselben fortzufahren oder sie anders zu modifizieren, Ew. Königl. Majestät allergnädigste Befehle.

Sie kann übrigens nunmehr als völlig organisiert betrachtet werden. Obgleich ihr nach der Verordnung vom 24. November 1808 noch zwei Staatsräte fehlen, so werde ich Mittel finden, die Lücke interimistisch auszufüllen, bis ich im Stande bin, Ew. Königl. Majestät zur Besetzung dieser Stellen durchaus zweckmäßige Vorschläge zu machen.

Ich gestehe aber mit Freude, dass die vorzügliche Art, wie die Sektion gegenwärtig besetzt ist, mich schüchtern in der Wahl neuer Mitglieder macht. Auch für die Subalternen ist jetzt vollkommen gesorgt.

Die in Tätigkeit bleibenden erhalten ihre Gehalte wieder, den andern hat Ew. Königl. Majestät Huld Pension oder Wartegelder angewiesen.

Die wissenschaftliche Deputation wird mit Anfang des künftigen Jahres vollständig organisiert werden können. Für die Vereinigung der Registraturen der verschiedenen bisher die Geistlichen Angelegenheiten leitenden Behörden sind vorläufige Anstalten getroffen und die Organisation der Sektion und dessen, was zunächst zu ihr gehört, ist, mit einem Worte, vollendet.

Da die Tätigkeit der Sektion ohne die eifrige Unterstützung des Ministeriums der Finanzen durchaus gelähmt sein würde, so ist es eine Pflicht, die ich mit lebhafter Genugtuung erfülle, zu erwähnen, mit welchem durchaus von der Wichtigkeit der Sache durchdrungenen Eifer Ew.

Königl. Majestät Finanz-Ministerium den Bemühungen der Sektion zu Hilfe gekommen ist. Die den geistlichen und Schul-Anstalten ehemals aus Staatskassen bewilligten Zuschüsse sind größtenteils wieder in Gang gebracht und die auf den Mitvortrag des Finanz-Ministerii gemachten allerhöchsten neuen Bewilligungen sind Ew. Königl. Majestät bekannt.

Von Seiten des Ministerii des Innern hat sich die Sektion kräftiger Mitwirkung und der vollen Freiheit zu erfreuen gehabt, welche die Verordnung vom 24. November 1808 den Sektionen zusichert.

Dennoch würde ich geradezu, was ich Ew. Königl. Majestät und meinem Amte schuldig bin, verletzen, wenn ich bei Abstattung eines General-Berichts, wo es meine Pflicht ist, Ew. Königl. Majestät freimütig alles dasjenige vorzulegen, was dem Zwecke, auf den ich hinzuarbeiten bestimmt bin, beförderlich oder hinderlich sein kann, unerwähnt ließe, dass die Lage der Sektion des Kultus und öffentlichen Unterrichts in der gegenwärtigen Geschäftsverfassung noch in hohem Grade ungünstig bleiben wird, solange nicht die Lücke ausgefüllt ist, welche der Mangel eines Staats-Rats allen obern Verwaltungsbehörden fühlbar macht.

Da jetzt noch kein Staatsrat existiert, so sehe ich mich, gerade in dem wichtigsten Augenblick, wo die Vorschläge der Sektion durch das Ministerium zu Ew. Königl. Majestät allerhöchsten Kabinetts-Vorträgen gehen, gänzlich außer Stande, noch auf sie einzuwirken, sie zu vertreten, zu erläutern, selbst nur Missverständnissen vorzubeugen; ich muss außerdem die mir anvertrauete Partie einzeln, ohne Kenntnis der oft genau mit ihr zusammenhängenden andern und ohne irgend ein Mittel gemeinschaftlicher Beratung mit den ihnen vorstehenden Behörden, als was ausdrücklich angeknüpfte schriftliche Korrespondenz über einzelne Gegenstände darbietet, verwalten; selbst die Freiheit, welcher die Sektion gegenwärtig genießt und ohne die eine zweckmäßige Administration unmöglich ist, beruht, wie die Verfassung gegenwärtig ist, nur auf persönlichen Verhältnissen und ist für die Zukunft ungewiss.

Wenn mich meine Überzeugung, dass dies wirkliche und bedenkliche Mängel sind, nicht täuscht, so kann ihnen nur durch einen Staatsrat, und zwar nur durch einen solchen, wie ihn die Verordnung vom 24. November 1808 aufstellt, abgeholfen werden. Da jedoch diese im Publicandum vom 16. Dezember 1808 nur suspendiert, nicht aufgehoben ist, so würde ich es für unbescheiden halten, meine Ideen hierüber schon jetzt weiter auszuführen, und nicht Ew. Königl. Majestät allerhöchste Beschlüsse in schuldiger Ehrfurcht abzuwarten.

Königsberg, den 1. Dezember 1809

Generalbericht an den König

Die mir im verwichnen Herbst von E. K. M. aufgetragnen, vorläufigen Veranstaltungen zur Errichtung der hiesigen Universität sind gegenwärtig so weit gediehen, dass ich es wagen darf, Allerhöchstdenselben von dem Geschehenen Rechenschaft abzulegen und genötigt bin, E. K. M. höchste Autorisation zu den fernern noch nötigen Schritten ehrfurchtsvoll zu erbitten.

Die hiesigen höheren wissenschaftlichen Anstalten sollen aus drei selbständigen Teilen, den Akademien, der Universität und den Hilfs-Instituten bestehen, und es kam also zuerst darauf an einen Plan zu ihrer zweckmäßigen Verbindung zu entwerfen. Dieser ist, seinen Hauptideen nach, angefertigt, und erwartet nur noch in seinen einzelnen Teilen von den vorzüglichsten Gelehrten, welche bis zur Eröffnung der Universität hier gegenwärtig sein werden, geprüft und berichtigt zu werden, um ihn E. K. M. in seiner Vollständigkeit vorzulegen.

Bei der Verbindung der Akademie der Wissenschaften mit der Universität kam es vorzüglich darauf an, jedes dieser beiden Institute auf die ihm eigentümliche Weise zu einem gemeinschaftlichen Zwecke wirken zu lassen und sie dadurch, verbunden, zu einer Anstalt zu machen, wie man gegenwärtig keine andere aufweisen kann. Dies darf man zu erreichen hoffen, wenn beide Institute zwar mehrere gemeinschaftliche, aber auch einige besondere Mitglieder haben, wenn, indem die Akademie ihre neuen Mitglieder E. K. M. nach freier Wahl zur Bestätigung vorschlägt, und die Universität die ihrigen auf Vorschlag der Sektion des öffentlichen Unterrichts erhält, alle Parteilichkeit und

Einseitigkeit in den Anstellungen bei den wissenschaftlichen Instituten vermieden wird, wenn die Akademie ihre Zwecke vorzüglich als Gesellschaft verfolgt, indes die Lehrer der Universität mehr jeder ihren Weg für sich gehen, und endlich die Akademie ganze Reihen wissenschaftlicher Untersuchungen, zu welchen es den Universitätslehrern an Zeit und freier Muße fehlt, teils durch besondere Adjunkten nach Aufträgen, bei denen auch die Universität konkurriert, übernimmt.

Die Akademie der Wissenschaften hat einen ausführlichen Plan zu ihrer neuen Organisation entworfen, welchen die Sektion des öffentl. Unterr. E. K. M. mit ihren Bemerkungen vorlegen wird. Es wird dabei vorzüglich darauf ankommen, die eigentlich organischen Gesetze mehr zu vereinfachen, und von ihnen dasjenige zu trennen, was mehr in ein bloßes inneres Reglement gehört. Durch die Ernennung von vier Klassen-Sekretären hat die Akademie schon jetzt beträchtlich an Tätigkeit und innerm Leben gewonnen; durch die Wahl von den Professoren Illiger, Rudolphi, Oltmanns und Gauss, die bis auf den letzteren, bereits alle die erhaltene Berufung angenommen haben, wird ihre Wirksamkeit noch mehr wachsen, und vielleicht wird es dann möglich sein einige Mitglieder, welche ihr Alter oder eine einmal entschieden genommene Richtung ihrer Studien in die gemeinsame Tätigkeit gehörig einzugreifen hindert, ohne Verlust an äußern Vorteilen, in den verdienten Ruhestand zu versetzen.

Für die innere Einrichtung der einzelnen Fakultäten der Universität habe ich durch Gelehrte aus denselben bereits zum Teil Aufsätze ausarbeiten lassen und fahre damit noch jetzt fort. Bei dem eigentlichen Statute derselben wird es gut sein, die Erfahrungen der Männer zu benutzen, die bis zur Bekanntmachung desselben sich noch hier einfinden werden.

Die wissenschaftlichen Institute werden dergestalt unter die Aufsicht der Sektion gestellt, dass dieselbe sie der Benutzung der Akademie und Universität offen halten, und die Ratschläge beider zu ihrer Verbesserung benutzen kann. Die Reglements für jedes einzelne müssen zunächst ihre besonderen Aufseher entwerfen. Durch die Sammlungen, welche E. K. M. bereits besaßen, und den neulich gewonnenen Zuwachs ist übrigens ein schöner Grund zu diesen Instituten gelegt, und sie können nun allmählich und großenteils ohne Ankauf, bloß durch eignes Sammeln und Arbeiten erweitert werden.

Auf diese Weise lässt sich mit Recht hoffen, dass diese Institute, vereinigt nach einem Plane, bei dem in jedem einzelnen Teil eigentümliche Kenntnisse von Einem Gesichtspunkte aus benutzt werden, ein großes und schönes Ganzes bilden werden.

Allein der Mittelpunkt desselben, dasjenige, von dem eigentlich Alles abhängt, ist die Universität und ihr Emporkommen. Unmittelbar dem Unterricht und der Bildung der Jugend gewidmet, gibt sie auch erst den Arbeiten der Akademie das wahre Leben und die gehörige Brauchbarkeit, und die wissenschaftlichen Institute gewähren nur, von Vielen besucht, bedeutenden Nutzen.

Mit Vertrauen nun darf ich behaupten, dass mich Alles zu der Hoffnung berechtigt, dass dieselbe, so wie E. K. M. mir zu befehlen geruhen, in den Einrichtungen zu derselben fortzufahren, bald und glücklich zu Stande kommen wird. E. K. M. sind die Männer bekannt, die bis jetzt den

Ruf hierher angenommen haben, und zu denen ich nunmehr noch den v. Savigny, der gegenwärtig seinen Abschied in Bayern erhalten hat, rechnen kann. Von den andern Gelehrten, die man zu den ersten ihres Fachs in Deutschland rechnen kann, dem Theologen Schmidt in Gießen, dem Juristen Hugo in Göttingen und dem Mediziner Kielmeyer in Tübingen, ist es nach ihren Briefen wahrscheinlich, dass sie, wenn ein Ruf an sie ergeht, demselben folgen werden. Dies verbunden mit mehreren andern Umständen beweist, dass die Überzeugung in Deutschland herrschend ist, dass Wissenschaft und Kunst, und diejenigen, welche sich ihnen widmen, nirgend mit einem so liberalen und humanen Geist behandelt werden, als von E. K. M., dass man gern jeden andern Wohnort mit E. K. M. Staaten vertauscht, und schon darum zu einer neuen, von E. K. M. errichteten Anstalt festes und unbedingtes Vertrauen hegt.

Sind die Aussichten von Seiten zu berufender Lehrer schon aus diesem Grunde erwünscht, so kommt noch hinzu, dass vielleicht in keinem Augenblick zufällige Umstände so sehr die Errichtung einer neuen Universität begünstigten, als in dem jetzigen. Denn fast alle Universitäten haben mehr oder weniger gelitten. Im Königreich Westfalen ist die größtenteils französische Regierung zu wenig mit dem Geist dieser echt deutschen Anstalten vertraut, als dass sie unter ihr gedeihen könnten; in Bayern haben unglückliche Religions- und National-Streitigkeiten das angefangne Gute wieder unterdrückt, und in Sachsen ist man nicht tätig genug, um etwas Bedeutendes zu wirken. Auch Studierende sind daher mehr, wie sonst, geneigt, diese Universität mit einer neuen zu vertauschen.

Soll indes dieser seltene Zeitpunkt nicht unbenutzt verstreichen, soll der Anteil, welchen man jetzt an der zu errichtenden Universität nimmt, nicht erkalten, soll sie nicht wie ein bloßes Projekt betrachtet werden, dessen Ausführung noch immer zweifelhaft bleibt, so ist es dringend notwendig ihre Eröffnung sobald als möglich, und schon um Michaelis dieses Jahres zu veranstalten. Denn es ist wirklich alsdann schon ein Jahr verflossen, seitdem E. K. M. die Errichtung auf's Neue zu beschließen geruhten.

Allerdings zwar würde dieser Zeitpunkt zu kurz sein, wenn von der feierlichen Einrichtung, welche die Vollendung der ganzen Anstalt voraussetzt, die Rede wäre. Allein es ist hinreichend, wenn in diesem Zeitpunkte nur Promotionen vorgenommen, ja wenn nur in allen vier Fakultäten eine hinreichende Anzahl von Vorlesungen eröffnet und in der Form eines akademischen Lektions-Kataloges bekannt gemacht werden können, und dies ist ohne Bedenken möglich, wenn E. K. M. mir neue Vollmacht zu erteilen geruhen, dazu die nötigen Schritte zu tun.

Freilich werden diese Schritte einigen neuen Aufwand voraussetzen. Allein E. K. M. haben bereits die Gnade gehabt den hiesigen wissenschaftlichen Anstalten eine in jeder Hinsicht hinreichende Summe auszusetzen, die schon jetzt als Staatsschuld behandelt wird, und es kommt nun darauf an, dasjenige davon, dessen man nach und nach bedarf, wirklich auszahlen zu lassen, und nur wenige Ausgaben dürften sich von Seiten ihrer Nützlichkeit und Wichtigkeit so sehr wie diese, rechtfertigen.

Denn sollen nicht die meisten Untertanen E. K. M. gezwungen sein, auswärtige Universitäten zu besuchen, so ist die Errichtung einer neuen inländischen unumgänglich notwendig, da Königsberg, so sehr es sich schon gehoben hat, und durch Fremde aus Russland noch heben kann, doch zu entfernt liegt und Frankfurt in wahrhaft glänzenden Zustand zu bringen, wenn es auch möglich wäre, viel größeren Aufwand als Berlin erfordern würde.

Nach der Großmut, mit welcher E. K. M. die hiesige Universität sowohl mit Fonds, als mit Gebäuden ausgestattet haben, nach dem Reichtum der schon hier vorhandnen Sammlungen, nach der Lage des Ortes selbst, endlich bei der Verbindung einer Universität mit einer Akademie ist es Pflicht der Unterrichtsbehörde, dahin zu streben, dass die hiesige Anstalt durchaus etwas Anderes, als eine bloße Landes-Universität werde. Ihr ganzer Zuschnitt muss sich von Anfang an danach richten, und es ist alsdann wohl zu hoffen, dass die Anzahl der Studierenden hier bedeutend werden wird. Geht diese Hoffnung endlich in Erfüllung, so muss die neue Lehranstalt notwendig auch den Wohlstand Berlins bedeutend vermehren; vom ersten Anfange an tut sie dies in einigem Maße, und immer kehrt alles Geld, was auf dieselbe verwandt wird, beständig in die Zirkulation zurück und wird ausschließlich im Lande verzehrt.

Der höheren und wichtigeren wohltätigen Folgen der hiesigen Universität, der durch sie noch mehr zu verbreitenden geistigen und sittlichen Bildung, des Einflusses, den sie auf das ganze Gebiet der Wissenschaften gewinnen kann, der Achtung die sie dem preußischen Staate fortdauernd erhalten muss, des Schutzes endlich, welchen E. K. M. durch sie der gesamten deutschen Sprache und Literatur gewähren, deren Erhalter E. K. M. in einem Zeitpunkte werden, wo Vieles ihr unausbleibliches Verderben droht, brauche ich vor E. K. M. nicht ausführlicher zu erwähnen. Nur die einzige Bemerkung sei mir erlaubt, dass ein Staat wie ein Privatmann immer gut und politisch zugleich handelt, wenn er in einem Augenblick, wo ungünstige Ereignisse ihn betroffen haben, seine Kräfte anstrengt irgendetwas bedeutend Wohltätiges dauernd für die Zukunft zu stiften, und es an seinen Namen anzuknüpfen.

Diese Gründe und die ganze hier geschilderte Lage der Umstände rechtfertigen, wie ich mir schmeichle, meinen ehrfurchtsvollen Antrag,

> dass E. K. M. geruhen mögen mir zu erlauben, in der Organisation der hiesigen Universität mit Berufung neuer Lehrer und Einrichtung der notwendigen Anstalten weiter und dergestalt vorzugehen, dass die Eröffnung der Universität in der angegebnen Art um Michaelis dieses Jahr stattfinden könne.

Ich wage es mit diesem allgemeinen Antrage noch in dem jetzigen Augenblick einige andere einzelne zu verbinden.

Die medizinische Fakultät ist diejenige, welche hier am leichtesten zu einem gewissen Grade der Vollständigkeit gebracht werden kann, und es ist daher notwendig, auch ihr zuerst die meiste Aufmerksamkeit zu widmen.

Das Wichtige zur Bildung angehender Ärzte ist nun die Anlegung von Kranken-Anstalten, in welchen dieselben zur wissenschaftlichen Kenntnis und Heilung der Krankheiten praktische Anleitung erhalten. In ihrem vollständigen Zustand würde die Universität deren viere, nämlich

ein medizinisches,
ein chirurgisches,
eins für Gemütskranke,
eins für Gebärerinnen

bedürfen. Jetzt aber können die beiden ersteren genügen.

Die Charité taugt zu diesem Behufe nicht. Die Menge der Kranken zerstreut den Anfänger, und macht es dem Lehrer unmöglich bei einem Einzelnen gehörig zu verweilen. Wollte man aber eine kleine Zahl im Gebäude selbst absondern, so würden dadurch die Kosten nicht viel geringer, als in einem eignen Lokal werden, auch, da die Kranken, an welchen der Studierende geübt werden soll, alle mögliche, körperliche Pflege und Sorgfalt genießen, und daher weit besser gehalten werden müssen, als es in einem Hospital möglich ist, eine ungleiche Wirtschaft und eine Menge von Kollisionen entstehen. Endlich ist die Charité zu weit von der Stadt entfernt.

Es wird daher notwendig zwei kleine Krankenhäuser, ein medizinisches und ein chirurgisches, jedes zu zwölf Betten anzulegen. Das erste würde dem Ober-Bergrat Reil, das letzte dem noch zu berufenden Professor der Chirurgie übergeben. Jedes würde wie auch das Königsbergische und zwei in Halle ausgestattet sind, jährlich 3000 Reichsthlr. brauchen, die von dem Januar c. an bezahlt, zugleich zu den Kosten der ersten Einrichtung und der Anschaffung der Utensilien hinreichen würden.

Das Lokal für diese Anstalten müsste für jetzt nur gemietet werden, künftig aber würde, da dieselben auch gleich im ersten Bau eine eigne Einrichtung erfordern, es notwendig sein eigene Gebäude für dieselben, dicht bei einander, aufzuführen, wozu auch der von E. K. M. Allerhöchster Gnade den hiesigen wissenschaftlichen Anstalten bestimmte Fonds hinreichen wird.

Ferner halte ich es teils um der Universität einige neue Lehrer mehr zu gewinnen, teils um einigen verdienten Männern hier eine Auszeichnung zu gewähren, für gut einige hiesige Gelehrte gleich jetzt mit der Universität zu verbinden. Es bewährt sich hierbei der Vorteil der Wahl eines Ortes, wie Berlin, zur Universität, da hier mit kleinen Zulagen Männer in Tätigkeit gesetzt werden können, die man an einem andern Ort mit großem Aufwande berufen müsste.

Ich wage es daher E. K. M. in dieser Rücksicht alleruntertänigst vorzuschlagen:

1. zum ordentlichen Professor der Botanik den Professor Wildenow mit einer Zulage von 500 Thlrn.

2. zum ordentlichen Professor der Physik den Professor Erman mit einem Gehalt von 500 Thlrn.

3. zum ordentlichen Professor der Philosophie den Professor Fichte mit einer Zulage von 1200 Thlrn.

Er hat jetzt nur 800 Thlr. und man mag auf sein durch Erfahrung erprobtes Talent die Köpfe seiner Zuhörer zu bilden, und sie mit Eifer für alles Wissenschaftliche zu erfüllen, auf seinen wohlbegründeten Ruf in seinem Fach, auf seinen streng moralischen Charakter, oder auf die Anhänglichkeit, mit der er, seit dem Anfange der unglücklichen Ereignisse, immer, und ohne E. K. M. je mit einer Bitte zu behelligen, ausgeharrt hat, sehen, so verdient er gewiss über die Nahrungssorgen hinweg gehoben zu werden, in welche ihn eine schwächliche Gesundheit und Mangel aller andern Hilfsquellen jetzt oft versetzen.

4. Zum ordentlichen Professor der Mathematik den Professor Tralles. Dieser würde für den Augenblick keiner Zulage bedürfen. Dagegen bitte ich E. K. M. ihm eine Dienstwohnung im obersten Stock des Universitäts-Gebäudes zuzusichern. Ich betrachte dies weniger wie eine Vergünstigung für ihn, als wie einen Vorteil für die Wissenschaft,

da er erst, wenn er nicht mehr dem Wechsel gewöhnlicher Mieten ausgesetzt ist, seine sehr schätzbaren Instrumente sicher aufstellen, und auch in dem oben erwähnten Lokal astronomische Beobachtungen anstellen kann. Wie viel er durch diese zu leisten vermag, hat er noch neuerlich bewiesen, da er erst die Polhöhe von Berlin genau und richtig bestimmt hat.

5. Zum außerordentlichen Professor den Ober-Medizinal-Rat Hermbstaedt mit einer Zulage von 300 Thlrn. Dieser Mann beschäftigt sich auch in der Chemie größtenteils nur mit dem technischen Teile, und ich würde ihn daher vorzüglich für Technologie bestimmen.

Ich wage es bei dieser Gelegenheit zu bemerken, dass ich meine vorzüglichste Sorgfalt auf die baldige Beförderung des Kameralistischen Studiums hin richten werde, da Berlin auch außer den gelehrten Anstalten so schon viele Hilfsmittel dafür darbietet, und zu erwarten ist, dass selbst junge Leute, die jetzt oft gar keine Universität besuchen, weil sie auf den gewöhnlichen hierfür nicht hinlänglich Befriedigung finden, diese Studien in Berlin verfolgen werden.

6. Endlich zum außerordentlichen Professor den Professor Fischer mit einem Gehalt von 300 Thlrn., der mehr als irgendein anderer der hiesigen Mathematiker, für optische Wissenschaften, so wie auch für andere Zweige der Mathematik und Physik brauchbar ist. Die Zahlung der hier genannten Gelehrten könnte von 1. Jun. c. ihren Anfang nehmen.

Endlich muss ich E. K. M. alleruntertänigst anzeigen, dass der mit 800 Thlrn. berufene Professor Horkel zwar den Ruf anzunehmen bereit ist, aber mit 200 Thlrn. verbessert zu werden wünscht. Da nun das Gesuch nicht unbillig ist, so wage ich es, bei E. K. M. auf die Vermehrung der ihm bestimmten Besoldung um diese Summe ehrfurchtsvoll anzutragen.

Geruhen nun E. K. M. diese Anträge huldreichst zu genehmigen und mich zu ferneren Schritten allergnädigst zu autorisieren; so würde ich sogleich alles ferner Notwendige einleiten.

Berlin, den 23. Mai 1810

Über Reformen im Unterrichtswesen

An Hardenberg

Wenn ich es wage, Ew. Exzellenz im Augenblick meines Abganges noch einen, auf die mir anvertraut gewesenen Geschäfte Bezug habenden Antrag zu machen, so hoffe ich dafür teils in dem Anteil, welchen Ew. Exzellenz immer an Wissenschaft und Kunst genommen haben, teils in der Wärme Entschuldigung zu finden, mit welcher ich für die meiner Sorgfalt übergebenen Anstalten zu arbeiten bemüht gewesen bin, und mit der ich auch gewiss künftig immer auf sie zurückblicken werde.

Ew. Exzellenz ist bereits bekannt, dass in den anderthalb Jahren, seitdem die neue Organisation besteht, viele Dinge begonnen sind, von denen man sich mit Recht einen ungemein wohltätigen Einfluss auf die Nationalbildung versprechen darf.

Für den Volksunterricht sind Anstalten gegründet und Maßregeln getroffen, die notwendig eine große und durchgreifende Reform desselben bewirken müssen, von welchen schon jetzt heilsame Folgen sichtbar sind und die, wenn sie auch jetzt nur erst in Preußen existieren, auch in die übrigen Provinzen übergehen sollen.

Die gelehrten Schulen haben an einigen Orten, namentlich in Königsberg, wirkliche Verbesserungen erhalten. Es ist allen Regierungen aufgetragen worden, Pläne zur Verbesserung derselben einzureichen, und von einigen Provinzen sind dieselben bereits eingelaufen.

Die beiden Universitäten Königsberg und Frankfurt haben Vermehrung an Einkünften und dadurch neue geschickte Lehrer erhalten.

Man kann mit Recht behaupten, dass dadurch ein neuer reger Eifer für das Schul- und Unterrichtswesen geweckt und belebt worden ist, dass an vielen Orten wenigstens sich ein neuer und besserer Geist gebildet hat, und dass diese ganze Angelegenheit gerade jetzt zu dem Punkte gekommen ist, wo sie leichten Fortgang und glückliches Gedeihen verspricht.

Man darf mit gleicher Wahrheit hinzufügen, dass der Ruf hiervon auch auf die Meinung Einfluss gehabt hat, die man auswärts vom preußischen Staate hegt. Man hat es vielfältig mit dem unzweideutigsten Tone wahrer Achtung ausgesprochen, dass er durch innere Regeneration sich für den Verlust an äußerer Macht zu entschädigen mit Glück bemüht sei; man hat ihn in einem Augenblicke, wo der deutschen Literatur und selbst der deutschen Sprache sehr viel Gefahr droht, als einen Erhalter von beiden betrachtet.

Es ist gewiss Ew. Exzellenz Meinung und Willen durchaus zuwider, dass hierin ein Rückschritt geschehen solle. Allein Ew. Exzellenz fühlen auch, dass hierin jeder Stillstand schon Rückschritt ist, und ich muss noch einmal wiederholen, dass Alles erst begonnen ist und sorgfältiger Pflege, auch kräftiger Unterstützung bedarf, um auf der angefangenen Bahn fortzugehen.

Aus diesem Grunde nehme ich mir die Freiheit, Ew. Exzellenz über die Zuschüsse zu reden, welche die Sektion zur Fortsetzung ihrer Bemühungen notwendig bedürfen wird.

Vor einigen Monaten, als das Finanzministerium mit der allgemeinen Regulierung aller Etats beschäftigt war, forderte dasselbe auch die Sektion des Kultus und öffentlichen Unterrichts zu Konferenzen darüber auf. Es wurde darin für's erste beschlossen: 1. dass alle Schul-Etats, so wie sie bisher gewesen waren, auch künftig bleiben sollten; 2. dass außer den schon gemachten Bewilligungen auf den General-Etat der Staats-Ausgaben eine ungefähre Summe gesetzt werden solle, auf deren Bewilligung, wenn die einzelnen Anträge zur Verwendung derselben von des Königs Majestät genehmigt würden, die Sektion sollte rechnen können, mit welcher sie sich jedoch auch begnügen müsste.

Über die Bestimmung dieser Summe sollte eine neue Konferenz stattfinden, die aber durch die eingetretene Ministerialveränderung verhindert wurde.

Mein gegenwärtiger gehorsamster Antrag ginge nun dahin: dass Ew. Exzellenz sich auf ähnliche Weise hierin den Unterrichts-Anstalten geneigt zu erklären und das auf den General-Etat eventualiter zu bringende Quantum auf 40- bis 50 000 Taler festzusetzen geruhen möchten.

Diese Summe wird Ew. Exzellenz vielleicht sehr beträchtlich scheinen.

Allein um nur einige der wichtigsten Punkte anzuführen, so ist eine durchgängige Schulverbesserung in Westpreußen und dem Ermlande ungemein dringend. Schon vor dem Kriege war der Zustand des Schulwesens dort wenig erfreulich. Allein der Krieg und die Folgen, welche derselbe auf den, noch überdies vielleicht nicht mit der notwendigen Sorgfalt administrierten Jesuitenfonds gehabt hat, haben dasselbe dergestalt zerrüttet, dass man es ohne alle Übertreibung als ganz zerstört ansehen kann. Die Hilfe in dieser Provinz ist aber umso notwendiger, als wegen der Mischung deutscher und polnischer Einwohner in derselben die National-Bildung schwieriger ist und die Folgen des Mangels an derselben so leicht auch politisch bedenklich werden.

In Litauen bedürfen die gelehrten Schulen einer ansehnlichen Unterstützung, die umso besser angewandt sein dürfte, als gerade die litauische Regierung auf eine vorzüglich einsichtsvolle und eifrige Weise für das Schulwesen tätig ist.

In Schlesien bleibt sehr viel zu tun übrig, ob man sich gleich dort dadurch helfen kann, dass man Gelder, welche die schlesischen Stifter für fremde Institute außer der Provinz zahlen, der Provinz wieder zuwendet und jene Institute aus königlichen Kassen entschädigt.

In allen übrigen Provinzen endlich ist bald mehr, bald weniger Hilfe unumgänglich erforderlich, da in der Tat ehemals unbegreiflich wenig auf Kirchen und Schul-Institute gewendet war.

Bemerken muss ich auch noch, dass das vorige Finanzministerium aller dringender Vorstellungen der Sektion ungeachtet, nie hat den ehemaligen, von des Königs Majestät bereits dem Schulwesen wirklich bewilligten Tabaks-Offizianten-Pensionsfonds, wieder herstellen wollen.

Ew. Exzellenz haben in Ihrer ganzen ehemaligen Geschäftsführung einen so lebendigen Eifer für alle wissenschaftlichen Anstalten bewiesen, dass ich überzeugt bin, dass Sie den Wunsch hegen, alles für dieselben zu tun, was nur irgend die gegenwärtige Lage des Staats erlaubt.

Diese ist nun allerdings einer Vermehrung der Staatsausgaben wenig günstig. Ich erlaube mir jedoch folgende kurze Bemerkungen, durch welche sich die gegenwärtige vielleicht rechtfertigen ließe. Über die Notwendigkeit und

Nützlichkeit von Schulverbesserungen im Allgemeinen zu reden, würde durchaus überflüssig sein. Allein nicht ganz so dürfte es die Versicherung sein, die ich jetzt, da ich abtrete, ohne Unbescheidenheit machen kann, dass die Sektion des öffentlichen Unterrichts gewiss jede ihr bewilligte Summe zweckmäßig verwendet und durchaus von dem Geiste geleitet ist, mit dem man die wesentlichsten Zwecke mit dem möglichst geringen Aufwande erreicht.

Wenn ein Staat, wie der preußische, unglücklicherweise in eine von seiner bisherigen sehr verschiedene Lage versetzt wird, so scheint es nur notwendig, dass er wieder auf irgend eine Art die Aufmerksamkeit auf sich zu ziehen und sich von irgend einer Seite noch mehr auszuzeichnen bemühe. Beförderung von Aufklärung und Wissenschaft hat ihm immer Achtung erworben; es wird ihm leicht sein, diese zu vermehren, die Stimme des Auslands zu gewinnen und auf eine politisch durchaus harmlose Weise eine moralische Macht in Deutschland zu erlangen, die in vielerlei Beziehungen ungemein wichtig werden kann.

Endlich wenn, wie im jetzigen Augenblick, so große Geldbedürfnisse befriedigt werden müssen, sollten da einige Tausend Taler mehr einen so bedeutenden Unterschied hervorbringen?

Ich bitte Ew. Exzellenz, diese Betrachtungen, sowie obigen Antrag als eine Folge meines lebhaften Eifers für die mir anvertraut gewesene Partie anzusehen, und bemerke zugleich ganz ergebenst, dass ich die Führung derselben morgen niederlegen und die Direktion der Sektion des Kultus und öffentlichen Unterrichts Herrn Staatsrat Nicolovius übergeben werde.

Berlin, den 22. Juni 1810

Entlassungsgesuch

Allerdurchlauchtigster Großmächtigster König
Allergnädigster König und Herr.

Ew. Königlichen Majestät wagte ich im verwichenen Herbst in Königsberg mündlich meinen Wunsch zu äußern, aus meinem jetzigen Geschäftskreise in eine andere Laufbahn versetzt zu werden. Ew. Königliche Majestät geruhten mich damals mit Herablassung anzuhören und mir huldreichst zu versprechen auf mein Gesuch Rücksicht zu nehmen. Die Gründe, welche dasselbe zu jener Zeit veranlassten, haben sich seitdem in steigendem Maße vermehrt und jetzt sind Umstände eingetreten, welche mich zu dem schmerzlichen Schritte nötigen, Ew. Königliche Majestät ehrfurchtsvoll um die Erlaubnis zu bitten, mein gegenwärtiges Amt als Chef der Sektionen für den Kultus, öffentlichen Unterricht und das Medizinal-Wesen völlig niederlegen zu können.

Dasselbe ehrerbietige Vertrauen, das mich damals leitete, macht mich auch jetzt so dreist, Ew. Königlichen Majestät die Gründe auseinander zu setzen, welche mich zu einem Entschlusse bringen, der meinem Herzen, wie ich mit voller Wahrheit versichern kann, unendlich schwer wird.

In einem mir von Ew. Königlichen Majestät Staats-Ministerio offiziell angekündigten interimistischen Staats-Rate sollen die Geheimen Staats-Räte zwar in Angelegenheiten ihres besonderen Ressorts ein volles Votum, übrigens aber (nach den ausdrücklichen Worten der Verfügung) gleich den Staats- und Geheimen Ober-Justiz-Räten nur ein Votum consultativum haben.

Die unerwartete Anordnung ändert meine ganzen bisherigen Verhältnisse dergestalt ab, und setzt den mir von Ew. Königlichen Majestät allergnädigst anvertrauten Posten zu so etwas Anderem herunter, als er bei meinem Antritt desselben war, dass es mir unmöglich ist, ihn ferner beizubehalten. Ich fühle lebhaft wie wenig es fruchten kann, wenn bei Einrichtungen, welche Ew. Königliche Majestät auf Antrag Ihres Staats-Ministerii Allerhöchstselbst zu billigen geruht haben, ein Einzelner sich über erlittenes Unrecht beklagt; allein ich hege zu Ew. Königlichen Majestät so oft bewiesene Gerechtigkeits-Liebe das sichere Vertrauen, dass Sie diesem alsdann nicht übel deuten werden, wenn er bescheiden das einzige ihm übrig bleibende Mittel, das Zurücktreten aus dem umgeänderten Verhältnis, ergreift, und mein gegenwärtiger Entschluss wird, meiner innersten Überzeugung nach, durch die triftigsten, mit Ew. Königlichen Majestät Dienst selbst in der nächsten Verbindung stehende Gründe gerechtfertigt.

Ich kann einen Staats-Rat, wie der beschlossene ist, nicht für denjenigen halten, dessen die allerdings noch sehr mangelhafte Verwaltung des Staats schon seit lange bedurfte, und welcher den Erwartungen der Nation und den Hoffnungen des Bessren, die man noch allgemein auch von Preußens innerer Verwaltung hegt, entsprechen könnte; ich bin in meinem Innersten überzeugt, dass die veränderte Stellung der Geheimen Staats-Räte im Staatsrat, auch ihre Wirksamkeit als Sektions-Chefs vernichtet; und ich fühle mich endlich, wie ich freimütig eingestehe, tief gekränkt, durch die Herabsetzung, mit welcher die Geheimen Staatsräte auf einmal im Staatsrat denjenigen gleich gesetzt werden, welche, der bisherigen Verfassung gemäß, keine Ansprüche auf eine regelmäßige und wirksame Teilnahme an denselben machen konnten, und die in allen andern Hinsichten den Sektions-Chefs untergeordnet sind.

Der Staatsrat, welchen die Verordnung vom 24. November 1808 festsetzte, und dessen Suspension im Publicando vom 16. Dezember ejusd. gewiss von höchst nachteiligen Folgen gewesen ist, hatte offenbar zum Zweck, Einheit in die Maschine der Staats-Verwaltung zu bringen und Ew. Königlichen Majestät über diejenigen Angelegenheiten, welche zu Allerhöchstihrer eigenen Entscheidung gelangen, mit der Pluralität der Meinungen derer bekannt zu machen, welchen diese Verwaltung anvertrauet ist. Es waren daher, nach einem einfachen, aber festen Prinzip, die Staatsräte, welchen in der Tat in der Verwaltung keine selbständige Leitung eingeräumt ist, davon ausgeschlossen; die Sektions-Chefs hingegen hatten, da sie nach dieser Verordnung und auch nach dem bestehenden Gebrauch wahrhaft selbständige Administratoren, nur unter der Kontrolle der Minister, sind, völlig gleiches Stimmrecht mit diesen darin. Zu dem nunmehr angeordneten Staatsrat sollen, außer sämtlichen Geheimen Staatsräten, noch Staatsräte, wie es scheint, in unbestimmter Anzahl, entweder bloß aus den Ministerien, oder auch den Sektionen, zugezogen werden, alle aber nur beratende Stimme haben.

Der eine Zweck, Ew. Königliche Majestät mit der Meinung aller Administratoren bekannt zu machen, fällt daher von selbst hinweg, der andere der Einheit findet, (auch vorausgesetzt, dass alle wichtige Angelegenheiten wirklich vor den Staatsrat gebracht würden) nur insofern statt, als freilich alle Administratoren von jeder Sache Kenntnis empfingen, auch über jede, jedoch ohne weitere Wirksamkeit, ihre Meinung sagen könnten, womit sicherlich bei weitem nicht dasjenige erreicht wird, was man unter administrativer Einheit verstehen muss. Auch kommt noch überdies hinzu, dass es, außer dem Staatsrat, über viele Gegenstände der Administration Ministerial-Konferenzen geben soll, bei welchen die Geheimen Staatsräte nur einzeln und bisweilen zugezogen werden. Dieser Staatsrat kann daher höchstens so viel erreichen, dass bei mehr regelmäßiger mündlicher Beratung der Schriftwechsel vermindert wird und dass Ew. Königlichen Majestät Staats-Ministerium die Vorschläge und Erinnerungen einer größeren Anzahl von Personen, als jetzt offizieller Weise vernimmt. Allein dies letztere wird auch schwerlich völlig erreicht werden, da sich nicht erwarten lässt, dass diejenigen, die mit dem Bewusstsein reden, dass ihre Meinung ebenso gut verworfen als angenommen werden kann, mit Freimütigkeit und dem wahren lebhaften Interesse sprechen werden, ohne welche nichts recht Gutes zu Stande kommt. Ein solcher Staatsrat kann, meiner Überzeugung nach, nicht viel mehr als ein bloßer Name sein, wohl aber dadurch noch schädlich werden, dass er den Beschlüssen einiger Weniger scheinbar ein größeres Gewicht beileget. Ich empfinde es tief wie viel ich wage, mich gegen eine Anordnung zu äußern, welche Ew. Königliche Majestät zu sanktionieren einmal geruhet haben. Ich fühle aber auch ebenso lebhaft, dass es nur aus Eifer für Ew. Königlichen Majestät Allerhöchsten Dienst geschieht. Vielleicht reicht auch dieser kaum hin, eine solche Freiheit zu rechtfertigen; allein gewiss würde ich nichts von allem diesen zu erwähnen wagen, wenn es nicht meinem Herzen zugleich Pflicht und Bedürfnis wäre, mein Entlassungsgesuch in Ew. Königlichen Majestät Augen aus den Gründen zu rechtfertigen, aus welchen es herfließt.

Ich habe übrigens die obigen Behauptungen mit umso größerer Zuversicht gewagt, als auch bei den allgemeinen Vorträgen welche im Jahre 1808 vor Einführung der jetzigen Verfassung stattfanden, außer den Ministern noch damals Geheime Finanz-Räte gegenwärtig waren, und die Frage ausdrücklich debattiert ward, ob dieselben eine bloß beratende oder entscheidende Stimme haben sollten? Mit Unterstützung der Minister selbst wurde damals für das Letztere aus dem Grunde entschieden, dass die volle Verantwortlichkeit auch volles Interesse und daher volle Teilnahme voraussetze und es ist niemals ein Nachteil dieser Anordnung bemerkt worden. Es würde tief kränkend für diejenigen sein, welche, der bisherigen Verfassung nach, jetzt Mitglieder des Staatsrats sein sollten, wenn man ihrer Freimütigkeit nicht die Bescheidenheit und Mäßigung zutraute, welche die damaligen Mitglieder bewiesen, und welche in jeder deliberierenden Versammlung gleich anständig und notwendig ist.

Will ich aber auch nur streng auf die Erfüllung meiner Pflichten als Sektions-Chef sehen; so fühle ich mich auch in dieser durch die neue Anordnung gänzlich gehemmt. Denn wenn auch wirklich geäußert ist, dass die Sektionen in ihren übrigen Verhältnissen wie bisher, verbleiben sollen; so ist dies, wenn man den Geist der Verordnung vom 24. November 1808 erwägt, doch in sich unmöglich; die gemachte Abänderung greift weit tiefer ein, als es beim ersten Anblick scheint; sie vernichtet nicht bloß die Vorrechte der Geheimen Staatsräte im Staatsrat, sondern sie untergräbt dieselben auch in den Sektionen, und zerstört in der Tat das Wesen des durch jene Verordnung eingeführten Verwaltungs-Systems. Es ist nämlich eine Eigentümlichkeit von diesem, dass die Chefs der Sektionen wichtigen Partien der Administration nicht als bloße Organe der Minister, sondern selbständig und so vorstehen, dass sie nur der Kontrolle der Minister unterworfen sind, allein nur zu äußerst wenigen Dingen ihrer Zustimmung bedürfen. Diese Selbständigkeit ist mit dem vollen Anteil derselben am Staatsrat in so enger wechselseitiger Verbindung, dass die erstere nicht mehr mit Nutzen ohne den letztern bestehen kann. Werden dieselben nun im Staatsrat den bloßen Staatsräten gleich gesetzt, so verlieren sie notwendig und ohne dass man es hindern kann, auch als Sektions-Chefs alles Ansehen und alles Gewicht; die Minister müssen mehr in ihre Verwaltung eingreifen und da sie dieselbe doch nicht ganz übernehmen und nicht von jedem Detail unterrichtet sein können, so muss die Sache darunter leiden; es findet weder wahres gemeinschaftliches Handeln, noch abgesondertes in rein geschiedenen Grenzen statt, und die wahre Verantwortlichkeit, an welcher allein Ew. Königlichen Majestät gelegen sein kann, und die unmöglich darin bestehen darf, dass jeder seine einzelnen beschränkten Maßregeln vertritt, sondern darin, dass er für eine mit Freiheit verwaltete Partie einsteht, fällt von selbst hinweg. Fühlten daher die Sektionen in ihrer Wirksamkeit bisher den Mangel eines Staatsrates; so werden sie noch weit nachteiliger den Einfluss eines solchen empfinden, in welchem ihre Vorsteher eine ihnen gänzlich unangemessene Stelle einnehmen. Die volle Stimme der Geheimen Staatsräte in ihren eigenen Angelegenheiten kann diesen Schaden nicht aufheben. Denn wenn damit auch eine wirklich entscheidende gemeint sein sollte; so ist sie immer nur eine einzelne, auch besitzen die Sektions-Chefs diese von selbst dadurch, dass ihre Berichte Ew. Königlichen Majestät vor Augen gelegt werden.

Ich wage noch hinzuzufügen, dass die hier angeführten Nachteile meine Partie doppelt treffen, da die Überzeugungen von den in sie einschlagenden Gegenständen nur bei anhaltender Beschäftigung mit denselben richtig entstehen, und sich abändern können, da es nicht immer möglich ist, sich mit Personen, die einmal von Grund aus andere Ansichten hegen, darüber durch bloße Gründe zu verständigen, auch die mit auswärtigen Gelehrten anzuknüpfenden Verhältnisse nur dann gelingen können, wenn den Chef der Sektion das gehörige Gewicht zugetraut werden kann. Ich würde daher durchaus gegen meine Pflicht handeln, wenn ich Ew. Königlichen Majestät nicht freimütig erklärte, dass ich außer Stande bin, Geschäften ferner vorzustehen, die nach dieser Abänderung, nur von dem Minister selbst mit Fortgang geleitet werden können.

Freilich ist die neue Anordnung nur interimistisch; allein sollte den Geheimen Staatsräten künftig zugestanden werden, was ihnen jetzt versagt wird? auf jeden Fall würde auch selbst in kurzer Zeit der Nachteil der Schwächung ihres Ansehens immer fühlbar sein, und endlich wird die Zurücksetzung durch den interimistischen Zustand um nichts weniger empfindlich und kränkend.

Denn ich scheue mich nicht, vor Ew. Königlichen Majestät, deren unparteiische Gerechtigkeits-Liebe eine sichere Zuflucht für jeden Ihrer Untertanen ist, auch diesen Punkt zu berühren. Er bezieht sich allerdings auf etwas Persönliches. Allein es gibt bei dem Dienste im Staate ein Ehrgefühl, das mit dem Pflichtgefühl so enge verbunden ist, dass sich nicht das eine ohne das andre abstumpfen lässt, und wem Ew. Königliche Majestät einmal einen Posten zu erteilen geruhet haben, der würde Ew. Königlichen Majestät huldreiches Vertrauen nicht ehren, wenn er sich mit Gleichgültigkeit plötzlich die wichtigsten Vorzüge desselben entreißen, und sich denen gleichsetzen ließe, welche bis dahin unter ihm standen. Als Ew. Königliche Majestät die Gnade hatten, mir meinen jetzigen Posten zu verleihen, musste ich mit Recht diejenigen Vorrechte damit verknüpft glauben, welche die Verordnung vom 24. November 1808 ihm zusichert. Ew. Königliche Majestät hatten diese Verordnung Allerhöchstselbst vollzogen, das Publicandum vom 16. Dezember ejd. war nur ein Auszug daraus; der Staatsrat war freilich suspendiert, allein nirgends verlautete, dass er überhaupt, geschweige denn in seinen wesentlichsten Bestimmungen, geändert werden sollte.

Jetzt verliere ich auf einmal das wichtigste Vorrecht meines Amtes; es bleibt nunmehr nichts als der bloße Vorsitz in der Sektion, den auch Staatsräte haben können, und wirklich haben, übrig. Ew. Königliche Majestät sind zu gerecht, als dass Sie es ungnädig aufnehmen sollten, wenn ich unter diesen Umständen nicht weiter fortdienen kann, sondern um die Erlaubnis bitte, meinen Posten Ew. Königlichen Majestät ehrfurchtsvoll zu Füßen legen zu dürfen.

Ich kann zwar, da Ew. Königliche Majestät geruhet haben, mich unverdienterweise immer persönlich einer Gnade zu würdigen, für welche meine tiefe Dankbarkeit unauslöschlich bleiben wird, nicht das Gefühl unterdrücken, dass der Ausgang meiner Dienstlaufbahn jetzt überaus traurig für mich ist. Ew. Königliche Majestät geruhen sich zu erinnern, dass ich meinen jetzigen Posten keineswegs suchte, ich wagte vielmehr die Bitte, mich in meinem alten

Verhältnisse zu lassen. Die Gewährung dieses Wunsches hätte mir die Kollisionen erspart, die mich jetzt gänzlich aus dem Dienst zu treten nötigen.

Zwar dürfte ich es vielleicht wagen, Ew. Königliche Majestät jetzt an Ihr mir huldreichst gegebenes bestimmtes Versprechen zu erinnern, mich, wenn meine jetzige Lage meiner Neigung nicht angemessen sein sollte, in dem Auswärtigen Departement in meine vorige zurückzuversetzen. Allein es ist meinem Herzen zu wichtig Ew. Königl. Majestät auf keine Weise über die wahren Gründe meines jetzigen Entschlusses zweifelhaft zu lassen, als dass ich auf diese Allerhöchste Gunst gegenwärtig Anspruch machen sollte.

Ich bescheide mich daher gern, mich in die Einsamkeit zurückzuziehen. Da ich meine Kräfte immer nur habe ausschließlich Ew. Königlichen Majestät und meinem Vaterlande widmen wollen; so wird meine Treue an Allerhöchst Ihre Person unerschütterlich dieselbe bleiben, und ich werde es zu meinem größten Glücke rechnen, wenn Ew. Königliche Majestät diese Gesinnungen anzuerkennen geruhen wollen. Ich darf mir alsdann mit der sicheren Hoffnung schmeicheln, dass Ew. Königliche Majestät huldreichst verzeihen werden, wenn ich meine ehrfurchtsvolle Bitte wiederhole, mich nicht länger in einer Lage zu lassen, in der ich an sich den Geschäften nicht mehr nützlich werden kann, in der es mir außerdem nicht mehr möglich ist, mit Mut und Freudigkeit zu arbeiten, und die aus diesen beiden Gründen mein Leben notwendig verbittern müsste.

Ich ersterbe in tiefster Ehrfurcht
Ew. Königlichen Majestät
Berlin, den 29ten April 1810

Anhang

Textauswahl, Textvorlagen und Textgestalt

Die hier versammelten Texte bilden den Entwicklungsgang von Wilhelm von Humboldts Nachdenken über Bildung ab. Sie folgen seinen philosophischen Überlegungen aus seiner Zeit in Erfurt und Jena und geben dann in Auswahl auch jene Berichte, Anträge und Denkschriften wieder, die Humboldt als Geheimer Staatsrat und Direktor der Sektion des Kultus und Unterrichts im preußischen Innenministerium bis zu seiner Entlassung 1810 verfasst hat. Im klassischen Sinne bilden diese Schriften also kein Werk, sondern umfassen theoretische Schriften und Gebrauchsschriften. Sie waren großenteils nicht zur Veröffentlichung bestimmt und daher auch lange einem größeren Publikum unbekannt. Sein Bruder Alexander hat postum einige dieser Schriften als gesammelte Werke zwischen 1841 und 1853 herausgegeben. Erst die Ausgabe der Königlichen Preußischen Akademie der Wissenschaften hat Humboldts Schriften und seinen handschriftlichen Nachlass zwischen 1903 und 1936 in 17 Bänden mit dem Anspruch gesammelt und herausgegeben, die verstreuten Schriften zu einer Werkausgabe zu vereinen. Band 10 versammelt Humboldts politische Denkschriften, veröffentlicht zuerst 1903 durch Bruno Gebhardt, Band 13 bringt dann die Nachträge, freilich erst 1920 herausgegeben von Siegfried Kähler und Eduard Spranger. Beide Bände bilden die Referenz für die hier vorliegende Auswahlausgabe. Die Akademieausgabe ist gleichwohl keine vollständige Ausgabe. Das schon deshalb nicht, weil die Nachlasssituation einigermaßen kompliziert ist, aber auch deshalb, weil man Humboldts empirische Arbeiten zur Sprachwissenschaft lange unterschätzt hat. Sie machen einen erheblichen Teil der Schriften Humboldts aus und sind in einer gesonderten Ausgabe erst seit 1993 zugänglich gemacht worden.

Für die Textvorlagen dieser Auswahl-Edition wurde auf die Akademieausgabe zurückgegriffen und gelegentlich auch auf den Erstdruck. Die Druckvorlagen sind jeweils angegeben. Die Texte sind ungekürzt und behalten die ursprüngliche Interpunktion bei. Die Orthographie wurde bei Wahrung des Lautstands auf der Grundlage der gültigen amtlichen Rechtschreibregeln behutsam modernisiert.

Zu den einzelnen Texten

1. *Theorie der Bildung des Menschen*: Fragmentarische Handschrift, acht halbbeschriebene Quartseiten, ohne Titel. Der Titel wurde durch Albert Leitzmann, einem der Herausgeber der Akademieausgabe, hinzugefügt. Das Fragment ist auf ca. 1793 zu datieren. Druckvorlage: Akademieausgabe, Abt. 1, Bd. 1, 1903.
2. *Plan einer vergleichenden Anthropologie*: Handschrift, 43 Quartseiten, um 1795 begonnen, als Skizze für ein größeres Werk gedacht. Druckvorlage: Akademieausgabe, Abt. 1, Bd. 1, 1903.
3. *Über den Geist der Menschheit*: Handschrift, 15 halbbeschriebene Quartseiten, um 1797. Vermutlich Entwurf für eine umfangreichere Schrift über die Bestimmung des Menschen. Druckvorlage: Akademieausgabe Abt. 1, Bd. 2, 1904.
4. *Wie weit darf sich die Sorgfalt des Staates um das Wohl seiner Bürger erstrecken?*: Erstdruck in Schillers Zeitschrift »Neue Thalia«, Bd. 2, 1792 [hier auch die Druckvorlage].
5. *Über öffentliche Staatserziehung*: Kapitel 6 aus Humboldts Schrift »Ideen zu einem Versuch die Grenzen der Wirksamkeit des Staats zu bestimmen«, separat erschienen. Erstdruck in »Berlinische Monatsschrift«, 1792 [hier auch die Druckvorlage]. Die vollständige »Ideen«-Schrift ist erst postum 1851 erschienen.
6. *Über das Verhältnis der Religion und der Poesie zu der sittlichen Bildung*: Verlorene Handschrift, Datierung unsicher, möglicherweise erst nach 1820. Erster Druck 1853 in »Wilhelm von Humboldt, Sonette«, hrsg. von Alexander von Humboldt. Druckvorlage: Akademieausgabe, Abt. 1, Bd. 7, 2. Tl., 1908.
7. *Der Königsberger und der Litauische Schulplan*: Eigenhändiges Konzept Humboldts, das seinen Mitarbeitern bekannt gewesen sein dürfte, 1809. Titel durch Eduard Spranger hinzugefügt und durch ihn dann in den 20er Jahren des 20. Jahrhunderts popularisiert. Druckvorlage: Akademieausgabe, Abt. 1, Bd. 13, 1920.
8. *Antrag auf Errichtung der Universität Berlin*: Humboldt hatte zunächst zwischen dem 12. und 14. Mai 1809 einen ersten Antrag ausformuliert, diesen dann erweitert für den Vortrag im Kabinett.

Im Juli 1809 entwarf er einen ganz ähnlichen Bericht an den Finanzminister und den Minister des Innern und einen Antrag im Namen seiner Sektion, der über den ersten Entwurf vom Mai 1809 hinausging und an verschiedene ministerielle Stellen bis August 1809 gesandt wurde. Abgedruckt ist hier dieser letzte Entwurf seiner Sektion vom Sommer 1809. Druckvorlage: Akademieausgabe, Abt. 2, Bd. 10, 1903.

9. *Über die innere und äußere Organisation der höheren wissenschaftlichen Anstalten in Berlin*: Eigenhändiger Entwurf Humboldts, vermutlich um 1810. Das 19. Jahrhundert kannte diese Schrift nicht. Durch Bruno Gebhardts Publikation 1896 »Wilhelm v. Humboldt als Staatsmann« und durch Adolf Harnack wurde die Schrift im 20. Jahrhundert zu der zentralen Referenz für die Rede von der Humboldtschen Universität. Druckvorlage: Akademieausgabe, Abt. 2, Bd. 10, 1903.
10. *Bericht der Sektion des Kultus und Unterrichts*: Liegt nur in einer Abschrift von 1809 vor, die nicht unterscheiden lässt, welchen Anteil Humboldt und welchen Anteil seine Mitarbeiter Nicolovius und Süvern haben. Druckvorlage: Akademieausgabe, Abt. 2, Bd. 10, 1903.
11. *Generalbericht der Sektion des Kultus und Unterrichts an den König*: Eigenhändiger Entwurf Humboldts von 1810. Erstdruck 1860 in Rudolf Köpke, »Die Gründung der Königlichen Friedrich-Wilhelm-Universität zu Berlin«. Druckvorlage: Akademieausgabe, Abt. 2, Bd. 10, 1903.
12. *Über Reformen im Unterrichtswesen*: Ministerielles Schreiben an den Kanzler Hardenberg. Erstdruck »Historische Zeitschrift«, Bd. 65, 1810. Druckvorlage: Akademieausgabe, Abt. 2, Bd. 10, 1903.
13. *Entlassungsgesuch*: Eigenhändiges Schreiben Humboldts vom 29. April 1810. Druckvorlage: Akademieausgabe, Abt. 2, Bd. 10, 1903.

Literaturhinweise

I. Werkausgaben und Schriften in Auswahl

Gesammelte Schriften. Ausgabe der Preußischen Akademie der Wissenschaften. Hrsg. von Albert Leitzmann, Bruno Gebhardt und Wilhelm Richter. Berlin 1903–1936. Nachdruck 1968.

Werke in fünf Bänden. Hrsg. von Andreas Flitner und Klaus Giel. Darmstadt 1960–81, Neuauflage 2002.

Schriften zur Sprachwissenschaft. Sieben Abteilungen. Hrsg. von Kurt Mueller-Vollmer [u. a.]. Paderborn 1993 ff.

Ideen zu einem Versuch, die Grenzen der Wirksamkeit des Staats zu bestimmen. Hrsg. von Robert Haerdter. Stuttgart 1967. (Reclams Universal-Bibliothek. 1991.)

Schriften zur Sprache. Hrsg. von Michael Böhler. Stuttgart 1973 (Reclams Universal-Bibliothek. 6922.)

Wilhelm von Humboldt: Bildung und Sprache. Hrsg. von Clemens Menze. Paderborn 1974.

– Schriften und Briefwechsel. (https://de.wikisource.org/wiki/Wilhelm_von_Humboldt)

II. Hinweise zur Forschungsliteratur

Ash, Mitchell G. (Hrsg.): Mythos Humboldt. Vergangenheit und Zukunft der deutschen Universitäten. Wien 1999.

Baumgart, Franzjörg: Zwischen Reform und Reaktion. Preußische Schulpolitik 1806–1859. Darmstadt 1990.

Benner, Dietrich: Wilhelm von Humboldts Bildungstheorie. Eine problemgeschichtliche Studie zum Begründungszusammenhang neuzeitlicher Bildungsreform. Weinheim 1990. Erw. Auflage 2003.

Gall, Lothar: Wilhelm von Humboldt. Ein Preuße in der Welt. Berlin 2011.

Jeismann, Karl-Ernst: Das preußische Gymnasium in Staat und Gesellschaft. Die Entstehung des Gymnasiums als Schule des Staates und der Gebildeten, 1787–1817. Stuttgart 1974.

Kraus, Hans-Christof: Kultur, Bildung und Wissenschaft im 19. Jahrhundert. München 2008.

Menze, Clemens: Die Bildungsreform Wilhelm von Humboldts. Hannover 1975.

Mueller-Vollmer, Kurt / Messling, Markus: Wilhelm von Humboldt. In: Stanford Encylopedia of Philosophy (Summer 2016 Edition). Hrsg. von Edward N. Zalta. (http://plato.stanford.edu/entries/wilhelm-humboldt/)

Paletschek, Sylvia: Die Erfindung der Humboldtschen Universität. Die Konstruktion der deutschen Universitätsidee in der ersten Hälfte des 20. Jahrhundert. In: Historische Anthropologie 10 (2002), S. 183–205.

Rosenstrauch, Hazel: Wahlverwandt und ebenbürtig. Caroline und Wilhelm von Humboldt. Frankfurt a. M. 2009.

Schwinges, Rainer Christoph (Hrsg.): Humboldt International. Der Export des deutschen Universitätsmodells im 19. und 20. Jahrhundert. Basel 2001.

Tenorth, Heinz-Elmar (Hrsg.): Geschichte der Universität Unter den Linden. Bd. 1.: Gründung und Blütezeit der Universität zu Berlin 1810–1918. Berlin 2012.

Trabant, Jürgen: Weltansichten. Wilhelm von Humboldts Sprachprojekt. München 2012.

Wittrock, Björn (Hrsg.): The European and American University since 1800. Cambridge 1993.

Zeittafel

1767 Am 22. Juni als ältester Sohn der Marie-Elisabeth von Humboldt und des Kammerherrn Alexander Georg von Humboldt in Tegel bei Berlin geboren.

1769 Alexander von Humboldt geboren.

1785 Verbindungen zu den Kreisen der Aufklärung, später dann auch zu denen der Romantik.

1787 Zusammen mit dem Bruder Alexander an der Brandenburgischen Universität Frankfurt an der Oder für Rechtswissenschaft immatrikuliert.

1788 Studium der Rechtswissenschaft und klassischen Philologie an der Universität Göttingen.

1789 Mit Campe Reise nach Paris, Süddeutschland und in die Schweiz.

1790 Assessor am Kammergericht in Berlin.

1791 Ausscheiden aus dem Staatsdienst mit dem Titel eines Legationsrates. Heirat mit Caroline von Dacheröden. Lebt in Erfurt, dann Jena. Erste Veröffentlichungen in Zeitschriften.

1797 Tod der Mutter. Übersiedlung nach Paris.

1799 Veröffentlichung seines ersten selbständigen Werks *Ästhetische Versuche, Erster Theil. Über Göthe's Herrmann und Dorothea.* Reisen nach Südfrankreich und Spanien. Studium der baskischen Sprache.

1802 Als preußischer Ministerresident beim Päpstlichen Stuhl in Rom.

1809 Berufung zum Geheimen Staatsrat und Direktor der Sektion des Kultus und öffentlichen Unterrichts im Ministerium des Innern in Königsberg und Berlin.

1810 Entlassungsgesuch Humboldts. Ernennung zum Gehobenen Staatsminister und Entsendung nach Wien.

1813 Bevollmächtigter Preußens bei den Verhandlungen in Prag, Chatillon, Wien, Paris und Frankfurt am Main.

1816 *Aeschylos' Agamemnon.* Metrisch übersetzt, erscheint im Druck.

1817 Als außerordentlicher Gesandter nach London delegiert.

1818 Rückkehr nach Berlin. Wiederaufnahme seiner ministeriellen Tätigkeiten.

1819 Ernennung zum Minister des Innern für die ständischen und Kommunalangelegenheiten, das Provinzial- und Kommunalschuldwesen und die landschaftlichen Kreditsysteme. Nach weiteren Konflikten mit Hardenberg endgültiger Rückzug aus Politik und Staatsdienst.

1820 Lebt zurückgezogen in Tegel. Intensive, vor allem sprachwissenschaftliche Studien.

1829 Am 26. März stirbt seine Frau Caroline. Erkrankung Humboldts. Ernennung zum Vorsitzenden der Kommission für die Einrichtung des staatlichen Kunstmuseums.

1830 Berufung in den Staatsrat, ohne jedoch aktiv in die Geschäfte einzugreifen. Veröffentlichung des Briefwechsels mit Schiller mit der *Vorerinnerung über Schiller und den Gang seiner Geistesentwicklung.*

1835 Wilhelm von Humboldt stirbt am 8. April und wird am 12. April im Schlossgarten von Tegel neben seiner Frau Caroline beigesetzt.

Nachwort

Das Humboldtsche Bildungsideal

Wie Bücher so haben auch Namen ein Schicksal. Der Name Humboldt hat zweifellos ein solches Schicksal erfahren, denn wie kein zweiter verbindet er sich geradezu stereotyp mit emphatischen Vorstellungen über Bildung. Das ›Humboldtsche Bildungsideal‹ ist eine stehende Wendung, die sich bis in gegenwärtige Reformdiskussionen hält. Die Formel suggeriert, dass eine nicht näher umrissene Rückkehr ›zu Humboldt‹ ausreichen würde, Schulen und Universitäten wieder zu ihren eigentlichen Bestimmungen zurückzuführen. Kaum eine Diskussion um Sinn und Zweck von Bildung, Schule und Universität, die ohne eine Referenz auf dieses Ideal auskommen könnte. Kein Zweifel, das Humboldtsche Bildungsideal ist bis heute identitätsstiftend. Dabei vermischen sich in den Debatten zutreffende mit einer Vielzahl irriger Annahmen über Humboldts Auffassung von Bildung. Was das Humboldtsche Ideal ist, das bleibt vage und hat mehr mit den jeweils eigenen Erwartungen als mit der Kenntnis der Ideen Humboldts zu tun. Vom ›Mythos Humboldt‹ ist daher in der Forschung zur Geschichte der Bildung mit einigem Recht die Rede, so sehr ist die Zusammenstellung von ›Humboldt‹ und ›Bildung‹ zu einem leeren Gemeinplatz geworden. Wer Humboldt war, wie er über Bildung dachte und seine Ideen umzusetzen suchte, das spielt in den Bezugnahmen auf Humboldt kaum eine Rolle und ist fast nur Fachleuten der Bildungsgeschichte bekannt. Humboldt ist ein Topos in den Debatten um Aufgabe und Zukunft von Bildung und Universität, nicht viel mehr.

Die vorliegende Textauswahl setzt der inhaltsleer gewordenen Bezugnahme auf Humboldt seine wichtigsten Schriften zur Bildung entgegen. Sie lässt den Theoretiker und den Praktiker der Bildung zu Wort kommen. Die Auswahl will damit die stereotype Rhetorik um das Humboldtsche Bildungsideal provozieren und zu Neuinterpretationen seiner Schriften einladen.

I.

Man versteht von Humboldts Ideen mehr, wenn man zunächst seine Lebensgeschichte in den Blick nimmt. Das bürgerliche Elternhaus und die Pädagogik der Aufklärung sind die ersten, kaum zu überschätzenden Prägungen der Vorstellung Humboldts darüber, was Bildung bedeutet. Seine Eltern gehörten der Elite preußischer Beamtenfamilien an, die im aufgeklärten Absolutismus die Länder verwalteten, an den Höfen, beim Militär und den Kirchen die eigentliche Arbeit taten. Der Vater Alexander Georg von Humboldt (1720–1779) war Offizier und Kammerherr am preußischen Hof, sein Vater wiederum wegen seiner Verdienste beim Militär schon 1738 mit einem Adelstitel ausgezeichnet worden, was der Familie in der damaligen Ständegesellschaft den so wichtigen Zugang zum Hof erleichterte. Die Mutter Marie-Elisabeth Colomb (1741–1796) war hugenottisch-schottischer Herkunft und hatte aus ihrer ersten Ehe ein beträchtliches Vermögen und das Erbpachtgut Tegel in die neue Verbindung eingebracht. Das versetzte die Familie in die Lage, eine standesgemäße Erziehung der beiden Söhne Wilhelm (1767–1835) und Alexander (1769–1859) zu gewährleisten. Doch die Eltern Humboldts dachten weniger in Kategorien des Standes als vielmehr in Kategorien der Aufklärung. Und so engagierten sie bedeutende Aufklärer als Lehrer für ihre beiden Söhne. Die Liste der Privatlehrer, die die Eltern mit der Erziehung ihrer Söhne beauftragt hatten, liest sich wie ein Who is Who der Aufklärung: der Pädagoge Joachim Heinrich Campe etwa, der Philosoph Johann Jakob Engel oder der Ökonom Christian Wilhelm Dohm, um nur ein paar Namen zu nennen. Gottlob Christian Kunth war als Hofmeister eingestellt worden, verwaltete nach dem frühen Tod des Vaters die Güter und entwickelte für die beiden Söhne einen Lehrplan, der alle damals bekannten Fächer umfasste: Botanik, Physik und Geographie, die Sprachen Griechisch, Latein und Französisch, dann auch Mathematik, Philosophie und Theologie, Ökonomie, Technologie und Naturrecht und auch das Zeichnen. Der Fleiß der Brüder war für ihre Zeit ungewöhnlich. Mit 13 Jahren soll Wilhelm bereits fließend in mehreren Sprachen gewesen sein. Die Brüder wurden bald schon Teil der aufgeklärten Kreise in Berlin, verkehrten in den Salons von Henriette und Marcus Herz, studierten die schottischen Aufklärer, lernten den Weltweisen Moses Mendelssohn kennen und diskutierten die ersten Schriften Immanuel Kants.

Das alles entsprach Bilderbuch-Karrieren der Aufklärung, der Idee, dass der Mensch verbessert werden und durch kritische Befragung der Welt fast alles lernen könne. Der Enthusiasmus für Bildung in diesem so umfassenden Sinn, damals auch Weltweisheit genannt, begann hier und gehört historisch zur Vorstellungswelt des Wolffianismus. Gemeint ist damit eine vor allem auf Gottfried Wilhelm

Leibniz zurückgehende Philosophie, die in ihrem metaphysischen Optimismus dem Menschen fast alles Gute und eine schier grenzenlose Erkenntnis zutraut. Die Welt konnte diesem Optimismus gar nicht groß genug sein. Christian Wolff hatte als Schüler Leibniz' dessen Philosophie systematisiert und gezeigt, dass die Selbstaufklärung des Menschen gelingen könne, weil Gott in seiner Gnade den Menschen dazu befähigt habe, sich über sich selbst auszusprechen, das prinzipiell unerkennbar Individuelle in der dem Menschen möglichen Klarheit auszusagen und die Ganzheit des Universums näherungsweise zu erkennen. Selbst- und Welterkenntnisse waren in dieser aufgeklärten Tradition unbedingt positiv besetzt und das Zutrauen in den Menschen groß, die Erkenntnis über die Welt in Persönlichkeit verwandeln zu können. Es ist diese positive Anthropologie der Aufklärung, die Humboldt ein Leben lang geleitet hat und die ihm seine Eltern und seine Lehrer schon früh vermittelt haben. Wenn von Bildung bei Humboldt die Rede ist, so ist diese aufklärerische Tradition stets mitzubedenken.

Humboldt konnte seine Studien 1787 zunächst in der nahegelegenen Brandenburgischen Universität Frankfurt fortsetzen, wechselte aber nach einem Semester zum Frühjahr 1788 an die neben Halle damals führende Universität Göttingen. Auch in Göttingen waren es die Aufklärer wie der Physiker und Philosoph Georg Christoph Lichtenberg, der Altphilologe und Begründer der modernen wissenschaftlichen Bibliothek Christian Gottlob Heyne und der für seine Zeit überragende Naturkundler Johann Friedrich Blumenbach, später auch der Naturforscher und Reiseschriftsteller Georg Forster, die alle für Wilhelm und seinen

Bruder Alexander von prägender Bedeutung waren. Denn von ihnen war zu lernen, wie die Welt erforscht, das gewonnene Wissen formuliert und die Erkenntnisse angewendet werden konnten. Von Blumenbach übernahm Humboldt die Idee eines dem Menschen angeborenen Bildungstriebs. Wie alles in der Natur danach strebt, sich seiner gegebenen Form nach zu entwickeln, so tue es auch der Mensch. Bildung galt Humboldt daher als etwas dem Menschen Angeborenes, dem man nur Raum geben müsse, damit sich dieser Bildungstrieb entfalte. Lebenslange Freundschaften mit den Schriftstellern August Wilhelm Schlegel und mit Friedrich Jacobi wurden in Göttingen geschlossen. Das alles öffnete Horizonte.

1789 beendete Humboldt sein Universitätsstudium nach den damals üblichen vier Semestern und brach mit seinem Lehrer Campe zu einer Reise in das revolutionäre Paris auf. Sie kamen inmitten der Ereignisse um die Erstürmung der Bastille am 14. Juli 1789 an. Humboldt war ebenso fasziniert wie schockiert von den Ereignissen. Abgestoßen von der Radikalisierung der Revolution kehrte er noch im August 1789 über das Rheinland und die Schweiz zurück, 1790 trat er in den preußischen Staatsdienst. Das entsprach seinem Stand und den Erwartungen der Eltern, denn alle Bildung der Söhne hatte immer auch das Ziel, ihnen eine standesgemäße Stellung zu sichern. Und dies war auch für Wilhelm von Humboldt Bedingung dafür, seine Verlobte Caroline von Dacheröden heiraten zu dürfen, auch sie eine im Geist der Aufklärung erzogene Tochter aus dem Beamtenadel. Doch schon im Mai 1791 und damit noch vor der Hochzeit in Erfurt am 29. Juni 1791 suchte Humboldt um seine Entlassung nach. Caroline und Wilhelm von Humboldt lebten die ersten Jahre auf den Dacherödenschen Gütern bei Erfurt, dann ab 1794 in Jena, nicht weit von Friedrich Schiller entfernt. Damit ist neben der Aufklärung ein zweiter für Humboldt so prägender Einfluss benannt, der Idealismus der Weimarer Klassik.

Der Umzug nach Jena war die Folge einer leidenschaftlichen Anhänglichkeit an Goethe und Schiller. Beide hatten Caroline und Wilhelm von Humboldt schon 1789 in Weimar kennengelernt. Während ihrer Zeit auf dem Familiengut bei Erfurt studierte das Paar die griechischen Klassiker und teilte mit Goethe und Schiller – nicht zuletzt angeregt durch den Altphilologen Friedrich August Wolf im nahen Halle – die Begeisterung für die Antike. Das griechische Altertum war ein Ideal und damit eine Richtschnur dafür, was der Mensch im idealen Sinne sein kann und zu was er sich auszubilden habe. Humboldts Schrift *Über das Studium des Altertums und des Griechischen insbesondere* von 1793 legt ungeachtet ihres thesenhaften Duktus Zeugnis von diesem Enthusiasmus für die verlorene und wiederzugewinnende Antike ab. Die Sprache, die Literatur und die Kunst der Griechen zu studieren erlaubt es dem Menschen, sich in seiner Vielseitigkeit und ideellen Einheit auszubilden, Schönheit und Liberalität, d. h. Freiheit der gehobenen Stände, zu leben. Pathetisch schreibt Humboldt im 33. Abschnitt: »Es zeigt sich daher in dem Griechischen Charakter meistentheils der ursprüngliche Charakter der Menschheit überhaupt«. Die ursprüngliche Idealität des Menschen wiederherzustellen, das war Aufgabe der Bildung und ging über den erzieherischen Anspruch der Aufklärung hinaus. In Erfurt und Weimar wurde aus der Bildung der Aufklärung ein idealistisches Projekt. Wer den Briefwechsel zwischen Caroline und Wilhelm von Humboldt heute liest, gewinnt eine Vorstellung davon, wie ernst es den Humboldts war, dieses Ideal auch zu leben. Die Eheleute, die faktisch eine Beziehung mit dem einen oder anderen Seitensprung führten, stilisieren in ihren Briefen ein Ideal ehelicher Liebe. Ihre Idealisierung wurde zu einem Modell für das bürgerliche 19. Jahrhundert. Die Porträtbüste Humboldts, die der Bildhauer Bertel Thorvaldsen 1808 in Rom geschaffen hat und die heute im Thorvaldsen-Museum in Kopenhagen zu finden ist, stellt die in diesen Kreisen gängige idealische Antikisierung des eigenen Lebens sinnfällig vor Augen. Die Idealisierung des eigenen Lebens war Programm und Richtschnur für die Gestaltung des Lebens. Humboldt, seine Frau Caroline und auch sein Bruder Alexander lebten und arbeiteten eng mit Schiller und mit Goethe zusammen. Man besprach sich über die neueste Literatur, über die selbst verfassten Texte, wie auch über Schillers Drama *Wallenstein* oder Goethes Epos *Herrmann und Dorothea*. Humboldt schrieb für die Zeitschrift der Aufklärung, die *Berlinische Monatsschrift*, ebenso wie für Schillers Zeitschrift *Neue Thalia*. Bildung wurde daher von Humboldt nicht nur entlang der Traditionslinien der Aufklärung gedacht, Bildung war auch die Wiedergewinnung des idealischen Charakters des Menschen. Praktische Aufklärung und Idealismus hingen für Humboldt gerade in Sachen Bildung eng zusammen. Und darin wusste er sich eins mit den Bestrebungen der künstlerischen Eliten seiner Zeit.

Das alles war gelebte Selbstausbildung zum Menschen, und Jena und Weimar kam dabei die Rolle des wiederzugewinnenden Athens zu, so etwa hätte man das in der Sprache der Zeit formuliert. Nach dem Tod ihrer Mutter Marie-

Elisabeth von Humboldt 1796 und der damit verbundenen Erbschaft waren die Söhne finanziell unabhängig. Während Alexander das Kapital zur Finanzierung seiner Forschungsreisen nutzte, versuchte das Ehepaar Caroline und Wilhelm von Humboldt wie so viele deutsche Künstler dieser Zeit, nach Rom zu gelangen. Napoleons Italien-Feldzug 1796/97 durchkreuzte diese Pläne freilich, und so zog die junge Familie nicht auf das elterliche Schloss, sondern in das revolutionäre Paris, in dem das regierende Direktorium bald schon durch das Konsulat abgelöst werden sollte. Napoleon war die zentrale Figur dieser Welt und sollte sie für Humboldt und seine Generation auch bleiben. Politik und Kunst waren hier in Paris die Themen. Humboldt verkehrte mit den intellektuellen Größen der Zeit, mit Sieyès, Tracy, Roederer, Garat, Cabanis, Degérando, La Romiguière, Dupont de Nemours oder Benjamin Constant. Er studierte die Theaterwelt der Hauptstadt, las die französischen Philosophen wie Rousseau und Diderot, kommentierte Condillacs Denken und schrieb für Goethes Programmzeitschrift des Klassizismus *Die Propyläen*. Man traf sich viel mit dem Klassizisten und Maler der Revolution Jacques-Louis David oder der literarischen und politischen Schriftstellerin Madame de Staël. Privatstudien füllten den Tag; die Kunst stand dabei im Mittelpunkt. Humboldt schrieb seinen wichtigen Aufsatz zu Goethes *Herrmann und Dorothea* und begann, immer intensiver sprachwissenschaftliche Studien zu betreiben, ohne dabei ein eigentliches Werk zu verfassen. Im Zentrum seiner Studien stand zunächst die baskische Sprache, die sich als nicht-indogermanische Sprache bis dahin allen Versuchen entzogen hatte, beschrieben und erklärt zu werden. Von November 1799 bis April 1800 und dann noch einmal im Sommer 1801 reiste er nach Spanien, um dort das Baskische im Feld zu studieren. Für die Darstellung seiner sprachwissenschaftlichen Beobachtungen wählte Humboldt mit Bedacht die Form eines Reiseberichts. Denn mit der Form des Reiseberichts entwickelte Humboldt die Eigentümlichkeit dieser Sprache aus den Sitten und Gebräuchen der Basken heraus, ganz wie er zuvor die antike Literatur aus der Lebensweise der Griechen abgeleitet hatte, eine anthropologische Herangehensweise also, die für Humboldt wichtiger war als ein philosophischer Ansatz. Sprache ist für Humboldt eine Weltsicht, und ihre Formen bilden sich nach dem Habitus seiner Sprecher, wie umgekehrt die Sprache auf die Bildung ihrer Sprecher wirkt. Sprache ist Kultur und wirkt kultivierend, so lässt sich Humboldts anthropologischer Ansatz in den Sprachwissenschaften knapp zusammenfassen. Damit widersprach er fast allen damals gängigen Theorien der Sprache.

Die aufgeklärt-klassizistische Kultivierung war Humboldts Lebenspraxis. Wenn man nach dem Humboldtschen Bildungsideal sucht, dann ist es hier in dieser organischen Kultivierung des Selbst durch die Künste, im Studium der Sprachen und im Nachdenken über Politik zu finden. Bildung richtet sich für Humboldt zunächst und zuerst an einen selbst, an die geduldige und jeden Tag neue Verbesserung des Menschen. Humboldt hat nur wenig im Druck veröffentlicht. Die Öffentlichkeit zu erreichen hatte für ihn keine größere Bedeutung. Ein Werk im eigentlichen Sinne hat er auch nicht verfasst, sondern immense Studien betrieben, von denen vor allem sein sprachwissenschaftlicher Nachlass in Handschriften zeugt. Sprachen in ihrer Unterschiedlichkeit zu studieren und sich die Alten in ihrer vergangenen Vorbildlichkeit vor Augen zu stellen, die Künste zu betreiben und auch das Recht als Formen des gelingenden Lebens zu begreifen, das alles meint Bildung für Humboldt und gibt dem Menschen erst die innere Freiheit. Kein Ort war für diese Bildung so geeignet wie Rom, denn hier war das ursprüngliche Ideal des Menschen sichtbar vor Augen gestellt, gerade auch in seiner Vergänglichkeit. Griechenland dagegen war zu dieser Zeit noch Teil des Osmanischen Reiches und kam daher als Lebensmittelpunkt nicht in Frage. Nicht Preußen, Rom war der Ort für eine idealistische Selbstbildung. Humboldt erhielt 1803 nach einem kurzen Aufenthalt in Berlin den Posten als preußischer Gesandter beim Heiligen Stuhl in Rom, eine Aufgabe, die mit ihren geringen konsularischen Pflichten Humboldt wenig forderte und ihm umso mehr Zeit für seine eigentlichen Interessen ließ. Seine Aufgabe brachte ihn in Kontakt mit den Mächtigen seiner Zeit, doch vor allem ließ sie ihm die Freiheit, sich mit den Künstlern in Rom zu treffen, mit den Bildhauern Bertel Thorvaldsen und Christian Daniel Rauch, mit dem jungen Architekten Karl Friedrich Schinkel, mit dem Kunsthistoriker Carl Ludwig Fernow und den romantischen Schriftstellern Ludwig Tieck und August Wilhelm Schlegel. Künstler wie der englische Dichter Samuel Taylor Coleridge besuchten die Humboldts in ihrer Residenz in der Villa Gregoriana. Humboldt studierte die altgriechische Sprache, übersetzte ihre Literatur und schrieb selbst unter dem Eindruck von Schillers Tod eine Elegie über Rom und dessen Untergang. Er wurde Freund Lorenzo Hervás', eines spanischen Jesuitenpaters, der mehr als 40 Sprachen gesprochen haben soll und heute als Begründer der historischen Sprachwissenschaft gilt. Als

Leiter der päpstlichen Quirinal-Bibliothek und Autor des bis heute bedeutenden Katalogs der Sprachen aller damals bekannten Nationen eröffnete er Humboldt Zugang zu den Sprachen der Eingeborenen beider Amerika, ein Themenfeld, das Humboldt sein weiteres Leben lang beschäftigen sollte. Hier in Rom, zwischen Kunst- und Sprachstudien, hat Humboldt die glücklichsten Jahre seines Lebens verbracht. Damit ist zugleich das Ziel von Bildung umrissen: Bildung zielt zuerst auf die Kultivierung des Selbst, und erst aus dieser Freiheit von allen anderen Zwecken entfaltet Bildung ihren Nutzen auch für die Gesellschaft.

Humboldt einen Römer zu nennen ist treffender, als ihn einen Preußen zu nennen. Wie sein Bruder Alexander hat er Preußen immer wieder und gerne gegen Rom oder auch Paris eingetauscht. Daran änderte auch der Zusammenbruch Preußens wenig. Als Humboldt 1808 auf Urlaub nach Berlin kam, um nach dem geplünderten Familiensitz in Tegel zu sehen, erfuhr er, dass er von den Reformkräften in Preußen für die Leitung der neu eingerichteten Sektion des Kultus und des öffentlichen Unterrichts vorgesehen war, also für Schulen, höhere Lehranstalten und Kirchen zuständig sein sollte. Unter dem Druck Napoleons hatten die Reformbestrebungen stärker an Einfluss gewonnen. Die alte, feudale Ordnung Preußens musste reformiert, die Verwaltung modernisiert und die Bürger am Staat beteiligt werden. Dazu brauchte es aufgeklärte Juristen wie Wilhelm von Humboldt. Im Januar 1809 wurde er vom König zum Sektionschef berufen. Doch ließ Humboldt das königliche Ernennungsschreiben liegen, lehnte schließlich die Berufung ab und bat darum, seinen diplomatischen Dienst in Rom fortsetzen zu dürfen. Rom, nicht Berlin war

Humboldts Ort. Der König verwehrte ihm freilich diesen Wunsch. Am 10. Februar 1809 wurde Humboldt zum Geheimen Staatsrat und Direktor der Sektion für Kultus und Unterricht im Innenministerium ernannt. Damit war er für Religionsangelegenheiten, Schulen und Universitäten zuständig, aber nicht ganz frei in seiner Tätigkeit, sondern dem Innenminister Dohna-Schlobitten berichtspflichtig. Humboldt fügte sich den Umständen, während seine Familie in Rom blieb. Unterstützt in Fragen kirchlicher Angelegenheiten und der Pädagogik durch Georg Heinrich Ludwig Nicolovius, den umsichtigen Aufklärer und Freund Pestalozzis, in Schuldingen beraten von Johann Wilhelm Süvern und in Fragen der Universitäten und Akademien durch Wilhelm Uhden, ging Humboldt die Reform der Bildung an. Man teilte die Prägung durch die Aufklärung wie den Idealismus der Weimarer Klassik und machte sich zügig an die Ausgestaltung gleich einer Reihe von Reformen. Bildung sollte sich nicht an einem Stand ausrichten, sondern war allgemeine Menschenbildung, musste daher auf mehreren Ebenen ansetzen, die Schulen, Kirchen und Universitäten und alle einschließen, auch die Mädchen und auch die Juden. Ein allgemeines Schulwesen war zu errichten, Religion musste in das Staatsgefüge eingepasst und die bestehenden Akademien, Universitäten und Schulen neu strukturiert werden. Anforderungen an Lehrer waren zu formulieren und Lehrer und Professoren zu gewinnen, die dem neuen Verständnis von Bildung zugeneigt waren.

Nicht alles war dafür neu zu erfinden, denn Reformpläne gab es schon länger, so auch für die Gründung einer Universität Berlin, Pläne, auf welche die Beamten um Humboldt zurückgreifen konnten. Und doch hatte sich schon so vieles durch die Napoleonischen Kriege geändert, waren Details bis hin zur Finanzierung auszuarbeiten. Humboldts Berichte an den vorgesetzten Minister belegen seinen unermüdlichen Eifer im Amt, seine Fähigkeit, Grundsätze zu entfalten und dafür auch die einzelnen Schritte ihrer Umsetzung auszuformulieren. Zugleich war Humboldt bestrebt, seine Sektion und damit auch seine Stellung als gleichberechtigt im Staatsrat aufzuwerten. Nach einem Jahr Tätigkeit zeigte sich freilich, dass von diesen Ideen und Plänen nur wenig umzusetzen gelang und der allgemeinen Menschenbildung im Staatsrat nicht die Bedeutung beigemessen wurde, die Humboldt und seine Mitstreiter erwartet hatten. Am 29. April 1810 reichte Humboldt sein Entlassungsgesuch an den König ein.

Humboldt hat keine Universität gegründet und kein Schulwesen aufgebaut. Dafür war schon allein seine Dienstzeit von 16 Monaten zu kurz. Aber seine Vorstellungen haben im Zusammenwirken mit verwandten Plänen seiner Zeit dem Reformdenken über Bildung, Schule und Universitäten mit zum Durchbruch verholfen. Danach wurden sie jedoch schnell wieder vergessen.

Im Herbst 1810 zogen Humboldt und seine in Rom verbliebene Familie nach Wien. Humboldt vertrat nun die Interessen Preußens auf dem Prager Kongress 1813, dann auch 1814/15 auf dem Wiener Kongress. Doch seine liberalen Grundsätze gerieten im Verlauf der Wiener Verhandlungen um eine Neuordnung Europas in Gegensatz zu den restaurativen Bestrebungen Metternichs. Auch das Verhältnis zu seinem Vorgesetzten, dem Staatskanzler Hardenberg, war angespannt. Humboldt wurde 1816 von seinen Vorgesetzten mit weniger wichtigen Territorialfragen im Deutschen Bund nach Frankfurt am Main befasst, dann als Botschafter in London weitgehend von den Entscheidungen in Berlin abgeschnitten. Mit Hardenberg geriet Humboldt immer wieder in Konflikt über Fragen, wie liberal eine mögliche Verfassung, wie kollegial der preußische Staatsrat ausgestaltet und welche Freiheit den Untertanen gewährt werden könnte. Humboldt wurde hingehalten und von Entscheidungen ausgeschlossen. Erst im Januar 1819 wurde er in ein Ministeramt für ständische Angelegenheiten berufen, ein Amt, das wie kaum ein anderes die Chance bot, die feudale Ordnung in eine konstitutionelle Monarchie zu reformieren und das Verfassungsversprechen des Königs Friedrich Wilhelms III. umzusetzen. Doch auch hier scheiterte Humboldt an den Intrigen und Interessen von König und Kanzler. Die Karlsbader Beschlüsse waren bereits verhandelt, als Humboldt sein Amt antrat, und von seinem Versprechen wollte der König nichts mehr wissen. Als Humboldt energisch gegen die polizeilichen Willkürmaßnahmen im Zuge der sogenannten Demagogen-Verfolgungen eintrat, wurde er zum Jahresende 1819 entlassen. Fast zehn Jahre war Humboldt Diplomat im Dienst Preußens, reich an Ideen und glücklos in der Politik.

Mit 51 Jahren zog sich Humboldt mit seiner Familie nach Tegel zurück. Das entsprach einerseits dem Habitus vieler führender Diplomaten und Politiker der Zeit. Man war als Angehöriger der oberen Stände auf seine Unabhängigkeit stets bedacht und betrachtete den Dienst in den Ministerien nur als eine, zumeist temporäre, Möglichkeit der Lebensgestaltung. Andererseits war Humboldt den Künsten verpflichtet. Und das war mehr als eine adlige Laune und ein Statussymbol. Es war, wie kaum oft genug betont werden kann, der Kern der Überzeugung Humboldts, dass die schöpferische Auseinandersetzung mit der vergangenen Kunst der Antike den Menschen zu sich selbst führe. Gleich nach seinem Rückzug nach Tegel ließ Humboldt daher das Schloss seiner Familie durch Karl Friedrich Schinkel im klassizistischen Stil umbauen. Zwischen 1820 und 1824 wurde das Schloss durch eine viertürmige Fassade erweitert und innen zu einer Verbindung von Wohnung und Antikenmuseum ausgebaut, ein architektonisches Konzept, das dem von Goethes Wohnhaus am Frauenplan folgt. Caroline und Wilhelm von Humboldt konnten nun ihre in Rom erworbenen Marmorplastiken und Gipsabgüsse aufstellen. 1824 wurde das umgebaute Schloss in Anwesenheit der künstlerischen und politischen Eliten des Landes eingeweiht. Politisch war Humboldt zwar ins Abseits geraten, als Kunstkenner aber war er willkommen. So kümmerte er sich um die Objektausstattung für das zwischen 1825 und 1830 von Schinkel erbaute Alte Museum in Berlin. Er war Vorsitzender des Vereins der Kunstfreunde, förderte die Künstler und war dem König ein Berater in Kunstfragen. Dafür durfte er auch an Sitzungen des Staatsrats teilnehmen, ohne dass damit politischer Einfluss verbunden gewesen wäre.

Humboldts Tagesablauf war in diesen Jahren stets strukturiert und ganz von wissenschaftlicher Arbeit geprägt. Damit orientierte sich Humboldt an Goethes streng geregelten Arbeitstagen. Verschoben hatte sich allerdings der Schwerpunkt von Humboldts Arbeit. Waren seine Arbeiten bis 1820 vor allem der Antike und Fragen der Ästhetik und Geschichte gewidmet, so bildeten nach 1820 klassizistische Studien – eine zu Schiller und eine zu Goethe – die

Ausnahme. Fast jedes Jahr publizierte Humboldt stattdessen über Fragen der Allgemeinen Sprachwissenschaft, über den Zusammenhang zwischen Grammatik und Denken, Schrift und Sprache und über Sprachen der Südseeinseln. Sein Werk über die Kawi-Sprache, die auf den Inseln Java, Bali und Lombok genutzt wurde und Vorläufer des heutigen Javanischen ist, umfasst in der postum erschienenen Ausgabe allein drei Bände. In diesen späten Jahren seines Lebens beschäftigte sich Humboldt intensiv mit den europäischen Sprachen vom Baskischen über das Litauische, Tschechische, Ungarische bis zum Italienischen, Englischen oder Spanischen, studierte die altamerikanischen Sprachen wie Nahuatl-Mexikanisch, Otomí, Huastekisch, Maya, Tarahumara, Quechua, Muisca, Guaraní, auch das Koptische, Altägyptische, das Chinesische und Japanische, die Sprachen Südostasiens wie Sanskrit und Birmanisch, das Altjavanische und die Sprachen Haitis. Mehr als anderthalb Jahrzehnte verbrachte Humboldt tagaus, tagein mit dem intensiven Studium dieser Sprachen. Dieses Studium war sein Leitstern und entsprach dem, was für Humboldt Bildung war, das selbstvergessene Studium des menschlichen Geistes in der Vielfalt seiner Erscheinungen. Mittelbar trägt das alles zum Fortschreiten des Menschengeschlechts bei, aber nur mittelbar. Und so war für Humboldt die Hingabe an das Studium der Sprachen die Fortsetzung seiner Antikenstudien und seiner lebenslangen Auseinandersetzung mit der Kunst.

1829 verstarb seine Frau Caroline. Von ihren acht Kindern überlebten sie fünf. Humboldt, der wohl in den letzten Jahren seines Lebens an Parkinson erkrankt war, verbrachte unvermindert die Tage mit dem Studium der

Sprachen, diktierte wissenschaftliche Aufsätze und schrieb Sonette. Das Leben war selbst Bildung, und der klar gegliederte Tagesablauf war die notwendige Voraussetzung dafür, Bildung zu leben. Am 8. April 1835 verstarb Humboldt im Alter von 67 Jahren. Er wurde neben seiner Frau im Park seines Schlosses beigesetzt, wo später dann auch sein Bruder Alexander seine letzte Ruhestätte fand.

II.

Über Bildung hat Humboldt nur wenige Schriften verfasst. Die meisten von ihnen waren nicht für die Veröffentlichung gedacht und haben noch dazu öfters fragmentarischen Charakter. Die Schriften während seiner Zeit als Sektionschef im Preußischen Innenministerium waren sowieso nur als Denkschriften und Berichte für den internen Gebrauch bestimmt. Und doch ist Bildung in so gut wie allen seinen Schriften ein Thema, ein Argument und eine regulierende Idee zugleich. Humboldts Vorstellung von Bildung nimmt ihren Ausgang von der Aufklärung, genauer von der Idee, dass Bildung die Bestimmung des Menschen sei. Für die Begründung dieses aufgeklärten Denkens über Bildung übernimmt Humboldt die Idee seines Lehrers Johann Friedrich Blumenbach, dass es einen angeborenen Trieb, den *nisus formativus*, einen Bildungstrieb gäbe, der die Vielfalt in der Natur im Gang hält. Pflanzen, Tiere und Menschen folgen in ihrer Entwicklung den als unveränderlich gedachten Regeln der Natur. Der Vorgang des Sich-Bildens entspricht damit einer angeborenen Formkraft, die alle Natur durchdringt.

Um diesem Bildungstrieb folgen zu können, so argumentiert Humboldt zweitens, braucht der menschliche Geist Gegenstände, an denen er sich bildet. Gegenstand des bildenden menschlichen Geistes ist die Gesamtheit aller außerhalb des Menschen liegenden Gegenstände, eben nicht weniger als die Welt in ihrer Vielfalt und Anschaulichkeit. Auch diese Überzeugung folgt noch der Aufklärung und ihrer Pädagogik der Schulung an den Realien, an der unmittelbaren Erfahrung im Umgang mit den Dingen, wie sie etwa in den Franckeschen Stiftungen der Pietisten oder bei Pestalozzi Programm waren. In der direkten und sinnlichen Erfahrung der Welt bildet sich der Mensch, und das von Kindesbeinen an. Von der Notwendigkeit, dass der praktische »Beobachtungssinn« und der philosophische Geist gemeinsam wirksam sein müssten, um zu klarer Erkenntnis zu gelangen, davon spricht beispielsweise Humboldts *Plan einer vergleichenden Anthropologie* nicht von ungefähr. Die Betonung der erfahrungsgesättigten Auseinandersetzung mit der Welt und die Betonung der Elementarbildung kehren dann auch in Humboldts ministeriellen Schreiben ständig wieder. Wenn Humboldt dort von Bildung redet, dann spricht er immer von Schule und von der Qualifizierung der Lehrer anhand der Anschaulichkeitspädagogik Pestalozzis. Die Lehrer sollen in die Schweiz nach Yverdon zu Pestalozzi gehen, wiederholt Humboldt oft in seinen Eingaben an den Minister. Hier würden sie die pädagogischen Methoden lernen, die Elementarbildung ausmachen. Auch die höhere Bildung braucht diese direkte Auseinandersetzung mit der Welt. Sprachen zu studieren heißt im Idealfall ins Feld zu gehen, so wie Humboldt ins Baskenland gereist ist, oder wenigstens die Berichte von

Forschungsreisen und Missionen auszuwerten. Ohne die eigene Anschauung und die direkte Erkundung der Welt durch seinen Bruder Alexander, seinen Freund Georg Forster oder seinen Lehrer und Freund Lorenzo Hervás hätte Humboldt die Sprachen nicht studieren und so sich nicht bilden können. Das Gleiche gilt für die Auseinandersetzung mit der Kunst. In Rom zu leben, inmitten der Kunst sich zu bewegen und die antiken Plastiken anschaulich zu erfahren, das ist es, was Bildung für Humboldt ausmacht. Bildung heißt auch Dramen und Gedichte zu lesen, am besten laut zu lesen, und die Poesie der Alten in die Sprachen der eigenen Gegenwart zu übersetzen. Wenn Zeit bleibt, schreibt man auch selbst Gedichte. Das alles bildet den menschlichen Geist zu dem, was er sein könnte.

Noch ein drittes Element neben dem Bildungstrieb und der Anschauung bestimmt, was für Humboldt Bildung ausmacht. Das ist die Auseinandersetzung mit den Sprachen und Kulturen der Vergangenheit, ja des Anderen, es mögen die frühe griechische Kultur sein oder auch die fremden und verschwundenen Sprachen des alten Amerikas oder des Altjavanischen. Das scheint dem aufklärerischen Ideal der sinnlichen Anschaulichkeit zu widersprechen, aber nur scheinbar. Denn dahinter steht die Auffassung, dass sich der Mensch gerade im Fernsten und im Vergangenen besonders deutlich selbst zu erkennen vermag. Indem der Geist sich dort aufsucht, wo er sich erst zu artikulieren beginnt, dort wo er sich in seiner Verschiedenheit erkennt, kann er erfasst werden. Das gilt dann umgekehrt auch dort, wo sich der Mensch mit besonderer Klarheit ausspricht: in der Antike. Gerade indem die Antike eine unwiederbringlich vergangene Kultur ist, lohnt die Auseinandersetzung mit ihrer Größe und Klarheit, um herausgehobener Gegenstand der Bildung zu sein. Daher ist auch der Ruinenkult keine bloße Mode. Im Gegenteil verlangt die Betrachtung der Ruinen die höchste Aufmerksamkeit. Aus ihnen, den nur bruchstückhaft überlieferten Resten einer der ersten Epochen der Menschheit, lernt der ausdauernde Betrachter die höchsten Möglichkeiten des Menschseins als einem Ganzen ebenso, wie er seine Vergänglichkeit begreift und damit die Notwendigkeit, warum der Mensch der beharrlichen Kultivierung bedarf. Das Studium des Menschen, seiner Sprache, der anderen Kulturen, gerade auch der vergangenen und fernsten, das Schreiben von Poesie und die Betrachtung der Kunst, sie umreißen, was Bildung für Humboldt ausmacht.

Bildung meint diese Kultivierung des Geistes. Der Klassizismus überhöht mit seiner Betonung der vergangenen Größe der Antike den Anspruch, was Bildung bedeutet. In der Idealisierung um 1800 wird das aufklärerische Projekt der Bildung am idealischen Menschen der Antike ausgerichtet. Bildung meint nun mehr als nur die vernünftige Selbstaufklärung des Menschen, sie meint seine Idealisierung. Bildung ist die beständige Anstrengung, den Menschen zu dem zu erheben, was er in der Antike war und seiner Natur nach sein könnte, eine unendliche Würde, über die hinaus nichts gedacht werden kann. Das Pathos um das Humboldtsche Bildungsideal kommt von dieser Idealisierung her, die erst der Klassizismus um 1800 aufgebracht hat, ein Ideal, an dem Humboldt sein eigenes Leben ausgerichtet hat.

Das alles ist aber nur möglich, wenn der Mensch die Freiheit zur Bildung erhält und sich bewahren kann. Und damit ist ein weiteres Grundelement Humboldtschen Denkens benannt. Um die höchste Bildung seiner Kräfte zu einem Ganzen zu erlangen, so schrieb Humboldt 1792 in seiner Abhandlung *Wie weit darf sich die Sorgfalt des Staates um das Wohl seiner Bürger erstrecken*, »ist Freiheit die erste, und unerlässliche Bedingung« (S. 76). Nur der Mensch, der nicht von den Zwängen des Broterwerbs und den Zwängen der Gesellschaft eingeengt ist, kann sich bilden. Staatliche Gängelung aller Art bis zu Prügelstrafe und Zensur bedrängt und verhindert die Bildung des Menschen. Lässt man dem Menschen nur seine Freiheit, beginnt sich sein Geist fast von selbst zu bilden. »Unter freien Menschen gewinnen alle Gewerbe besseren Fortgang; blühen alle Künste schöner auf; erweitern sich alle Wissenschaften. Unter ihnen sind auch alle Familienbande enger, die Eltern eifriger bestrebt für ihre Kinder zu sorgen, und, bei höherem Wohlstand, auch vermögender, ihren Wünschen hierin zu folgen. Bei freien Menschen entsteht Nacheiferung, und es bilden sich bessere Erzieher, wo ihr Schicksal von dem Erfolg ihrer Arbeiten, als wo es von der Beförderung abhängt, die sie vom Staat zu erwarten haben« (S. 103), schreibt Humboldt in seiner Schrift *Über öffentliche Staatserziehung*. Daher kommt es darauf an, den Staat zu begrenzen, den Einfluss von Militär und Kirchen einzuschränken und alles dafür zu tun, das Selbstzutrauen des Menschen zu stärken.

Seine umfangreichste theoretische Schrift ist dieser Frage nach dem Verhältnis von Individuum und Staat gewidmet: *Versuch die Grenzen der Wirksamkeit des Staates zu bestimmen*. Die darin formulierten Ideen gelten als Gründungsdokumente für die liberale und humanistische Tradition in Deutschland, Ideen, die jedoch so radikal für ihre

Zeit waren, dass sie erst 1851 im Druck erscheinen konnten. Während sie in Deutschland von den politisch Linken wie Lasalle und den politisch Rechten wie Treitschke gleichermaßen abgelehnt wurden, gehört diese Schrift nicht zufällig durch ihre englische Übersetzung von 1854 zu den Referenzschriften des entstehenden politischen Liberalismus in Europa. Nicht Humboldts Bildungsideal, sondern sein Freiheitsideal gewinnt in der englischsprachigen Welt an Einfluss und inspiriert einflussreiche britische Kulturkritiker und Philosophen wie Matthew Arnold oder John Stuart Mill, der wiederholt etwa in seiner Abhandlung *On Liberty* Humboldt zitiert. Unmissverständlich formuliert Humboldt in seinen Überlegungen *Über öffentliche Staatserziehung*: »Öffentliche Erziehung scheint mir daher ganz außerhalb der Schranken zu liegen, in welchen der Staat seiner Wirksamkeit halten muss«.

III.

Humboldts Ideen über den Bildungstrieb, die Notwendigkeit der Anschauung, die idealischen Gegenstände der Bildung und die Unerlässlichkeit der Freiheit mussten sich mit der Praxis seiner Zeit reiben. An Schulpflicht war vielerorts nicht zu denken, auch wenn sie in Preußen schon durch das Generaledikt von 1717 für Kinder zwischen fünf und zwölf Jahren vorgeschrieben war. Elementarbildung erhielten auch in Preußen nur einige Kinder und das oft genug nur schlecht durch abgedankte Soldaten etwa, die kaum über eine pädagogische Ausbildung verfügten, oder durch angehende Pfarrer, die eine Schulstelle nur als Durchgang zu dem sehr viel besser bezahlten Pfarramt betrachteten. Nur etwa 40 der mehr als 400 gelehrten Schulen in Preußen können als Vorläufer des Gymnasiums zählen und verfügten über eine ausreichende Ausstattung. Was diese Institutionen jeweils sein sollten, das war kaum reglementiert. Patronatsrechte des Adels und der Kirche durften nicht berührt werden. Der Gutsherr war in der Regel der Herr der Dorfschule. Die Einführung des Abitur-Examens 1788 hatte nicht die gewünschte Hebung der Studienfähigkeit zur Folge und war auch nicht obligatorische Voraussetzung für ein Studium. Die Universität war zu selten der Ort des freien Studiums, Zensur eine übliche Praxis, Lehrfreiheit wenig bekannt, die humanistische Einheit des Menschengeschlechts das Gegenteil der existierenden Ständegesellschaft mit ihren angeborenen Unterschieden zwischen den Menschen. Nirgends kann der Mensch Mensch sein, hätte man damals wohl mit Rousseau gesagt. Sich zum Menschen zu bilden, das stand nicht auf den Lehrplänen.

Doch war die Notwendigkeit einer Reform von Schule und Universität in den Augen der Aufklärer und ministeriellen Beamten schon im 18. Jahrhundert eine schiere Notwendigkeit. Das Abitur-Edikt von 1788 oder die Einrichtung eines Oberschulkollegiums in Berlin als zentrale Aufsichts- und Planungsinstanz für das höhere Schulwesen in Preußen ein Jahr zuvor, auch die philanthropischen Bestrebungen einzelner Gutsherren wie Friedrich Eberhard von Rochow oder die Etablierung der ersten preußischen Realschulen, Handels- und Industrieschulen neben den lateinischen Stadtschulen waren Folgen aufgeklärter Reformen, die in verschiedenen Teilen Preußens und auch in anderen Ländern häufiger wurden und oft genug auf lokale Initiativen zurückgingen. Erste Seminare für spätere Gelehrtenschullehrer und das Aufkommen des Neuhumanismus, angeleitet durch das philologische Seminar an der Universität Halle, namentlich durch Friedrich August Wolf, markieren die Neuausrichtung von Schule und Universität vor Humboldt und damit zugleich auch die Grundlinien, denen Humboldt dann im Amt folgt. Auch seine Mitarbeiter Süvern und Nicolovius stehen in dieser Tradition. Einen Bruch mit dieser Tradition lassen Humboldts Eingaben an keiner Stelle erkennen. Pläne für eine Reform des Erziehungs- und Bildungswesens waren spätestens um 1800 fast überall in Europa zu greifen, bei Henrik Steffens in Dänemark etwa oder bei Condorcet in Frankreich, bei Schelling und Fichte, Carl Friedrich von Beyme oder dann auch bei Schleiermacher, um nur einige Namen zu nennen, die Humboldt gekannt hat. In diesen Spuren geht Humboldt, und gerade das hat ihm überhaupt bescheidene Erfolge bei der Reform der Lehranstalten ermöglicht.

Selbst der König hatte nach der Niederlage Preußens 1807 eingeräumt, dass der Staat Preußen seine geistigen Kräfte fördern müsse. Reformpädagogische Ideen vor allem Johann Heinrich Pestalozzis, nämlich zuerst den Menschen im Allgemeinen zu bilden und dann erst für einen bestimmten Beruf auszubilden, waren vielfach in Preußen und andernorts schon diskutiert und vereinzelt auch erprobt worden, bevor Humboldt sich diesen Ideen anschloss. Humboldts Grundkonzept für die Struktur von Schule und Universität steht daher in der Tradition von Aufklärung, Neuhumanismus und Reformen und wendet sich gegen das ständisch gegliederte Schulsystem aus Bauern- bzw. Dorfschulen, Bürger- und Gelehrtenschulen.

Stattdessen, und ganz im Einklang mit den Reformkräften seiner Zeit, entwirft er in seinem *Litauischen Schulplan* von 1809 programmatisch ein System von aufeinanderfolgenden »Stufen des Unterrichts«, in denen sich der Bildungsgang der Individuen nach ihren je eigenen Möglichkeiten und Zielen vollziehen solle, institutionell gegliedert nach Elementarschule, Gelehrtenschule (dem späteren Gymnasium) und der Universität. Spezialschulen wie etwa Handelsschulen oder gewerbliche Lehrinstitute wie die Akademie der Künste, die Provinzial-Kunstschulen oder auch die Bergakademie, sie sollten erst nach der Allgemeinbildung auf den konkreten Beruf vorbereiten.

Es entsprach den idealistischen Lehrprinzipien, dass die organische Bildung des Selbst im Vordergrund stehen müsse, dann erst die Ausbildung zu einem bestimmten gesellschaftlichen Zweck folgen könne. Im *Litauischen Schulplan* heißt es daher unmissverständlich: »Alle Schulen aber, deren sich nicht ein einzelner Stand, sondern die ganze Nation oder der Staat für diese annimmt, müssen nur allgemeine Menschenbildung bezwecken. Was das Bedürfnis des Lebens oder eines einzelnen seiner Gewerbe erheischt, muss abgesondert und nach vollendetem allgemeinen Unterricht erworben werden. Wird beides vermischt, so wird die Bildung unrein, und man erhält weder vollständige Menschen noch vollständige Bürger einzelner Klassen.« (S. 134) Das wiederum schließt ein, dass Bildung einem jeden Menschen ungeachtet seines Standes zukommt oder, wie es im *Schulplan* nicht weniger deutlich heißt: »Denn der gemeinste Tagelöhner und der am feinsten Ausgebildete muss in seinem Gemüt ursprünglich gleichgestimmt werden, wenn jener nicht unter der Menschenwürde roh und dieser nicht unter der Menschenkraft sentimental, schimärisch und verschroben werden soll [...] Auch Griechisch gelernt zu haben könnte auf diese Weise dem Tischler ebenso wenig unnütz sein, als Tische zu machen dem Gelehrten.« (S. 135 f.) Jeder lernt entsprechend seinen eigenen intellektuellen Möglichkeiten. Der Staat gibt nur den Rahmen vor, die Lehrer nur die Anregungen und den Stoff, die Schüler aber folgen ihrer inneren Bestimmung. Mehr als das braucht es nicht für die Menschenbildung, davon war Humboldt überzeugt und darin war er auch liberal für seine Zeit.

Im Detail waren die Probleme freilich dann doch komplizierter. Leibeigenen mussten erst einmal eigenständige Entscheidung, Juden allgemeine Bürgerrechte und Mädchen ein Recht auf Bildung eingeräumt werden. Lehrer mussten besser ausgebildet und auch bezahlt werden und das auch und gerade in den Elementarschulen. Humboldt beauftragte den Pädagogen und Anhänger Pestalozzis Carl August Zeller mit der Gründung einer entsprechenden Einrichtung, dem Normalinstitut in Königsberg. Spezielle Lehrerseminare nach dem Vorbild neuhumanistischer Bildungsideen eines Friedrich August Wolfs und Friedrich Gedikes waren erst noch einzurichten. Humboldt legte mit Bedacht den Schwerpunkt seiner Tätigkeit auf die Entwicklung eines besseren Schulwesens, das die Freiheit zu einem pädagogischen Prinzip und die Fähigkeit, sich selbst zu bilden, zum Schlüssel aller pädagogischen Anstrengung machen sollte. In etwa sollte der Elementarunterricht zwei Jahre dauern, der höhere Elementarunterricht dann noch einmal zwei Jahre, die Gelehrtenschule schließlich sechs Jahre, zehn Jahre zusammen. Jeder sollte mindestens bis zum 15. Lebensjahr zur Schule gehen. Prüfungen am Ende jeder Phase sollten die Eignung für weitere Bildung abschätzen. Im Juli 1812, also schon nach Humboldts Dienstzeit, wurde das Edikt »wegen Prüfung der zu den Universitäten übergehenden Schüler« veröffentlicht. Es sah als verpflichtende Prüfungsfächer Latein, Griechisch, Französisch, Deutsch einerseits, Geschichte, Geographie, Mathematik, Physik und Naturbeschreibung andererseits vor. Der Prüfling musste einen deutschen, lateinischen, französischen und mathematischen Aufsatz abfassen, ferner eine Übersetzung aus dem Griechischen und ins Griechische. In allen Fächern außer Religion wurde er mündlich geprüft. Bei der Interpretation alter Schriftsteller wurde lateinisch gesprochen. Bereits drei Jahre später wurde das Französische als allgemein verbindliches Lehrfach aus dem Unterricht genommen. In der Summe ging es mit den Bildungsdingen auch in Preußen voran, wenn auch nicht allein durch Edikte von oben, sondern auch durch die vielen Initiativen und kleinen Reformen von unten.

Auch die Lehrer hatten sich Prüfungen zu unterziehen. 1810 wurde das »Edikt wegen Prüfung der Kandidaten des höheren Schulamts« in Kraft gesetzt. Es sollte den Anwärtern für den preußischen Schuldienst drei Prüfungen abverlangen, eine erste, die die wissenschaftliche Befähigung bewertet und in etwa den Doktoratsprüfungen entsprach. Eine zweite Prüfung berechtigte zum Unterricht in den unteren, eine dritte zum Unterricht in den höheren Klassen. Außerdem musste der Lehramtsanwärter eine Probestunde geben. Gefordert wurden in den Prüfungen philologische, historische und mathematische Kenntnisse. Doch konnte sich ein Kandidat auch in anderen Fächern prüfen lassen oder Schwerpunkte unter den drei Hauptrichtungen setzen. Die drei wissenschaftlichen Deputationen, die Humboldt eingerichtet hatte, waren die Prüfungsverbände. Damit sollte zugleich der Staat und nicht mehr die Gutsherren oder die Kirchen die Aufsicht über die Lehrer innehaben.

Um dieses Programm auch nur ansatzweise umsetzen zu können, bedurfte es zugleich einer Reform der Universitäten. Auch dies war keine Reform, die Humboldt erstmals anstieß, aber eine, die er mit viel Elan fortsetzte. Eine Verringerung der Zahl der Universitäten war schon länger diskutiert worden, da Preußen aufgrund seiner Expansion immer mehr Universitäten zu finanzieren hatte. In der von Friedrich Gedike herausgegebenen *Berliner Monatsschrift* wurde bereits in den 80er Jahren des 18. Jahrhunderts erörtert, ob nicht Universitäten zusammenzulegen wären und dafür in Berlin eine Universität zu errichten sei, oder ob nicht schon die medizinischen Einrichtungen den Kern einer Berliner Universität ausmachen könnten. Diskutiert wurde sogar, ob Universitäten nicht als Institution überholt seien und an ihre Stelle Spezialeinrichtungen treten sollten. Humboldt reihte sich hier in die Gruppe derer ein, die die Zahl der Universitäten verkleinern wollte, eine Autonomie der Universitäten intendierte und zugleich die Universitäten finanziell möglichst selbständig aufgestellt haben wollte. Hier sollte, wie an den für Humboldt persönlich inspirierenden Vorbildern, den Universitäten Halle und Göttingen, Forschung und Lehre zusammenwirken. Liegenschaften sollten die Universitäten finanziell unabhängig machen. Die Universität sollte von der Idee der allgemeinen Bildung zum Menschen und nicht von Staatszwecken her konzipiert werden. Eine neue Universität Berlin könnte diese Konzepte umsetzen und dann auch ein philologisches Seminar beherbergen, dem eine pädagogische Abteilung zur Ausbildung der Lehrer beigeordnet werden sollte, so erhoffte sich Humboldt die Reform auch der Universitäten. Mit großem Engagement und viel politischer Umsicht trieb Humboldt die Gründung der Universität beim König voran. Die Verbindung von philologischen Vorlesungen und Praktika an Berliner Schulen würde die angehenden Schulmänner auf ihre Aufgabe vorbereiten. Akademien für Bau oder auch für Musik wären dagegen Einrichtungen für die berufliche Ausbildung, die zeitlich nach einer allgemeinen Bildung des Individuums folgen könnte, also nach der Universitätsausbildung. Das alles war Humboldt ein großes Anliegen, und er wusste sich darin mit seinen Mitarbeitern, auch mit dem Philosophen Fichte und dem Theologen Schleiermacher einig, die ihrerseits die Neugründung der Berliner Universität vorantrieben.

Humboldt war nicht mehr im Amt, als die von ihm beantragte Eröffnung der Berliner Universität im Herbst des Jahres 1810 vollzogen wurde, ein bescheidenes Ereignis: Die Universität verfügte damals über kein eigenes Gebäude, viele Wissenschaftler kamen von der aufgelösten Universität Halle oder standen gerade erst am Anfang ihrer Karriere. Viele wissenschaftliche Größen, die Humboldt gerne an der Berliner Universität gesehen hätte, wie etwa der Mathematiker Carl Friedrich Gauß, waren dem Ruf Humboldts nicht gefolgt. Mit den bereits schon länger reformorientierten Universitäten konnte die Berliner Universität dann noch lange nicht konkurrieren. Humboldt selbst war zu dieser Zeit auch nicht mehr groß an den Entwicklungen interessiert. Die eigentliche Gründung der Universität war nicht mehr seine Sache, und für Humboldts Zeitgenossen war sie kein sonderlich beachtenswertes Ereignis. Sie war vor allem kein Bruch mit den Traditionen anderer Universitäten.

Wenn auch seine Nachfolger im Amt die Reformtradition fortgesetzt haben, so wurden doch viele der Reformideen, die Humboldt und sein Kreis ausformuliert hatten, nur sehr eingeschränkt umgesetzt. Die Gleichheit vor der Bildung wurde nicht verwirklicht, sondern hing von vielen regionalen, ständischen und politischen Gegebenheiten weiterhin ab. Die privaten Vorschulen vor den Gymnasien blieben von den allgemeinen Vorschulen getrennt, eine breite und freie Bildung war noch lange keine Wirklichkeit. Das Lateinische dominierte als Wissenschaftssprache gegenüber dem von Humboldt favorisierten Griechisch. Auch blieben die Schulen auf die Finanzierung durch Städte und Gutsherrn angewiesen. Die Berliner Universität hatte weder die finanzielle noch institutionelle Unabhängigkeit erhalten, die Humboldt erhofft hatte. Lehre und Forschung gingen an anderen Universitäten schon besser zusammen. Humboldts Nachfolger im Amt, der Jurist Friedrich von Schuckmann, war kein Liberaler, sondern ein moderater Aufklärer, dem wenig an der Fortsetzung der Reformideen und viel am Nutzen der Universität für den König und den Staat lag. Eine deutliche Zäsur markieren die Preußischen Reformen für die Bildungsgeschichte nicht. Die später viel zitierte Formel von Einsamkeit und Freiheit wurde nicht zu den Insignien der deutschen Universitäten, eher staatliche Alimentierung und Beamtentum. Erst im Vormärz kam es zu einer grundlegenden Wandlung von Schule und Universität. Humboldt hat sie nicht mehr erlebt.

IV.

Dennoch ist bis heute vom Humboldtschen Bildungsideal die Rede, und zwar so beharrlich, dass man sich die Augen reibt. Nein, Humboldt hat weder die Reform in Bildungsdingen erfunden, noch sie zu einem bedeutenden Abschluss gebracht, sagt der Historiker. Der Gemeinplatz dagegen sagt, Humboldt verkörpert die Idee einer gelingenden Schule und einer verbesserten Universität. An dem Gegensatz wird schon deutlich, wie sehr der Bezug auf Humboldt von unterschiedlichen Interessen und Funktionalisierungen geprägt ist. Das ist ein Vorgang freilich, der erst spät, gegen Ende des 19. Jahrhunderts, einsetzt. Humboldt wurde um die Wende zum 20. Jahrhundert zu einer Chiffre für alle möglichen, einander durchaus auch widersprechenden Forderungen nach Rückbesinnung oder Reform des Bildungssystems und der Universitäten. Humboldts Bildungsidee verstehen kann man daher nur dann, wenn man auch ihre Wirkungsgeschichte miteinbezieht. Diese Wirkungsgeschichte ist die Geschichte der Erfindung einer Tradition, eben der Tradition des Humboldtschen Bildungsideals.

Humboldts Vorstellungen von einem aufgeklärten Schulwesen, das die individuelle und organische Selbstentfaltung in den Mittelpunkt stellt, und seine Erwartung an die autonome Universität, einen prinzipiell unabschließbaren Prozess der Wissensmehrung zu ermöglichen, ein Erziehungs- und Bildungswesen, das vom Menschen und nicht vom Staat her konzipiert werden sollte, das alles verschwand bald nach seinem Ausscheiden aus dem Amt eines Geheimen Staatsrats und Direktors der Sektion des Kultus und öffentlichen Unterrichts im Ministerium des Innern in Königsberg und Berlin 1810. Die Berliner Friedrich-Wilhelm-Universität wurde nicht zu einem Modell für die Universitäten in den deutschsprachigen Ländern und auch nicht für die Universitäten in Großbritannien oder Frankreich. Humboldts Schriften zur Bildung spielten für die Entwicklung des Erziehungswesens im 19. Jahrhundert keine prominente Rolle; viele waren schlicht im 19. Jahrhundert unbekannt. Und die Lern- und Lehrfreiheit war an anderen Reformuniversitäten wie Göttingen und Halle ausgeprägter und wirkte eher modellbildend als Berlin.

Erst knapp hundert Jahre später, um etwa 1900, gewinnt die Vorstellung einer besonderen deutschen Universitätsidee an Geltung, die in Humboldts Schriften ihren Ausdruck und angeblich in der Friedrich-Wilhelm-Universität ihre vorbildhafte Verkörperung gefunden hätte. Wissenschafts- und Bildungspolitiker wie der Theologe Adolf von Harnack und der Kulturpädagoge Eduard Spranger popularisierten die Schriften Humboldts. Das neu aufgefundene, unvollendete und undatierte zehnseitige Manuskript Humboldts *Denkschrift über die äußere und innere Organisation der höheren wissenschaftlichen Anstalten in Berlin* wurde durch Humboldts Biographen Bruno Gebhardt zu einer sogenannten »Grundschrift« für die überzeitliche Idee der deutschen Universität stilisiert. 1920 erschien der Band XIII der Akademieausgabe und darin erstmals auch der *Litauische Schulplan* und eine Reihe weiterer Texte zur Schul- und Universitätsreform. Bis dahin waren sie unbekannt. Jetzt sollten sie als »Grundschriften« das Erziehungs- und Universitätswesen erneuern und das mit jeweils sehr konkreten Absichten. Harnack begründete die neu eingerichtete Kaiser-Wilhelm-Gesellschaft ausgerechnet unter Bezug auf Humboldts Schrift, in der sich die dann vielfach zitierten Wendungen finden, dass Wissenschaft »als etwas noch nicht ganz Gefundenes und nie ganz Aufzufindendes zu betrachten sei« (S. 155), oder die so wirkungsmächtige Formel von »Einsamkeit und Freiheit« (S. 152), die wissenschaftliche Anstalten anleiten sollten. Harnacks Bezug auf Humboldts Schriften zur Bildung ist umso irreführender, als gerade die Kaiser-Wilhelm-Institute der hochspezialisierten Forschung dienen sollten und organisierte Großforschung waren, mithin das Gegenteil von Humboldts allgemeiner Menschenbildung. Auch Sprangers emphatische Bezugnahme auf den Humanismus Humboldts sollte der Philosophie das oberste Primat unter den Wissenschaften sichern und das gerade zu einer Zeit, als im deutschen Kaiserreich Industrieforschung und moderne Naturwissenschaften in der Realität nur sehr wenig mit der humanistischen Überhöhung zu tun hatten. Bei Harnack oder Spranger und in der Breite der affirmativen Universitätsrhetorik des Kaiserreichs und auch der Weimarer Republik kehrt der Bezug auf das Ideal Humboldts dagegen beständig wieder. Dass damals gleichzeitig Universitätshistoriker wie Max Lenz gezeigt haben, dass die Berliner Universität den übrigen deutschen Universitäten nachgebildet war und die wichtigsten Professoren, auf die Humboldt gesetzt hatte, den Ruf nach Berlin abgesagt hatten, blieb Spezialistenwissen und ist es bis heute geblieben. Der Name ›Humboldt‹ wurde zur Idealisierung der deutschen Bildung und Universitäten genutzt, sollte den Glanz Preußens erhöhen und den imperialen wie nationalen Interessen eine humanistische Einkleidung geben. Als 1876 für den Eingang der

Universität Unter den Linden ein Denkmal Wilhelm von Humboldts vorgesehen war, brauchte es einige Überzeugungskraft, auch ein Denkmal für seinen Bruder, den Naturwissenschaftler Alexander von Humboldt, aufzustellen. Beide wurden 1883 enthüllt und sollten Preußens Macht legitimieren und historisch aufwerten. Das Spannungsverhältnis von Geistes- und Naturwissenschaften war überspielt worden. Die Denkmäler kann man noch heute Unter den Linden betrachten.

Nach der Niederlage im Ersten Weltkrieg erhofften sich viele unter Bezug auf Humboldt eine Überwindung der Krise, auch der Krise der Wissenschaften. Dabei verdeckte diese Bezugnahme die fatale Rolle, die gerade die deutschen Wissenschaften im Ersten Weltkrieg gespielt hatten. Die Expansion der Universitäten in den 1920er Jahren durch schnell wachsende Studentenzahlen taten das ihre, Versprechen auf ganzheitliche Ideen der Bildung und Universitäten glaubhaft zu machen. Zusammen mit dem preußischen Kultusminister und Orientalisten Carl Heinrich Becker propagierte Eduard Spranger das Wesen der deutschen Universität als einer reinen, von keinem Nützlichkeitsdenken geprägten Einrichtung, die idealer kaum gedacht werden konnte. Und auch hier in der Weimarer Republik war Humboldt der Referenzpunkt. Sein Name versprach, die Spezialisierung und den Materialismus der Zeit zu überwinden, überhaupt alles Moderne, und eine neue lebensvolle wie reine Jugend zu bilden. Spranger führte nicht zufällig die Ausgabe von Humboldts gesammelten Schriften weiter und publizierte mit dem 13. Band der Ausgabe jene immer wieder ausschnittsweise zitierten Schriften Humboldts, die von kaum zu überschätzender Bedeutung für die Bildungsdebatten im Deutschland des 20. und 21. Jahrhunderts geworden sind. Reformideen wie die Mitbestimmung von Nichtordinarien und Studenten wurden damals unter Bezugnahme auf Humboldt umgesetzt, neue Disziplinen wie die Soziologie wurden als ein Fach eingerichtet, das wieder das Ganze der Gesellschaft in den Blick nehmen würde. Die Universität wurde mit Referenz auf Humboldt von den Geisteswissenschaften her entworfen, so wenig das auch inzwischen den Realitäten der wissenschaftlichen Entwicklung entsprach. Der Aufstieg der außeruniversitären Forschungseinrichtungen wie der Kaiser-Wilhelm-Institute und ihrer Nachfolger der Max-Planck-Institute, gerade für die Naturwissenschaften, zeigt an, wie weit die Ausdifferenzierung der wissenschaftlichen Forschung schon vorangeschritten war. Aber auch sie wurden mit dem Namen Humboldt in Verbindung gebracht. Und noch der restaurative Rückgriff auf Humboldt in der DDR und Bundesrepublik nach 1945 wiederholte nur die neuhumanistische Umdeutung Humboldts zum Gründungsvater eines besseren Deutschlands. Das alles belegt, wie sehr Humboldt im 20. Jahrhundert zum Versatzstück für ganz unterschiedliche Bildungsrhetoriken geworden ist. Sein Name suggeriert eine bildungsgeschichtliche Kontinuität, die es so im deutschen Erziehungs- und Universitätssystem nicht gegeben hat. Allen Inanspruchnahmen zum Trotz ist Humboldts Name dann doch ein Regulativ geblieben und verbindet sich unverändert mit Ideen der Freiheit. Es war sein und seines Bruders Name, mit dem die frühere Friedrich-Wilhelm-Universität 1949 in der DDR neu eröffnet wurde. Der konkurrierende Vorschlag lautete Stalin-Universität. Ein Jahr zuvor waren die Studenten ausgezogen und hatten ebenfalls unter Berufung auf Humboldt die Freie Universität gegründet. Humboldt war und ist wohl noch immer die Reflexionsformel für Bildung in Deutschland.

Selbst- und Fremdbilder der Universität und der Schule wurden und werden über den Namen Humboldt konstruiert und das im Guten wie im Bösen. Von dem Aufklärer und Klassizisten Humboldt, von dem großen Sprachwissenschaftler und Liebhaber Roms blieb und bleibt da wenig übrig, auch gegenwärtig, wo in Berlin geradezu jeder größere öffentliche Bau mit dem Namen Humboldt verknüpft wird und man sich so eine liberale Tradition erfindet. Aller Funktionalisierung zum Trotz jedoch sind Humboldts Schriften zur Bildung Zeugnis für die beste Tradition des Nachdenkens über Ziel und Aufgabe der Bildung, zweifellos humanistisch und liberal, idealistisch und doch den konkreten Fragen der Bildung ganz zugewandt. Es ist nicht zu viel spekuliert, wenn man vermutet, dass seine Schriften noch lange die Bildungsdebatten in Deutschland und darüber hinaus anleiten werden.

Inhalt